남자의
기술

남자의 기술

폴 오도넬 지음

이상구 옮김

First published in the United States as:
MAN UP!: 367 Classic Skills for the Modern Guy
Copyright © 2011 by Paul Q'Donnell
Illustrations copyright © 2011 by Jameson Simpson
All rights reserved.
This Korean edition was published by 1984 in 2012 by arrangement with
Artisan, a division of Workman Publishing Company, Inc., New York
through KCC(Korea Copyright Center Inc.), Seoul.
Design by Robert Perino

이 책은 (주)한국저작권센터(KCC)를 통한 저작권자와의 독점계약으로
1984에서 출간되었습니다. 저작권법에 의해 한국 내에서 보호를 받는
저작물이므로 무단전재와 복제를 금합니다.

남자의 기술

2012년 7월 25일 초판 발행
2014년 6월 10일 4쇄 발행

지은이	폴 오도넬
옮긴이	이상구
발행인	전용훈
편 집	장옥희
디자인	유진아
마케팅	이승현
발행처	1984
	등록번호 제313-2012-44호
	주소 서울시 마포구 동교로 194 혜원빌딩 1층
	전화 02-325-1984
	팩스 0303-3445-1984
	홈페이지 www.re1984.com
	이메일 master@re1984.com
ISBN	978-89-968711-6-3 13320

Contents

머리말 ... 7

1. 자기 자신을 브랜드화하라 ... 13
첫인상·14 | 남자의 의상·30 | 사회적 동물·46 | 결혼식 예절·60

2. 필수품 ... 67
가정 경제·68 | 내 집 가꾸기·78 | 자동차 생활·102

3. 일 ... 111
직장 구하기·112 | 직장에서·121 | 정장·131 | 비즈니스를 유쾌하게 만드는 노하우·147

4. 요령 ... 153
잡일, 허드렛일, 수리, 수선·154 | 스포츠, 캠핑 그리고 고속도로·165 | 남자 노하우·185 | 게임과 도박·190 | 몸짱 만들기·206 | 먹고 마시고 즐기고·214 | 삶의 질을 높이자·233

5. 꽃과 나비와 벌 ... 247
사전 작업·248 | 진지한 단계·262 | 테크닉·267

6. 사건 사고 ... 271
길 위에서·272 | 주먹 싸움·278 | 어른들의 숨바꼭질·284

감사의 말 ... 293

INDEX ... 295

머리말

최고의 남자란 욕망을 가지고 도전하는 사람이다. 남자답다는 것은 무슨 뜻일까? 우리들의 아버지, 할아버지 세대에서 발견되는 전형적인 남자의 모습에서부터 출발해보자. 남자는 독단적이고, 용감하고, 능력 있고, 경쟁적이고, 합리적이며 적응력이 뛰어나다. 집단의 행동양식에 순응하면서도 필요한 경우에는 자립심도 강한 편이다. 어떤 경우 파트너였다가도 리더로 변신하기도 하며, 철학자이면서도 동시에 미케닉한 면을 선보이기도 한다. 누군가의 아들이자 남자친구, 혹은 능력자, 브레인, 어깨이자 대부분 독립적이면서도 세상물정에 밝은 유형으로 읽힌다. 게다가 요즘은 무뚝뚝한 남성의 전형에다 다른 이성의 면모를 요구하기도 한다. 복장이나 스타일에도 신경을 써야 하고, 파티 예절도 익혀야 하고, 언제 여자를 들일지 모르니 주거지의 인테리어나 가사 도구에도 짐짓 신경을 써야 한다.(하지만 완벽한 정리는 좀스러운 강박관념으로 비칠 수 있으니, 쿨한 척 조금 어지럽혀 놓는 자유로움을 위장해야 하는 복잡다단한 삶이다.) 현실은 단호하게 이 모든 것들을 남자에게 요구하고 있다.

그렇다면 남자다워지기 위해 가장 필요한 것은 무엇일까? 바로 자신감이다. 나는 그 사실을 그저 막연한 추론이 아닌 경험에서 배웠다. 내가 많은 사람들의 도움을 얻어 이 책을 쓰게 된 이유 또한 그 때문이다. 정말로 많은 사람들의 의견을 참조했다. 친구들이나 부모 형제, 친구들의 아버지 혹은 바텐더는 물론이고, 경찰관, 전문 스턴트 드라이버, 양조업자, 시인, 웨이터, 패션 기자, 세일즈맨까지. 그중에는 책 속에 신분을 밝히지 말아달라는 사람도 있었고, 자신의 경험이 책에 담긴다는 사실을 인터뷰 중에도 전혀 알지 못하는 사람들도 있었다. 어쨌든 그래도 하나의 항목을 완성하기 위해서 여러 사람들의 다양한 의견을 참조했다. 아무리 전문적이라고 해도 한 사람의 의견으로만 구성한 항목은 거의 없다고 봐도 좋다.

이 책에 등장하는 여러 가지 팁들은 특정 조건 아래에서 남자들이 처할 수 있는 상황을 감안해서 구성을 했다. 실제로 흔히 발생하는 상황일 수도 있고, 특정한 상황을 염두하고서 가정한 구성도 있다. 직장에서, 술집에서, 침대에서 혹은 등산을 하거나 운전을 하는 과정에서 등등. 그렇다고 내게는 요트 항해를 한다거나 빈티지에 따른 최적의 와인을 고르는 방법, 철인 3종 경기 등에 대해 알고 싶은 모든 것을 전달할 능력은 없다. 그 대신 나는 독자들에게 일상의 활동 영역에서 자신의 경험을 풍부하게 확장해나갈 수 있는 기본 개념을 전달하고자 노력했다. 특히 외딴 곳에서 타이어 펑크가 났을 때나 필름이 끊긴 상태에서 유치장에서 밤을 보낼 때와 같은 곤란한 상황을 다룰 때 특별히 신경을 많이 썼다.

인생에는 어떤 경우에도 변치 않는 불변의 원칙은 없다. 기본적인 기술이나 원리를 알고 있으면 쉽게 헤쳐나갈 수 있는 상황들이 대부분이다. 물론 이 책을 통독한다고 해서 당신이 어떤 상황이든 모조리 감당할 수 있는 슈퍼맨이 될 수는 없을 것이다. 하지만 적어도 다음에 닥쳐올 일이 무엇인지, 내가 해야 할 추후 과정이 무엇인지 정도는 예측할 수 있는 자신감은 지닐 수 있을 것이다. '지피지기면 백전백승'이라고 했다. 알고 당하는 것과 모르고 당하는 것은 천지차이다. 전자의 경우는 모든 상황을 자신이 컨트롤할 수 있기 때문에 전략과 대응에서 모든 유리한 고지를 점령할 수 있지만, 후자의 경우에는 당하는 줄도 모르고 당했기 때문에 원상태로 회복하는 데만도 많은 시간을 필요로 한다.

아는 것이 힘이다. 이제 일상의 모든 영역에서 한껏 여유로운 상황을 조성하는 데 필요한 자신감을 당신의 것으로 만들 시간이다.

남자의 기술

1

14
첫인상
30
남자의 의상
46
사회적 동물
60
결혼식 예절

자기 자신을
브랜드화하라

나는 과연 어떤 모습일까? 굳이 거울로 실제 모습을 들여다보지 않아도 된다. 자신의 휴대폰 통화 연결음을 들어보자. 마지막으로 보냈던 문자나 카톡 내용을 몇 개 다시 읽어보거나 최근에 페이스북에 올린 글을 읽어보거나 옷장에 어떤 옷이 걸려 있는지를 살펴보기만 해도 당신의 모습은 객관적으로 유추 가능하다.

도대체 어떻게 하면 인생에서 강력한 영향력을 발휘할 수 있을까. 그 문제는 단순히 어떤 옷을 입느냐, 트위터나 페이스북 프로필 사진을 어떤 것을 사용하느냐의 문제가 아니다. 주위 사람들에게 영향력을 발휘한다는 것은 식사예절에서부터 교우 및 대인관계, 평소 즐겨 듣는 음악까지를 포괄하는 지난하면서도 복잡한 문제이다. 당신이 일상생활에서 접하게 되는 사람들에게 호감과 긍정의 메시지를 심어주는 방법, 바로 당신 자신을 브랜드화하는 것이다.

첫인상

1 나를 표현하는 헤어스타일은?

단 하나의 헤어스타일만 고집하는 것을 보면 표현의 자유가 침해되는 것 같아 안타깝다. 모양과 색깔을 수시로 바꾸지는 않더라도 깔끔한 스타일에서 헝클어진 스타일로, 록 스타의 샤기컷에서부터 데이비드 베컴의 바리캉을 사용한 버즈 컷까지 적어도 일 년에 한두 번은 기분과 상태에 따라 새로운 연출을 시도하는 센스는 있어야 한다.

외양이란 눈속임이라는 것을 명심하자. 짧은 머리는 자주 다듬어야 한다. 하지만 긴 머리 역시 미용실을 자주 가지 않을 뿐이지 샴푸와 빗질에 소요되는 시간을 무시할 수는 없다. 그러나 고스족의 제트 블랙 스타일은 좀 곤란하다. 할머니랑 같이 살면서 온통 머리 염색에만 신경 쓰는 머저리처럼 보일 수 있기 때문이다. 평소 머리 스타일에 어느 정도의 시간을 할애할 수 있는지를 염두에 두어야 한다. 일주일에 한 번인지, 하루에 한 시간인지 또는 아침에 출근할 때 단 몇 분인지를 고려해야 한다. 다음 리스트를 참조해서 당신의 두상과 얼굴형에 맞는 헤어스타일을 연출해보자.

▶ **대머리 또는 완전 삭발**: 자신감 있고 남성미 넘치는 스타일로 피부가 부드럽고 둥근 두상과 네모난 얼굴에 잘 어울린다. 이마가 점점 드러나기 시작할 때 구차하게 머리카락을 올려붙이기보다는 과감하게 밀어버리는 게 남성미를 발산하는 길이 될 것이다. 도널드 트럼프가 되느냐 브루스 윌리스가 되느냐는 당신의 선택에 달려 있다.

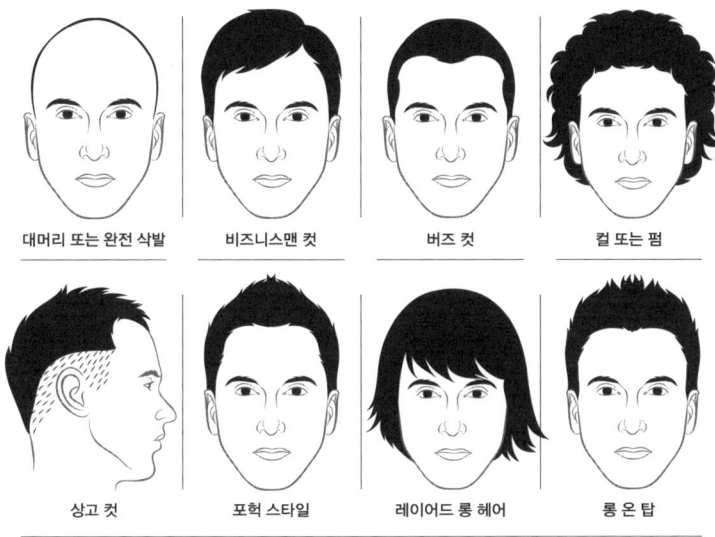

▶ **비즈니스맨 컷**: 전체적으로 짧은 컷에 옆머리를 적당히 남겨두는 스타일로 턱이 넓은 얼굴형에 잘 어울린다. 헤어스타일 관리에 많은 시간이 필요하지 않아서 매일매일 단정한 상태를 유지해야 하는 전문직 남성에게 적합하다. 직장인에게 가장 무난한 스타일이라고 할 수 있다. 옆머리 끝이 귀 밑으로 살짝 드러나는 정도로 컷을 하면 나스카 영웅 제프 고든처럼 운동미가 돋보이는 모습이 될 수 있다.

▶ **버즈 컷**: 군대식 스포츠 머리 같은 짧은 버즈 컷이 요즘 대세이다. 화제의 좀비 드라마 '워킹 데드'에서 고뇌에 쌓인 셰인이 곱슬머리를 스스로 밀어서 완전히 이미지 변신을 하는 장면을 떠올려보자. 확실히 버즈 컷에 구레나룻이나 턱수염을 거칠게 기르면 야성미가 돋보인다. 그러나 깔끔함과는 거리를 둘 수밖에 없다는 점이 동전의 양면이다.

남자의 기술 | 자기 자신을 브랜드화하라

2 핑크 밴드들처럼 염색하려면?

미용실에서 레이징 블루나 핑크 또는 보라색으로 염색을 하면 사람들의 시선을 한 몸에 받을 수 있다. 하지만 집에서 직접 염색을 하려면 데이글로 같은 전문 형광색 염색약을 구해야 한다. 무슨 일이든 혼자보다는 둘이 낫다. 친구에게 도움을 구한 다음 순서대로 따라 하라.

1
탈색

미용제품을 판매하는 곳에서 탈색제와 중화제가 함께 섞인 제품을 구매하면 더욱 편하다. 머리색이 아주 진하면 40정도, 갈색 머리는 그보다 약한 제품을 구입해서 머리에 질척하게 발라준다. 확실하게 탈색을 하고 싶다면 완전 금발머리를 만들어준다는 제품을 선택하는 것도 방법이다.

▶ **컬 또는 펌**: 컬이나 펌을 통해 자연스럽게 풍성한 스타일을 유지하면 키가 커 보인다는 장점이 있다. 펌은 손질하기가 매우 편한 스타일이다. 영화배우 세스 로건을 보라. 그는 출연한 영화는 물론이고 심지어는 레드 카펫에서도 펌을 고집하는 이유가 있다.

▶ **상고 컷**: 옆머리와 뒷머리의 아래 부분을 완전히 밀어버리는 스타일. 제대로 연출하면 윌 스미스나 앤트워프 밀러 스타일이 되겠지만 잘못하면 버섯머리나 초등학생 초코송이 머리가 될 위험이 있다.

2
드라이어로 매만지기
샤워 캡을 머리에 쓴 상태에서 드라이어기를 이용해서 열기를 가해준다. 열이 가해지는 시간과 색깔의 농도는 비례해서 짙어진다는 사실을 명심하라.

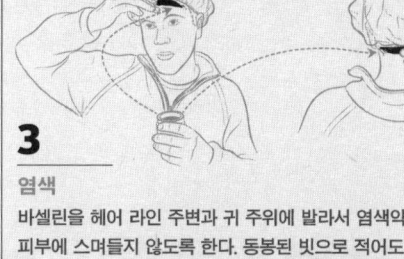

3
염색
바셀린을 헤어 라인 주변과 귀 주위에 발라서 염색약이 피부에 스며들지 않도록 한다. 동봉된 빗으로 적어도 10회 이상 염색약을 바른 머리를 골고루 빗질해준다. 이때 두피와 염색약의 접촉을 최소화하도록 신경을 써야 한다.

4
샴푸와 린스
염색약 상자에 쓰인 지침을 따라서 염색약을 씻어낸 후, 새롭게 변모한 당신의 헤어 컬러를 즐기면 된다.

▶ **포헉 스타일**: 남자들이 가장 선호하는 헤어스타일 중의 하나로 유행을 타지 않으면서도 샤프한 남성미를 강조할 수 있는 스타일. 모히칸 족들의 머리 스타일인 모학 스타일에 약간 변형을 가해 옆을 너무 짧게 자르지 않고 뒷머리는 올려치지 않아 브이라인을 남겨 놓는 스타일이다. 비즈니스맨처럼 깔끔한 스타일을 유지하면서도 야성미를 놓치지 않는 멋이 있다.

▶ **레이어드 롱 헤어**: 샤기컷과 혼합해서 연출하면 저스틴 비버처럼 세련된 스타일을 할 수 있고, 해수욕이라도 즐기고 나온 것처럼 거칠게 연출하면 미국 서부의 남성미 넘치는 서퍼 스타일을 창출할 수도 있다.

▶ **롱 온 탑**: 포헉 스타일이나 상고머리처럼 옆머리와 뒷머리를 미는 대신 윗머리 쪽에 컬을 가미해 악센트를 주는 점이 다르다. 둥글고 푸근한 얼굴형은 얼굴이 길어 보이는 장점이 있고, 머리가 벗겨지는 대머리 위험형에는 부드러운 인상을 가미해준다. 젤을 발라 올백으로 뒤로 빗어 넘기는 스타일 연출도 가능하다.

3 뒷머리 스타일이 고민이라면?

미용실에서 가장 많이 듣는 얘기 중의 하나가 '뒷머리를 어떻게 해드릴까요?'라는 질문이다. 대표적으로 자연스럽게 끝이 가운데로 꼬리처럼 모아지는 꼬리형과 반듯하게 가로로 자른 것 같은 일자형이 있다. 꼬리형은 깔끔하고 오래 가는 장점이 있지만, 목이 얇은 남자들의 경우에는 일자형으로 하는 게 남성미를 살리는 데 유리하다. 같은 이치로 꼬리형은 두꺼운 목을 얇게 보이게 한다.

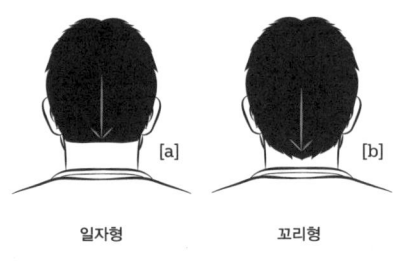

일자형   꼬리형

4 헤어 컨디셔너는 꼭 사용해야 하나?

당연하다. 샴푸는 모발에 좋은 오일 성분(기름기)과 나쁜 오일을 구별하지 못하므로 샴푸만으로는 모발이 쉽게 건조해지고 손상이 가게 된다. 헤어 컨디셔너 제품은 모발의 광택을 살려주는 역할을 한다. 출근해야 하는데 한가하게 머리에 그런 거나 바르고 있을 시간이 어디 있냐고? 간단하다. 샴푸와 린스를 한 후 헤어 컨디셔너를 머리에 바르고, 머리에 물이 묻지 않도록 샤워기는 끈다. 그 후 평소 하던 대로 몸을 씻거나 혹은 그 시간에 양치

남자라면 이것만은

대머리에 대한 10가지 오해와 진실

1 머리가 벗겨지기 시작한다는 이유로 여자가 당신과의 잠자리를 거부하는 일은 없을 것이다.

2 머리숱이 많다고 해서 더 젊어 보이는 것은 절대 아니다.

3 로게인과 같은 탈모치료제로 효과를 볼 수도 있겠지만, 언젠가는 당신의 여자친구도 진실을 알게 될 것이다.

4 부분가발을 착용한다거나 머리카락을 올려붙이는 미봉책으로는 인생의 여러 가지 근사한 이벤트를 포기해야만 한다. 예를 들어 달빛을 받으면서 수영을 즐긴다거나 시원한 여름의 산들바람을 맞으며 와인을 즐기는 피크닉, 격렬한 운동 후에 터프하게 수돗물 세례로 열기를 식히는 남성미 발산 따위.

5 머리를 완전히 민다고 해서 영화 배트맨에서 펭귄맨으로 분했던 대니 드비토나 서커스의 독재자를 연상시키는 시대는 지났다.

6 머리카락이 빠지는 이유는 남성 호르몬인 테스토스테론의 분비가 많아지기 때문이다. 역설적이지만 말 그대로 남성성의 상징이다.

7 머리가 벗겨진 사람은 지적으로 보인다.

8 머리가 벗겨지기 시작하면 헤어스타일을 망쳤다고 우울해 한다거나 머리가 떡졌다고 고민할 이유도 적어진다.

9 성인 남성의 40%는 35세가 되면 머리가 벗겨지기 시작하는 증상이 나타나며, 65세가 되면 65%로 증가한다.

10 미국의 유권자들이 머리가 벗겨진 대통령을 뽑은 것은 1956년 드와이트 아이젠하워 대통령이 마지막이었다. 다시 말해 머리가 벗겨지면 정치 따위를 할 일은 없다.

질을 해도 된다. 그리고 헤어 컨디셔너를 깨끗하게 헹궈내면 끝. 단 모발이 다소 지성인 경우 헤어 컨디셔너는 일주일에 한두 번 정도로 제한 사용하는 것이 필수.

5 흰머리가 날 때의 대처법은?

어떤 사람은 서른이 되기도 전에 흰머리가 나고, 또 어떤 사람은 나이가 차도 흰머리가 전혀 나지 않는 경우도 있다. 흰머리가 생겨서 거슬린다면 여기 몇 가지 해결책이 있다. 첫째, 헤어스타일리스트에게 상담을 구하자. 스타일이 뭔지 아는 사람이라면 분명히 페트릭 뎀시나 앤더슨 쿠퍼처럼 자연스럽게 은발을 그대로 유지하는 스타들을 거론할 것이다. 만약 그래도 흰머리를 없애고 싶다면 자연스럽게 염색을 시도하면 된다.

6 면도는 어떻게 하나?

많은 남자들이 면도하는 방법을 자신의 아버지에게서 배우고, 아버지 역시 아버지의 아버지에게서 배웠을 확률이 아주 높다. 그 결과로 면도는 남자로 탄생하는 일종의 제례의식이자, 사나이만의 숭고한 시간이며, 강인함과 터프함을 표현하는 가장 매력적인 장치 중의 하나이다. 하지만 과학으로서의 면도는 단 두 가지 요소면 설명이 가능하다. 바로 열기와 습기.

면도의 시작은 가능한 따뜻한 물을 사용해서 서너 차례 세안을 하는 과정부터 시작된다. 비누거품을 내서 깨끗하게 씻고 나면, 까칠한 수염이 (조금 과장하면) 고양이털처럼 부드러워지면서 면도날을 맞이할 준비가 된다. 그 후 쉐이빙 폼을 턱과 입 주변에 발라주는데, 생크림 케이크라도 만들 기세로 덕지덕지 바를 필요는 없다. 그냥 피부에 물기를 생성시켜 면도날이 부드럽게 미끄러질 정도면 충분하다.

순서는 수염이 가장 약한 부위인 양 볼에서부터 시작한다. 수염이 두꺼운 턱이나 입 주위는 쉐이빙 폼이 흡수될 시간이 더 필요하기 때문이다. 손으로 피부를 가볍게 잡아당겨서 팽팽하게 유지시켜 주어야 한다. 경우에 따라서는 볼에 빵빵하게 바람을 넣어서 동일한 효과를 낼 수도 있다. 면도기날은 짧고 부드럽게 슥삭슥삭 하는 느낌으로 움직이고 가끔 뜨거운 물에 헹궈 깎인 수염을 제거해준다.

면도의 범위는 기본적으로는 얼굴에 한정되지만 경우에 따라서 수염과 털이 혼재된 경우 소위 쇄골이라고 알려져 있는 빗장뼈가 마지노선이 된다. 그 밑으로는 수염이 아니라 가슴털이다. 위쪽으로는 면도 영역의 제한은 없다. 구레나룻 수염을 남겨둘 생각이 아니면 눈썹을 제외한 모든 영역이 면도의 대상이 된다. 가끔 미간에 털이 나는 사람들도 있는데, 그 경우에도 가볍게 면도를 해주면 된다.

면도의 경건한 의식을 지지하는 순수주의자들의 경우 피부 속으로 파고들어 자라는 수염 같은 의학적인 경우를 제외하고는 모든 경우에 면도의 방향은 위에서 아래로 해야 한다고 주장한다. 하지만 수염이 한쪽 방향으로만 자라는 경우는 아주 드물다. 거의 모든 남자들의 경우 아래로 자라는 수염부터 측면으로, 혹은 소용돌이치듯 자라는 수염까지 그 방향이 다양하다. 원칙은 여러 방향으로 하되 수염이 난 방향을 따라서 순방향으로 면도를 해야 한다는 것이다. 역방향으로 면도를 하면 피부 자극이 심해서 피부에 상처를 줄 수도 있기 때문이다.

면도를 다 마친 후에는 손가락으로 면도가 잘 되었는지를 확인해보고, 세안을 한 후 수건으로 얼굴을 닦아준다. 귀밑은 사각지대에 속하므로 쉐이빙 폼이 남아 있지 않은지를 한 번 더 확인한다.

마지막으로 면도날로 인한 열상을 방지하고 피부의 통증을 완화시키기 위해 피부에 수분을 제공할 수 있는 로션이나 모이스처 크림을 잘 발라준다.

7 면도기는 어떤 것을 써야 하나?

▶ **전기 면도기**: 부드러운 진동음과 함께 피부의 자극을 최소화할 수 있으며, 거품이나 물로 범벅이 될 필요도 없고, 까딱 실수해서 피를 볼 위험도 전혀 없다. 하지만 면도를 끝마쳤다는 기분이 영 시원치 않다. 안타깝지만 사

실이 그러하다. 전기 면도기는 까칠한 수염을 빠르고 편리하게 없애주지만 일반적인 습식 면도의 상쾌함에 비견할 바가 못 된다. 전기 면도기는 며칠 정도 수염이 자란 느낌의 터프한 모습으로 수염을 다듬고 싶을 때 사용하면 딱 좋은 도구이다.

▶ **다중날 면도기:** 다중날 면도기는 복잡하게 굴곡진 얼굴 부위를 마치 평면을 이동하는 느낌이 들도록 유연성을 가미한 제품이다. 면도기 회사에서는 다중날 면도기의 안전성을 부각시키지만 실제로 더 유용한 기능은 속도이다.

면도기에도 예외 없이 테크놀로지의 축복을 찬양하는 사람들은 하나의 날로만 구성된 면도기는 감자 깎는 필러에 불과하다고 혹평을 가한다. 하지만 전문가들은 면도날이 삼중날 이상이라고 해서 산술적으로 정교함이나 안전도가 비례해서 늘어나는 것은 아니라는 의견이다. 낭만은 조금 떨어지긴 하지만, 바쁜 아침 시간에 빠르고 편하게 면도를 마치고 싶다면 하

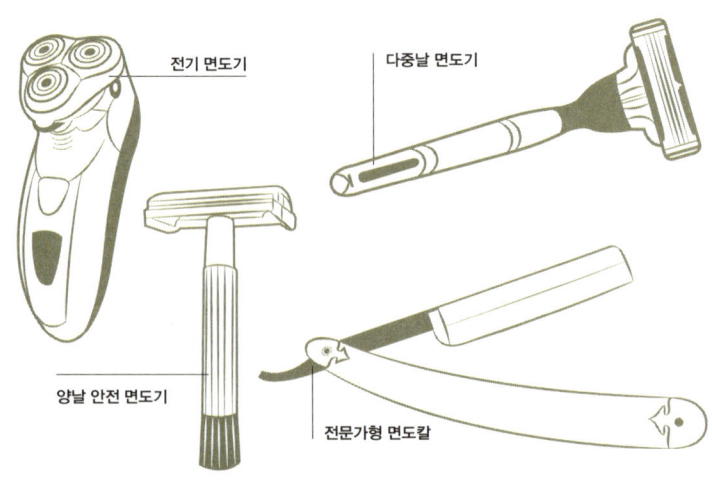

나 정도는 꼭 구비를 해두면 좋은 제품이다.

▶ **양날 안전면도기**: 누구나 한 번쯤은 어르신이 날카로운 양날 면도날을 내부에 장착하는 면도기를 사용하는 것을 본 적이 있을 것이다. 단번에 장착 가능한 카트리지형 면도날이 발명되기 이전의 풍경이다. 오늘날에도 아날로그 풍미를 만끽하려는 남자들이 이런 면도기를 사용하기도 한다. 하지만 가격이 만만치 않다. 앤티크니 레트로니 하는 것들이 모두 그렇지만, 적게는 10여만 원대의 저렴한 제품도 있지만, 거품 종지나 쉐이빙 폼 생성용 브러시 등을 포함한 독일제 수제품 같은 것은 수십만 원을 쉽게 넘어간다. 양날 안전면도기를 사용하면 면도에 소요되는 시간도 많이 들고 효율성도 떨어지긴 하지만 면도를 사색과 명상의 시간이나 불현듯 아이디어가 떠오르는 순간으로 생각하는 사람들은 불편을 감수하고 이 제품을 기꺼이 선택한다.

▶ **전문가형 면도칼**: 일생에 꼭 한 번쯤은 전문 이발사에게서 연쇄 살인범이 사용할 법한 전문가용 면도칼로 면도를 받아보아야 한다고 생각한다. 그 경험은 단순한 면도가 아니다. 면도가 보여줄 수 있는 모든 이상적인 아우라를 체험하는 순간이다. 뜨거운 수건으로 촉촉하게 얼굴을 마사지하고 풍성한 비누거품을 바른 후, 스윽스윽 두터운 가죽에 면도날이 부드럽게 갈리는 소리가 들려온다. 최고의 면도 전문가가 날카로운 면도칼을 들고 다가올 때의 긴장감 그리고 그 이후 이어지는 전문가의 숙련된 손길이 수염을 사각사각 제거할 때의 안도감! 어찌 이런 경험을 자신의 인생 경험에 추가하고 싶지 않겠는가. 물론 미용실에 밀려 자취를 찾아보기 힘든 이발소에서 나이 든 이발사에게 부탁을 해볼 수도 있겠지만, 그보다는 고급 스파를 찾아 전문가의 도움을 얻는 게 경험의 최대치를 만끽할 수 있는 방안이 될 것이다.

> **전문가 조언**
>
> ## 8 면도할 때 바르는 제품은 어떤 게 좋을까?
>
> ―――
> **피루즈 사샤**
> 그루밍 라운지 공동설립자
>
> 쉐이빙 폼은 추천하지 않는다. 대부분의 쉐이빙 폼은 피부를 진정시키는 작용이 없을뿐더러 안락한 면도를 위한 충분한 윤활작용도 수행하지 못한다. 가장 좋은 쉐이빙 크림은 투명하게 시야를 확보할 수 있어야 한다. 면도 부위의 수염을 똑바로 볼 수 있고, 면도날의 진행방향에 따른 피부 상태를 직접 확인할 수 있는 게 중요하다. 대형마트를 이 잡듯이 뒤질 각오가 되어 있다면 글리세린이 풍부하게 함유된 쉐이빙 크림을 찾아보라. 완벽한 면도를 원한다면 주방에 있는 참기름이나 올리브 오일과 마찬가지 원료의 천연 쉐이빙 오일을 사용하는 게 가장 좋다. 하지만 요리용 오일이 아닌 면도용으로 특별하게 제조된 오일을 사용해야 한다. 인터넷이나 대형마트 또는 수입상가 등에서 구할 수 있다.

9 면도용 브러시는 꼭 필요할까?

면도용 브러시는 한물간 구시대의 유물 같아 보이지만 그래도 쉐이빙 크림을 바르기에 가장 좋은 방법이긴 하다. 면도용 브러시를 사용해서 쉐이빙 크림을 바르면 각질을 털어낼 수 있을뿐더러 수염을 일으켜 세울 수 있는 기능이 있다. 면도용 브러시는 오소리털로 만든 제품이 가장 좋다고 알려져 있다. 장기간 사용할 수 있을 정도로 견고하면서도 피부와 접촉을 해도 좋을 만큼 부드러운 게 특징이다.

10 면도하다 피가 나면 어떻게 해야 하나?

일단 아무리 작은 상처라도 깨끗한 찬물로 상처 부위를 닦아야 한다. 평소 준비성이 철저한 타입이라면, 지혈용 젤이나 비상 지혈제가 준비되어 있을 확률이 높은데, 복잡한 사용법은 없으니 안내문에 따라 간단하게 지혈을 시도하면 된다. 만약 이런 지혈용 도구나 약품이 없으면, 화장솜이나 티슈를 이용해서 상처 부위를 가볍게 눌러주면 된다. 그 후 피가 완전히 마를 때까지 기다렸다가 상처부위에서 다시 피가 새어 나오지 않도록 너무 급작스럽지 않게 조심해서 살살 떼어내도록 하라.

11 쉐이빙 크림이 없는 경우 대체품은?

헤어 컨디셔너를 사용하는 게 가장 좋다. 비누거품이 일어나지 않아 시각 효과는 좀 떨어지지만, 수염을 부드러운 상태로 만들어주고 면도 부위를 매끄럽게 유지하는 작용을 한다. 헤어 컨디셔너도 없다면 좀 귀찮더라도 비누를 이용하면 된다. 비누 거품은 여자 친구나 아내의 화장용 브러시나 아이가 미술 시간에 쓰는 커다란 밑그림용 붓으로 만들 수 있다.

12 수분 크림 선택은 어떻게 해야 할까?

아주 건성 피부가 아니더라도 피부를 건강하게 유지하고 따가운 햇빛으로부터 피부를 보호하기 위해서 수분 크림 사용은 필수이다.

수분 크림은 피부에 맞는 것을 사용해야 한다. 민감성 건성 피부라면 글리세린과 비타민 E가 포함되어 있고, 향이 세지 않은 저자극성 피부용 수분 크림을 사용하는 게 좋다. 유분이 많아 여드름이나 뾰루지가 나기 쉬운 지성 피부는 오일 프리 제품을 선택하거나 적어도 유분을 억제할 수 있는 살리실산이 포함된 제품을 골라야 한다. 혹시 장소에 따라서 어떤 때는 얼굴에 기름이 많아졌다가 또 어떤 때는 피부가 건조해지는 복합성 피부라면 두 가지 종류의 수분 크림을 필요한 곳에 활용해도 무방하다.

13 나한테 어울리는 수염은?

수염을 기른다는 것은 면도를 하지 않아서 좋다는 것 이상의 의미가 있다. 수염은 얼굴에서 풍기는 태도는 물론이고 얼굴 윤곽에까지 영향을 미치는 아주 중요한 요소이다.

▶ **전체 수염 혹은 피델 카스트로 수염**: 풍성하게 얼굴 전체에 나는 수염으로 쿠바의 피델 카스트로 수염이라고 부르는 사람도 있다. 경찰이나 은행원과 같은 직종을 제외하면, 대부분의 남자들은 수염을 전체적으로 풍성하게 기르면 약해보이는 턱 라인을 강조하고, 턱밑의 군살을 숨겨주면서도 친근하고 솔직담백하고 생각이 많아 보이는 인상을 만들어준다. 전체 수염은 손이 많이 안 가는 스타일이지만 완성하기 위해서는 엄청난 인내심을 요구한다. 최소 몇 달 이상은 기간이 필요하다. 전체 수염은 풍성하게 기를수록 더 멋진 모습을 지닐 수 있다. 물론 정기적으로 수염을 다듬어주는 것 또

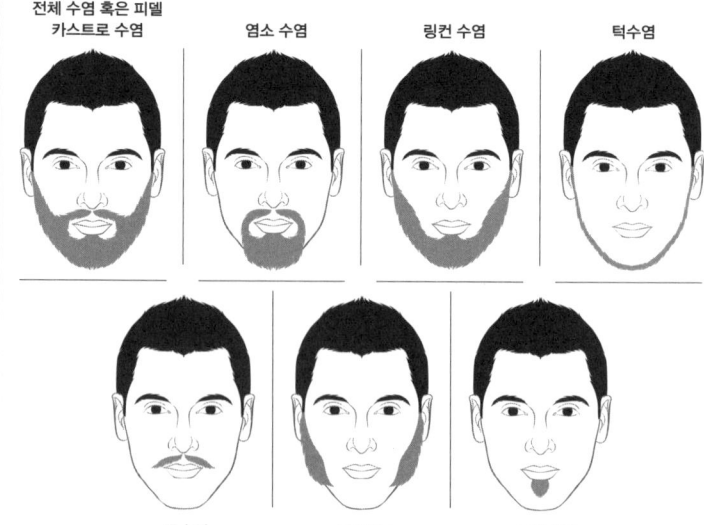

전체 수염 혹은 피델 카스트로 수염 · 염소 수염 · 링컨 수염 · 턱수염

콧수염 · 구레나룻 · 소울 패치

한 필수다.

▶ **염소 수염**: 콧수염과 턱수염이 콤보로 이어진 수염으로 옆으로 큰 얼굴의 경우 얼굴이 길어 보이는 효과가 있으며, 긴 얼굴의 경우에는 조니 뎁처럼 음울한 열정을 지닌 사나이의 분위기를 내는 장점이 있다. 수염이 풍성하게 자라는 편이 아니어서 전체 수염이 불가능한 사람들의 경우 쉽게 시도해볼 수 있는 수염이어서 인기가 식지 않는 스타일이다.

▶ **링컨 수염**: 미국 대통령 에이브러햄 링컨의 수염이다. 콧수염은 없고, 턱 라인에 풍성하게 기른 턱수염이 양 뺨의 구레나룻과 이어져서 만들어진 수염으로 미국의 시골 마을에서 유행하는 스타일이다.

▶ **턱수염**: 수염 라인이 얇으면 얇을수록 더욱 더 도시적인 스타일을 완성하는 수염. 수염 자체를 풍성하게 기르지 않고, 까칠하게 다듬어주는 스타일로서 얼굴의 윤곽선에 악센트를 주는 장점이 있다.

▶ **콧수염**: 수염의 양을 얼굴형에 맞추는 게 필수. 넓적한 얼굴은 넓게, 길고 좁다란 얼굴은 얇게 수염을 길러야 한다. 하지만 끝마무리는 반대다. 네모난 얼굴은 끝을 둥그렇게, 둥그런 얼굴은 끝을 네모지게 마무리해야 한다. 이런 식의 원리를 적용시켜서 성공적으로 콧수염을 완성하면 당신이라고 해서 브래드 피트나 올랜드 블룸과 같은 할리우드 스타처럼 되지 말라는 법도 없다.

▶ **구레나룻**: 물론 엘비스 프레슬리식의 구레나룻 수염이야 그저 웃자고 하는 분장에 불과하겠지만 이 구레나룻 수염을 적당히 세련되게 기르면 모던한 스타일을 유지하면서 동시에 터프한 이미지를 만들 수 있다. 국내 연예인들 중에서 소지섭이나 원빈, 장근석의 세련된 이미지에 구레나룻이 있

는 것과 없는 것의 차이를 상상해보라. 구레나룻은 그저 말끔한 이미지에 야성미라는 무기를 장착시킨다고 보면 된다.

▶ **소울 패치**: 재즈 연주가들이 색소폰 등의 악기를 불 때 튀는 침을 받아주는 역할을 한다고 해서 소울 패치라고 불리는 스타일로서, 아랫입술 밑에 일정한 모양만 남기고 수염을 모두 미는 방식이다. 어울리게 코디를 잘하면 쿨한 남자로 보일 수 있지만, 어중간한 소울 패치 스타일은 고등학교 시절 별 볼 일 없는 녀석이 나도 한 번 일탈을 해볼까 싶어 작정한 스타일로 오인받기 쉽다.

14 콧수염은 어떻게 다듬어야 하나?

다양한 길이의 수염 관리를 위한 전동 트리머, 소위 바리캉을 사용해도 좋다. 하지만 보다 정교한 손질을 위해서는 콧수염 전용 미용 가위를 사용할 것을 권장한다. 콧수염에 물기를 묻힌 다음 빗으로 빗어 아래로 가지런하게 정리한 후 천천히 아주 조금씩 가위로 잘라내면 된다. 조심스럽게 아주 조금씩 균형을 맞춰서 다듬어야 한다. 그렇지 않으면 나중에 자포자기하여 애써 기른 콧수염을 면도기로 깡그리 밀어버리는 불상사를 맞이할 수도 있다.

15 남자가 매니큐어를 칠해도 되나?

물론이다. 문제는 어디서 하느냐이다. 요즘은 남자들을 위한 전문 미용실도 생기는 추세지만 아직까지는 여성들을 위한 네일숍을 이용해야 한다. 용기가 충만하다면 네일숍 문을 당당하게 열고 들어가서 열 손톱에 모두 매니큐어를 칠해보라. 단 색깔이 있는 것이 아니라 광택이 있는 투명 매니큐어를 칠한다. 아니면 그냥 휴가철을 기다렸다가 고급 스파에서 매니큐어

서비스를 요청하면 될 것이다.

물론 집에서도 불가능하지는 않다. 비누로 손을 정성들여 씻고, 손톱깎이를 이용해서 모양을 다듬은 후 손톱솔로 이물질을 완전히 제거해야 한다. 손톱이 깔끔한 모양새와 깨끗한 상태가 되었다고 확신이 들면 투명 매니큐어를 위에서 아래로 한 번에 바르는 게 가장 좋다. 지울 때는 아세톤을 사용해야 하지만 도저히 찾을 수 없다면 먹다 남은 소주를 솜이나 면봉에 묻혀서 사용해도 된다.

16 남자도 몸에 난 털을 다듬어야 하나?

면도나 왁싱 등의 체모 관리가 남자들이라고 예외는 아니다. 요즘 각종 포르노 영상물에서 말끔하게 관리된 남자들의 모습을 쉽게 볼 수 있고, 실제로 가슴이나 이두박근, 심지어는 남근까지도 털이 없는 상태가 더 커 보이는 착시효과가 있는 것으로 알려져 있다. 또한 체모를 없애는 일이 일상적으로 익숙해져 있는 여자들의 입장에서도, 자신의 남자 역시 자신처럼 깔끔하게 관리를 했으면 하는 마음이기도 하다.

만약 체모 관리를 원하는 사람이 당신의 동거인이라면 그냥 "당신이 원한다면 할게."라는 이 말 한 마디면 충분하다. 체모 관리의 시간을 일종의 둘만의 파티 시간으로 만들어보자. 교대로 면도를 해주고, 서로에게 제모제를 뿌려주는 것도 좋다. 제모를 다 끝마쳤으면 손에 바디 로션을 풍성하게 적셔서 서로의 몸을 닦아주는 은밀한 시간을 보내고 한 잔의 와인으로 축배를 드는 것은 어떨까?

단지 제모의 효과 체험을 원한다면 파트너를 기다릴 필요도, 완전 제모를 시도할 필요도 없다. 털은 제모 후에 처음 얼마 동안 어색하다 싶을 뿐이지, 어느 부위든 몇 주만 지나면 원래대로 다시 자라난다. 그냥 간단하게 제모제와 면도기를 이용해서 원하는 부위의 털을 밀어보자. 몸을 면도한다고 해서 특별하게 얼굴 면도와 다른 점은 없다. 뜨거운 물로 충분히 모공을 넓혀준 다음 쉐이빙 폼이 아니라 쉐이빙 젤을 사용해야 한다는 점만 다를 뿐이다. 특히 피부가 접혀 있거나 굴곡이 있는 중요하고 민감한 부위는 면도가 익숙지 않을 게 분명하므로 반드시 투명한 쉐이빙 젤을 사용해야 한다. 면도 후에는 수분 크림 바르는 것도 잊지 말아야 한다.

제모 후의 상태가 편안하고 맘에 들었을 경우 레이저 제모술을 시도하는 것도 좋다. 이 시술은 통증과 후유증이 없지만 꽤 비용이 소요되는 영구 제모술이기 때문에 제모할 부위를 선택할 때는 신중을 기해야 한다. 다리털의 경우 완전 제모까지는 길게는 6개월에 걸친 몇 차례의 시술이 필요하므로 여름에 효과를 보려면 겨울에 시작해야 한다는 것도 염두에 두어야 한다.

남자의 의상

17 남자가 핑크색 옷을 입는다면?

딕 체니도 입고 카니에 웨스트도 입는데 당신이라고 안 될 이유는 없다. 블레이저 상의나 수트 상의 안에 핑크 드레스셔츠를 받쳐 입는 드레스코드는 봄에 종종 하얀색 셔츠를 대신하는 스타일이며, 여름에 카키 바지와 함께 핑크 린넨 셔츠를 코디하는 것도 매력적인 선택이 된다.

또한 핑크는 특정한 집단이나 사고방식을 상징하는 색깔이기도 하다. 전 세계적으로 핑크 폴로셔츠는 고급 사립학교를 상징하는 깃발과 같은 것이고, 핑크 캔버스 바지에 셔츠 밑단을 밖으로 노출시키는 패션은 다분히 예술가적인 기질을 드러내 보인다. 그럼 수트 정장에 핑크 양말을 매치했다면? 그건 보수적인 태도 속에 숨겨진 자유주의자의 일탈을 의미한다 할 수 있다.

전문가 조언
18 내 외모에 스타일을 가미하는 방법은?

콜비 맥윌리엄스
니만 마커스 남성 패션 책임자

스타일을 가르치는 방법은 없다. 무조건 새로운 것을 시도해 보아야 한다. 매장을 찾아서 옷을 입어보고 어떤 것이 편안한지를 알아야 한다. 단순하게 시작하라. 미니멀리즘이 최상의 선택인 경우가 많다. 멋지고 풍성하게 차려 입거나 단순하게 입어 보기도 하라. 우선 어두운 색과 단색 셔츠부터 시작하라.

스타일 감각을 키우는 것은 일상에서의 캐주얼 복장보다 직장생활에서 복장을 갖춰 입는 경우 트레이닝이 더 쉽다. 남자들은 보통 일상생활에서는 펑퍼짐한 복장을 즐겨 입는 경향이 있다. 단지 치수나 피트를 한 단계 줄이는 것만으로도 스타일을 업그레이드할 수도 있다. 좀 더 피트한 셔츠와 청바지 역시 슬림한 스타일로 코디하면 효과를 볼 수 있다. 그리고 재킷을 활용하라. 가능한 주머니가 여러 개 달린 재킷을 선택해서 전화기나 지갑 등의 소지품을 너저분하게 들고 다니지 말고 주머니에 깔끔하게 수납하는 방식이 좋다.

19 커프스 버튼 셔츠는 언제 입어야 하나?

커프스 버튼을 끼우도록 디자인된 접은 소매를 지칭하는 프렌치 커프스 셔츠라고 해서 특별히 턱시도나 연회복에만 입는 것은 아니라 어떤 재킷과도 조화를 이룰 수 있다. 단 재킷 바깥으로 커프스 단추가 툭 튀어나오는 것만은 피해야 한다. 셔츠를 살 때 소매 길이를 조절해서 재킷 바깥으로 1센티미터 정도만 노출되도록 해야 한다. 팁이 하나 있다면, 커프스 버튼 사용에 익숙하지 않을 경우 셔츠를 입기 전에 미리 버튼 잠그는 연습을 한 후 착용토록 하라.

20 슬림해 보이는 옷차림이란?

역설적으로 들릴지도 모르지만, 몸에 꼭 맞는 슬림한 옷을 입으면 훨씬 더 슬림해 보인다. 평소보다 살이 몇 킬로 더 쪘다면, 어깨 라인을 살리고 허리 라인이 잘록한 상의를 바지에 매치시켜 보되, 주름이나 풍성한 스타일의 바지는 피해야 한다. 그리고 허리 라인에 커다란 벨트를 착용하면 허리가 얇게 보이는 효과가 있다.

21 내게 어울리는 모자 찾기

모자의 역사는 케네디 이전과 케네디 이후로 나뉜다. 존 F. 케네디는 1960년대 대통령 선거 캠페인 당시 자신의 젊고 활달한 이미지를 강조하기 위해 완전 정장이 아닌 코트를 생략한다거나 모자를 쓰지 않는다거나 하는 식의 반정장 이미지를 구축했다. 세련된 이미지의 정치인이 맨머리를 자연

베레모	버뮤다	보터
버킷 모자	카우보이 모자	페도라
플랫 캡	니트 캡	포크파이

스럽게 바람에 날리며 등장하자, 적어도 패션업계에서는 오버 코트에 모자를 착용했던 전통이 깨져버리게 된 것이다.

하지만 역설적으로 오늘날에는 형식 따위에 신경 쓰지 않는 젊음의 상징으로 모자가 다시 유행의 중심으로 부상하고 있다. 유행을 선도하는 최신 트렌드세터들은 1950년대 영화에나 등장할 법한 스타일의 모자를 쓰고 다니기도 하지만, 어찌 됐든 최근의 모자 유행의 재탄생의 근원은 야구 모자에서 찾는 게 올바를 것 같다. 안경이 어울리지 않는 사람은 있어도, 모자가 어울리지 않는 사람은 없다. 단지 어떤 모자가 어울리는지를 찾아내는 과제가 남아 있을 뿐이다.

▶ **베레모:** 파리지앵 아티스트처럼 튀어 보이면 어떻게 하나 싶은 걱정이 있겠지만, 단순한 원형 울 소재의 베레모는 어떤 머리형에도 어울리는 대단히 실용적인 모자이다. 주저하지 말고 베레모에 도전해보라. 단 새우처럼 끝이 말린 콧수염을 기르고 베레모를 쓰는 것은 삼가자. 그런 스타일은 살바드로 달리나 소화할 수 있는 것이다.

▶ **버뮤다:** 영화 '틴틴: 유니콘 호의 비밀'에 나오는 톰슨과 탐슨 콤비가 쓰고 있는 모자가 바로 버뮤다이다. 쓰고 벗기가 아주 편한 실용적인 모자라 할 수 있다.

▶ **보터:** 평평하고 둥근 크라운과 테가 있으며, 리본으로 장식되어 있는 밀짚모자를 말한다. 뮤지컬 '메리 포핀스'에서 계단 난간을 타고 위층과 아래층을 오르내리던 메리가 쓰고 있던 모자, 혹은 만화 '원피스'에서 루피가 애지중지하는 바로 그 모자이다.

▶ **버킷 모자:** 흔히 우리말로 벙거지 모자라고 하는데 캔버스나 데님 소재로 된 것이 많으며, 낚시할 때 주로 쓴다고 하여 피싱 모자라고도 한다.

▶ **카우보이 모자**: 유행을 타는 일이 없는 안정적인 스타일의 모자이면서도 컨트리색을 강하게 드러내는 모자라 할 수 있다. 캐주얼한 복장에는 갈색이나 흰색, 검은색이 모두 어울리나 수트 정장에는 반드시 흰색이나 크림색으로 매치를 해야 한다. 하지만 미국의 대도시에 사는 남자라고 해도 카우보이 술집에서 로데오 머신을 탈 때 빼고는 쓸 일이 없을 것이다.

▶ **페도라**: 중절모라는 명칭이 더 익숙한 페도라는 클래식 필름 느와르 팬이라면 누구나 기억하고 있을 멋쟁이 남성들의 최고 액세서리 중의 하나이다. 가깝게는 '인디아나 존스'나 1980년대의 '블루스 브라더스'의 극중 배역인 제이크와 엘우드가 착용해서 인기를 끈 적이 있지만, 무엇보다도 페도라를 가장 멋지게 착용한 인물은 영화 '카사블랑카'의 험프리 보거트이다. 여름에는 밀짚모자, 즉 트릴비 해트를 캐주얼한 셔츠나 카키색 바지, 혹은 반바지에 매치하는 것도 쿨한 드레스코드이다.

▶ **플랫 캡**: 플랫이라는 말처럼 앞쪽에는 딱딱한 챙이 있고, 윗부분은 납작한 모양을 하고 있는 모자로, 다소 보수적으로 보일 수도 있지만 역시 남성적인 선택 중의 하나이다. 과거 영국에서 여우 사냥에 이 플랫 캡을 즐겨 썼다고 해서 헌팅 캡이라고도 불린다.

▶ **니트 캡**: 원래는 스키 모자나 은행 강도들이 눈만 드러내고 신분을 숨기고자 할 때 사용되었던 모자 등을 총칭했지만, 1990년대 얼터너티브 그런지 록그룹에서 즐겨 착용하면서 대중적인 인기를 끌게 되었다. 최근에는 챙을 아예 없애고 사시사철 스타일을 살려 착용하는 비니까지 그 영역이 넓어졌다.

▶ **포크파이**: 높이가 낮고 꼭지가 평평한 펠트 모자로 과자의 포크파이와 비슷한데서 유래되었으며, 마피아들이 이 모자와 함께 시가를 물고 있는 장

면으로 유명하다.

22 옷을 매치하는 원칙이 있다면?

어떻게 옷 색깔을 맞춰 입을지를 모르겠다면 고민할 것 없이 무조건 다음 원칙을 따르라.

▶ **한 가지 색깔**: 감색이나 밝은 청색, 회흑색, 갈색, 핑크, 빨강 혹은 짙은 갈색 등의 클래식한 컬러를 선택하라. 단색 셔츠나 수트가 무난하다.

▶ **통일된 가죽 색**: 시곗줄이나 벨트, 구두 등의 가죽 제품을 동일한 컬러로 통일시킨다. 갈색에는 갈색(또는 코도반 컬러), 검은색에는 검은색이 좋다. 정장 구두에 직물 벨트나 카우보이 벨트를 하는 실수는 금물이다.

▶ **색의 대비**: 컬러를 매치한다는 게 꼭 같은 계열로만 선택하라는 의미는

아니다. 흰색에는 베이지색만이 선택은 아니고, 마찬가지로 검은색과 회색, 오렌지와 핑크처럼 비슷한 계열의 색깔에만 얽매일 필요는 없다. 그 대신 어두운 수트에는 흰색 셔츠, 감색에는 핑크, 갈색에는 밝은 청색으로 반대색을 사용하는 것도 방법이다.

▶ **재킷 안 넥타이**: 정장 수트나 스포츠 재킷이나 상관없다. 넥타이는 현재 입고 있는 재킷과 연관된 색이 꼭 포함되어 있어야만 한다. 예컨대 갈색 재킷이면 갈색이 포함된 넥타이를 매고 셔츠는 그와 대비되는 푸른색으로 코디하는 방식이다.

남자의 기술 | 자기 자신을 브랜드화하라

남자라면 이것만은

언제 어디서나 쓸모 있는 4가지 패션

다음에 제시하는 4가지 기본 패션 아이템을 구비해두면 대체로 패션 센스가 없다는 망신살만은 피할 수 있을 것이다.

1 네이비 수트
화이트 셔츠에 암갈색이나 고동색 타이를 메고, 검은색 캡 토 옥스퍼드 구두와 함께 코디해보자. 격식을 차려야 하는 식사자리나 결혼식은 물론이고 전문가다운 모습을 보여야 할 자리, 비즈니스 자리까지 무난하다.

2 남색 블레이저와 회색 바지
붉은색과 파란색이 들어가 있는 렙 타이와 함께 입는 클래식 아메리칸 스타일은 평일 근무지 복장이라 할 수 있다. 여기에서 타이를 빼면 부모님 집을 방문할 때 좋은 복장이 된다. 자기 동네나 친숙한 곳이면 이 복장에서 바지를 진으로 바꿔 입어도 좋다. 같은 복장에 블레이저를 플란넬 소재로 구입하면 시원한 여름 복장으로도 그만이다.

3 크루넥 스웨터와 카키 팬츠

유명 영화배우나 록 스타들도 구부정하게 걸치고 다녀도 무방할 정도로 평이하고 부담 없는 스타일. 상의와 하의를 매치시키는 방법에 딱히 공식은 없다. 컬러나 셔츠 끝을 바깥으로 내어도 되고, 안으로 넣고 다녀도 좋고, 색이 바랜 진이나 카고 팬츠로 대체해도 좋다. 예상치 못한 회의나 중요한 식사자리가 생겼다면, 그냥 깔끔하게 셔츠 깃을 바지 속으로 집어넣고 손으로 머리를 빗어주면 되는 스타일이다.

4 검은색 셔츠와 어두운 진

검은색 버튼 다운 셔츠는 모든 남자들이 편안하게 소화해낼 수 있는 아이템이다. 검은색 계열의 셔츠와 진을 매치시키면 파티나 데이트에서 격식을 차린 느낌을 안겨주면서도 동시에 편안한 분위기를 연출할 수 있다. 여기에 앵글 부츠를 신어도 좋고, 여름에는 검은색 폴로셔츠나 티셔츠로 바꿔 입어도 좋다.

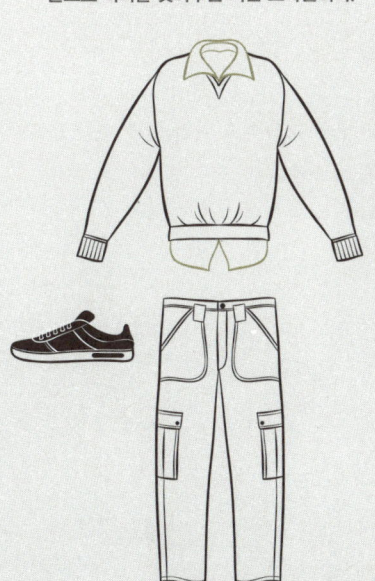

▶ **셔츠와 피부색**: 당신의 피부색도 고려해야 한다. 피부와 유사한 색은 경계대상이다. 피부가 까만 편이면 갈색 셔츠는 피하는 게 좋고, 창백하고 하얀 피부라면 노란색 셔츠를 피하는 게 상식이다. 피부색과 옷 색깔은 보색대비로 보완해야 한다. 일반적으로 푸른색은 거의 모든 피부색에 잘 어울리고, 하얀색 셔츠는 의심할 여지없는 만국공통의 셔츠 컬러이다.

▶ **중요한 것은 사이즈**: 코디에 있어서 중요한 게 컬러만은 아니다. 무늬나 패턴 역시 아주 중요하다. 여기서도 감각적인 패셔니스트의 좌우명인 '대비'를 잊지 말아야 한다. 큰 것과 작은 것을 매치시켜야 한다. 조밀한 체크 셔츠에는 페이즐리 무늬의 큼직한 타이가 좋다. 같은 방식으로 듬성한 체크 셔츠에는 작은 물방울 무늬 타이를 코디해보자.

23 신발 냄새 제거하기

신발에 박테리아가 번식하면 고약한 냄새가 발생하게 된다. 주로 신발의 박테리아는 습한 조건에서 번성한다. 시중에서 쉽게 구할 수 있는 악취제거제로 방습용 파우더나 습기를 흡수하는 숯으로 된 습기제거제가 있다.

돈을 들이지 않는 방법으로는 끈을 풀어서 신발 속이 보이도록 젖힌 다음 햇볕에 말려도 된다. 이때 베이킹 소다를 적당히 뿌려주면 건조 효과를 높일 수 있다. 신발 내부 건조가 끝나면 알코올을 천에 묻혀서 닦아주어 내부에 남아 있을 수 있는 박테리아를 없앨 수 있도록 한다.

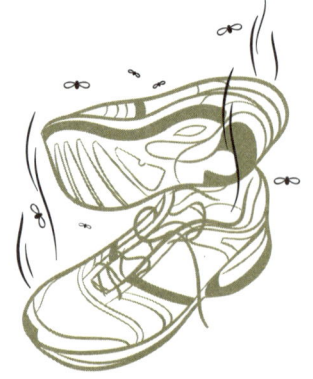

24 속옷 셔츠는 꼭 입어야 하나?

속옷 셔츠는 몸을 따뜻하게도 하고 시원하게도 한다. 면 소재의 속옷은 와이셔츠와 스웨터에 땀이 배는 것을 방지해주어 불쾌함과 옷이 상하는 것을 막아주는 역할을 한다. 또한 속옷 셔츠는 즉흥적으로 스포츠를 한 판 뛰게 되었을 경우 유용한 복장이 되고, 비상시에 지혈용 붕대나 거즈 역할을 수행하기도 한다.

25 진은 어떻게 입어야 할까?

진은 종류가 다양해 가끔 어떤 게 남자의 기본 패션인지가 헷갈릴 정도다. 당신의 옷장 안에는 분명히 색 바랜 일자형의 전형적인 클래식 청바지가 몇 벌은 있을 것이다. 진은 유행을 타지 않으면서도 워싱이나 소재와 색깔에 따라 사계절 어느 때고 입을 수 있는 가장 기본적인 바지 중의 하나이다.

　전체 핏이 11자로 라인 없이 쭉 뻗은 이런 바지가 식상하다 생각하면 조금 변형을 해보아도 좋다. 일부러 탈색을 시도한 진이나 웬만한 재킷과도 훌륭하게 어울리는 블랙진이 그러하다. 패션을 따라잡아야 한다는 부담감이 있더라도 절대로 진에서만은 섣부른 시도를 하지 마라. 이런저런 액세서리를 과도하게 부착한 진만큼이나 유행에 뒤떨어지는 스타일도 없다. 명심해야 할 사항은 진에 어울리는 벨트는 필수라는 것. 두툼한 바지에는 커다란 벨트가 어울리고, 색 바랜 진에는 갈색 가죽 벨트가 딱이다.

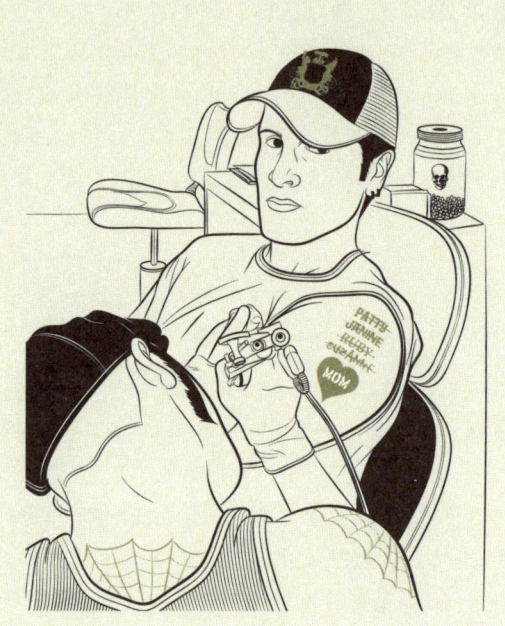

전문가 조언
26 문신을 선택하는 기준은?

크리스 누녜스
러브 헤이트 타투 공동 설립자

영화나 드라마 등 TV에서 본 것이나 유명 스타들이 하고 있는 것과 똑같은 문신은 하지 마라. 당신이 원하는 게 정확히 무엇인지 확신이 들 때까지는 조사를 거듭해야 한다. 문제는 어떤 스타일과 어떤 주제로 결정하느냐이다. 결정이 났다면 그 스타일에 있어서 최고의 문신 전문가를 찾아라. 깔끔하고 고전적인 스타일을 고수하라. 너무 많은 디테일을 담으려고 애쓰지 마라. 장미와 용 모양의 문신에 누군가의 이름과 날짜를 적어 놓는 정체불명의 장르가 혼재된 문신도 극히 위험하다. 한 곳에 열 개 이상의 문신이 혼재되지 않도록 깔끔하게 구성하라.

27 진에 정장 구두를 신어도 될까?

진이란 음식으로 치면 케첩 같은 것으로 어울리지 않는 게 거의 없는 아이템이다. 물론 진에는 끈으로 묶게 되어 있는 앵글 부츠가 가장 좋은 선택이 되겠지만, 옥스퍼드화나 로퍼도 훌륭한 선택이 될 수 있다. 빛바랜 진에 W자형의 구두코 장식이 달린 윙 팁을 신고, 말쑥하게 단추를 채운 카디건에 트위드 재킷을 받쳐 입으면 전형적인 클래식 가을 패션이 된다.

28 턱시도는 언제 입는 걸까?

어렵게 생각할 것 없다. 결혼식이나 사교모임, 혹은 에미상 또는 아카데미상 시상식이 됐든 뭐든 초대장에 검정 나비넥타이나 정장 예복을 갖출 것이 명시되어 있다면 턱시도를 선택하면 가장 무방하다. 검은색 턱시도에 몸을 맡기기로 결정을 내렸다면, 하얀색이나 그 외 밝은 색의 셔츠에 은백색이나 진한 자주색의 타이를 코디하도록 하자.

29 턱시도를 구매할 필요가 있을까?

고급 자선행사에 한 달에 몇 번씩 참석해야 하는 경우가 아니라면 턱시도를 구입하는 것은 정상적인 비용 지출이라고 보기는 어렵다. 여자들의 경우 결혼식에서 입은 웨딩드레스를 소유하는 것이 궁극의 판타지일 수도 있겠지만, 남성들의 경우는 그렇지 않다. 괜히 섣부른 만용을 부려서 쓸데없이 과도한 비용 지출을 삼가자.

하지만 요즘에는 자선 바자회나 중고의류점 등지에서 젊은 사람들도 충분히 접근 가능한 비용의 턱시도가 종종 등장하곤 한다. 그저 평범한 양복보다는 좀 더 튈 수 있는 과감한 시도의 수트를 노려보고 싶다면 이런 기회를 이용해서 턱시도를 하나 장만하는 것도 나쁘지는 않을 것이다. 자신의 생일날 친구들과의 생일 파티에 턱시도를 멋지게 빼어 입고 빨간색 나

남자의 기술 | 자기 자신을 브랜드화하라

남자라면 이것만은

모던 스타일하면 바로 이 남자

패션 감각을 키우는 가장 좋은 방법 중의 하나는 완벽한 취향을 자랑하는 유명인들을 눈여겨보는 것이다.

너드 패션 NBC 시트콤 '30 Rock'의 주다 프리드랜더를 생각하면 딱이다. 라운드 티셔츠에 헐렁한 바지, 헝클어진 머리를 가리는 모자를 쓰고 커다란 안경을 쓰고 있다. 그리고 셔츠나 모자에 '조이스틱 마스터', '가라데 창녀' 같은 웃어야 할지 말아야 할지를 종잡을 수 없는 문구가 적혀 있다. 하지만 이것도 스타일이라면 스타일이다.

클래식 블랙 나비넥타이 오스카 시상식에서의 조지 클루니를 보라. 그 자체가 나비넥타이의 정석이자 표본이다. 할리우드를 압도했던 캐리 그랜트의 실루엣을 품고 있으면서도 유행을 따르는 조바심이 비치지 않는 클래식한 스타일의 전형이 아닐 수 없다.

비즈니스 캐주얼 영화 개봉 행사장이나 칸의 레드 카펫에 선 브래드 피트는 왜 그렇게도 멋져 보일까? 여러 가지 이유가 있겠지만, 그중 하나는 가장 자신감 있게 소화할 수 있는 가장 안락해 보이는 수트를 입었다는 것이다. 비즈니스처럼 고객을 상대하는 프로페셔널해 보여야 하는 자리에는 가장 자신 있게 소화할 수 있는 옷을 선택해야 한다.

비즈니스 정장 그의 정치적 노선에 대한 동의와는 상관없이, 버락 오바마는 밝은

비넥타이를 매고 등장하면, 그날의 주인공이 누구인지는 누구도 의심하지 못할 것이다.

30 턱시도에 어울리는 코디는?

턱시도 셔츠는 오직 하얀색이다. 주름은 심플해야 하고 단추는 반드시 커프스를 착용해야 한다. 구두는 검정 가죽제품의 단순한 디자인의 구두가 좋다.

    최근 부쩍 일상 속으로 들어온 턱시도에는 다양한 종류의 타이를 매치할 수 있다. 일반적인 넥타이에서부터 나비넥타이나 영화에서 보안관들이

색의 단색 타이에 하얀색 셔츠에 어두운 수트라는 장인의 손길이 드러나는 절제된 스타일을 다시 유행시킨 공로가 있다.

이브닝 치크 '아메리칸 아이돌'의 진행자로 널리 알려져 있는 라이언 시크레스트는 유명 스타 심사위원들이나 출연자들에 비해 눈에 덜 띄는 역할임이 분명하다. 하지만 그의 느긋해 보이는 스타일의 진과 재킷 코디는 분명히 하나의 모범 사례로 충분하다.

프레피 룩 미국 인디록 신이 낳은 신데렐라 뱀파이어 위크엔드와 같은 아이비리그 청년들이 즐기는 아이비룩에서 출발한 스타일. 럭비 셔츠나 줄무늬 셔츠, 체크 스웨터, 핑크 양말, 하얀색 구두 등으로 발랄함을 무기로 한다. 미국 드라마 '가십 걸'이 프레피룩의 정점을 찍고 있다고 보면 된다.

록 스타 스타일 폴 아웃 보이의 피터 웬츠는 고쓰 스타일을 새롭게 해석해서 셔츠를 레이어드룩으로 스타일링하고 후드 티셔츠에 스카프를 매칭하는 파격을 선보였다. 게다가 하의 패션으로는 꽉 끼는 블랙이나 그레이 스키니진으로 코디하고, 층을 이룬 거친 느낌의 레이어드 헤어스타일은 완성된 록 스타 스타일의 정점을 만든다.

어번 스타일 카니예 웨스트는 패션 DNA를 타고난 인물이다. 다소 엽기적이기까지한 조끼에 카디건, 그에 비해 다소 의외의 브이넥까지 즐겨 입는다. 하지만 그는 나비넥타이를 매고서도 트레이트 마크인 다이아몬드 무늬 스타일의 상의를 스니커즈나 진, 재킷, 스카프와 매치시키는 감각을 자랑한다.

나 착용하는 것 같은 볼로 타이까지도 소화가 가능하다. 하지만 나비모양으로 미리 접어놓은 클립온 나비넥타이는 되도록 삼가는 게 좋다. 이왕 격식을 차려서 턱시도에 각종 액세서리로 치장을 하는 것인데, 클립온 나비넥타이는 마지막 2퍼센트를 건너뛰는 아쉬움이 남기 때문이다.

31 커머번드의 안과 밖은 어떻게 구분하나?

턱시도는 벨트를 착용하지 않고 대신 커머번드를 착용하는데 주름이 돌출된 방향이 바깥이다. 커머번드라는 것이 원래는 식사 중에 빵부스러기 같은 음식 찌꺼기가 떨어져서 턱시도가 더렵혀지는 것을 방지하기 위해서 고안되었다는 것을 기억하면 쉽게 이해가 갈 것이다.

32 턱시도 코디에 변형을 가해도 될까?

턱시도 컬러를 바꾸는 모험은 절대로 하지 마라. 푸른색이나 밤색 혹은 은백색 턱시도라도 걸치는 날에는 웨딩 밴드에서 도망친 사람으로 오해받을 수 있다. 예복의 아름다움이란 정해진 규칙과 형식을 준수하는 데에 그 가치가 있다. 독특한 커머번드를 착용한다거나 예복의 규칙을 파괴하지 않는 선에서 타이를 매치시키는 정도는 추천한다. 하지만 결혼식은 절대 하객이 튀어서는 안 되는 장소이다. 신랑 신부의 예복을 먼저 확인해야 한다는 점을 잊지 말자.

33 적절한 향수 사용량은?

향수 좀 뿌렸다고 주변 모든 사람들한테 광고하고 다니는 남자는 어쨌든 좀 곤란하지 않겠는가. 오드콜로뉴나 스킨 혹은 향수는 은은한 맛이 관건이다. 양 귀에 살짝 한 번 정도 분사하고, 손목에 살짝 비벼주는 정도가 평일 낮 향수 사용량의 마지노선이다. 반면에 밤에 외출할 때 은은한 향기를 발산하고 싶다면, 목에 두 번[a], 발에 한 번 정도 뿌려주거나, 가슴 높이에서 향수를 공중에 분사한 후[b], 온몸으로 향수를 받아주는 것도 좋다[c]. 하지만 직장 면접이나 그녀와의 첫 번째 데이트처럼 여자들의 향수 냄새와 직접적으로 경쟁을 해야 하는 장소에서는 가급적 향수 사용을 절제하는 게 좋다.

> **전문가 조언**
>
> ## 34 레스토랑에서의 행동 수칙이 있다면?
>
> **스티븐 더블랑카**
> '웨이터 세상' 저자 및 블로그 운영자
>
> 레스토랑에서 무례하다거나 제멋대로인 손님으로 찍히기라도 한다면 괘씸죄로 보복을 당할 수 있다. 구석의 후미진 테이블을 배정받거나 자리에 착석하기 전부터 식사를 마치고 떠날 때까지 은근히 무시당하는 원치 않는 봉변을 겪을 수도 있다. 다른 테이블의 여자 손님이 미성년자인 줄 알면서도 술을 권한다거나, 허리띠를 풀고 맘껏 먹을 준비를 하는 행동은 절대 삼가야 한다. 레스토랑은 공개된 장소이긴 하지만 사적인 공간이기도 하다. 점잖은 행동을 보여야 한다.
>
> 몇 가지 에티켓을 지키는 것만으로도 당신은 훨씬 더 신사적이고 교양 있는 남자가 될 수 있다. 웨이터가 자리로 일행을 안내할 때는 모임의 주최자나 여성에게 선두를 양보해야 한다. 만약 당신이 모임의 주최자거나 혹은 모임에서 가장 나이가 적거나 청일점이라면 당신의 순서는 마지막이다. 테이블에 도착하면, 여성분들이나 연장자가 자리에 앉을 때까지 서 있어야 한다. 전망이 좋은 자리나 기타 장애물에 시선이 가리지 않는 좋은 자리는 상대방에게 양보해야 한다. 주문 후에는 메뉴판을 접어서 옆으로 치워놓는다.
>
> 웨이터는 항상 당신에게 최고의 경험을 선사하기 위해 대기 중이다. 그에게 감사의 마음을 표시하는 것을 잊지 않아야 최고의 서비스를 받을 수 있다. 웨이터를 부를 때는 정중하게 호명해야 한다. 손뼉을 치거나 큰 소리로 시선을 집중시키는 행위는 최악이 될 수 있음을 명심하라.

사회적 동물

35 악수는 언제 하는 게 좋을까?

격식을 갖춰야 하는 자리나 가벼운 자리 할 것 없이 모든 종류의 소개와 만남의 자리에서는 악수가 가능하다. 우연히 만나는 사람과도 당연히 악수로 반가움을 표현할 수 있다. 회사에서 사람들에게 소개되는 자리에서는, 아는 사람까지도 포함해서 자리에 있는 모든 사람과 악수를 교환하고 이름을 밝히면서 자기소개를 해야 한다. 한 손으로 하는 악수는 "안녕하세요?", "반갑습니다."와 같은 짧은 인사말을 하는 동안에만 손을 잡는다. 두 손으로 하는 악수는 외교관들이나 중요한 조인식에 참여한 CEO들을 위한 악수이다. 손바닥을 하이파이브와 함께 부딪치는 악수는 젊은 친구들이나 사나이들의 악수이다.

어떤 때는 허그가 친구들이나 남녀 사이의 악수를 대신할 때도 있지만 분위기와 상황을 잘 판단해서 실행해야 한다. 먼저 악수를 건넨 후 손을 빼지 않고 계속 잡고 있다면, 그때 바로 이어서 가벼운 허그로 이어가는 게 순서이다. 남자와 남자 사이의 허그는 곰 인형을 껴안듯 완전히 껴안는 허그도 하지만, 한쪽 팔을 목에 걸고 가슴을 부딪치는 허그 정도가 가장 무방하다. 하지만 여자와의 허그에서는 짧고 간결하게 품위를 잃지 않는 선에서 허그를 실행해야 괜한 오해가 생기지 않을 것이다.

남자들의 허그

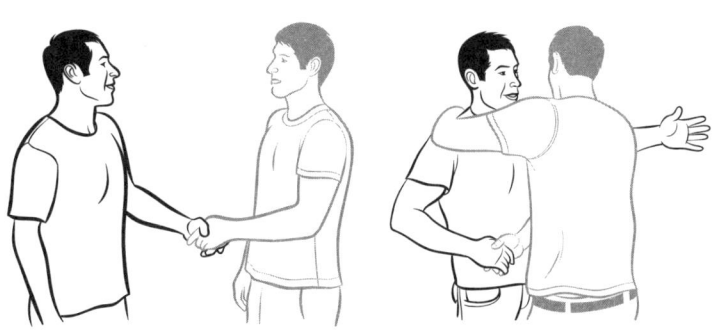

소개의 순서

36 사람들을 소개하는 순서가 있다면?

귀빈, 연장자, 여성 순으로 소개를 한다. 소개를 하는 자리에서는 남성과 아이들은 상대적으로 덜 중요하다. 예들 들자면 "할머니, 여기는 제 친구 살이에요.", "폐하, 저희 할머니 스미스 부인을 소개해 올립니다."와 같은 식이다. 여러 명의 사람들을 소개할 때도 같은 방식의 순서가 적용된다. "할머니, 주디, 밥 그리고 데이브예요." 하지만 직장 상사처럼 예를 갖춰야 할 경우는 예외이다. "할머니, 저희 회사 사장님이신 스미스 씨구요. 여기는 직장 동료인 밥과 데이브예요." 격식을 갖춰야 하는 자리에서는 소개를 시켜주는 사람이 손으로 당사자를 가리키면서 소개하는 것이 예의에 어긋나지 않는 방식이다.

37 인사할 때 자리에서 일어나야 할 때는?

여자나 연장자와 악수를 해야 하는 상대라면 자리에서 일어나는 게 맞다. 하지만 사람들로 붐비는 장소나 움직이는 버스, 지하철 같은 곳에서는 굳이 일어설 필요는 없다. 그러나 소파의 경우는 좀 다르다. 소파에 누워 있는데 친한 친구가 들어올 경우 일어설 필요 없다. 하지만 보통의 경우에 앉은 자리에서 악수를 건네는 경우는 오만해 보이기 십상임을 명심하자. 아주 가볍게 넘길 사람이 아니라면 소파에서 엉덩이를 떼고 일어나서 인사를 건네는 게 예의이다.

38 뺨에 가벼운 키스를 하는 방법은?

특히 대상이 여자일 경우 뺨 키스 정도는 해도 전혀 무방할 것이라고 일방적으로 추정하기보다는 여자 쪽에서 자연스럽게 뺨 키스를 허락하는 방식으로 유도해야 한다. 뺨 키스는 볼을 여성의 광대뼈에 화장이 지워지지 않도록 가볍게 갖다 대면 된다. 그냥 가볍게 뺨을 스치되 절대 입술을 사용해서는 안 된다.

뺨 키스는 유럽이나 라틴 아메리카에서 흔히 접할 수 있다. 혹시 유럽 사람들을 만나면 아주 열정적으로 양쪽 뺨에 번갈아서 세 번 이상 뺨 키스 습격을 당할 수도 있다. 행여 남자라고 예외일 경우는 거의 없으니 역시 마음의 준비를 단단히 해야 한다. 하지만 미국에서는 비즈니스 관계에서 뺨 키스는 아무리 친한 이성 친구 사이라 해도 무방하게 보지는 않는다. 뺨 키스를 원하지 않을 경우 악수를 한 손에 가볍게 힘을 주고 거리를 유지해서 뒤로 물러서면 된다. 상대방 역시 당신의 이런 행동에 뺨 키스를 원하지 않는다는 분위기를 읽을 수 있을 것이다.

39 중요한 식사대접을 제대로 하기 위해서는?

첫 번째 관문은 당신의 목적에 들어맞고 상대방을 만족시킬 수 있는 좋은 레스토랑을 선택하는 것이다. 선택한 레스토랑이 뷔페식이라면 음식을 가지러 가면서 그 와중에 비즈니스 얘기를 하는 행위를 삼가도록 하자. 채식주의자에게 고기를 먹자고 초대해도 안 되고, 식사 시간을 늦은 시간에 예약하는 것은 나이 드신 분이나 아이가 있는 분들에게는 실례다.

가능하다면 이미 식사를 해보았던 곳이어서 메뉴에 익숙하고, 종업원들의 성향이나 서비스 친절 여부를 파악하고 있는 곳이 좋다. 어쩔 수 없이 새로운 곳으로 선택해야 했다면, 식사 당일 먼저 들러본다거나 여유 있게 며칠 전에 어떤 곳인지 식사 시간대에 사전 답사를 해보는 것도 좋다. 메뉴를 미리 익혀두고, 좋은 자리를 예약할 수 있도록 특별히 신경을 써야 한다. 식사 당일에는 그날의 스페셜 요리가 무엇인지 확인하고 가격이 얼마인지도 물어봐야 한다. 식사를 다 마친 후에 예상을 뛰어 넘는 비싼 가격에 당황하는 모습을 보인다거나 예산을 초과하는 실수를 저질러서는 안 되기 때문이다. 유비무환의 자세로 철저한 준비를 해서, 극진하게 접대해야 하는 직장 상사나 뜨거운 데이트를 위한 그녀와의 식사에 어떤 당혹스러운 일도 일어나지 않도록 만반의 준비를 기하자.

40 적절한 팁이란?

팁은 전체 금액의 15퍼센트에서 20퍼센트가 적당하다. 보통 아무런 불만도 없이 흡족한 서비스를 받았을 경우 20퍼센트의 팁을 놓고, 특별히 서비스에 가산점을 주고 싶을 경우에는 20퍼센트에서 추가 팁을 놓으면 된다. 그러나 식사나 서비스에 만족을 하지 못했더라도 15퍼센트의 팁은 꼭 지켜야 한다. 대부분의 레스토랑에서 웨이터들은 바텐더들이나 뒷정리를 하는 잡부들과 받은 팁을 나누곤 한다. 마냥 짜게만 굴면 후환이 안 좋을 수 있다. 심지어 당신의 데이트 상대는 당신이 팁을 주는 것을 보고 당신의 배포와 아량을 판단할지도 모를 일이기 때문이다.

41 꿔다놓은 보릿자루를 면하는 방법은?

사람들로 붐비는 파티에서 파트너가 없어서 춤을 추지 못하는 사람, 혹은 비즈니스 모임에서 꿔다놓은 보릿자루마냥 벽에 등을 기대고 서서 남들 눈치나 보고 있는 사람을 벽에 달라붙은 꽃 같다고 해서 월 플라워라고 한다.

이 월 플라워를 면하는 방법은 본인이 먼저 다른 사람에게 적극적인 관심과 흥미를 보여야 한다. 그들의 이야기를 경청하고, 어떤 일을 하며 어떤 삶을 사는지 호기심을 표현해야 한다. 파티에서라면 주변 사람에게 주인과는 어떻게 알게 되었는지, 파티에는 어떻게 초대받게 되었는지 등의 얘기부터 시작하면 된다. 다른 사람에게 호기심을 보이려는 노력을 하면, 당신의 자의식이 눈 녹듯 사라지며 어느새 사람들과 어울리는 흐뭇한 광경이 펼쳐지게 될 것이다.

42 사소한 얘기를 잘하는 방법은?

스몰 토킹, 즉 날씨 얘기에서부터 간단한 농담까지 사소한 얘기는 대화의 시작이나 연결에 있어 중요한 역할을 한다. 사소한 얘기를 잘하기 위해서는 대화를 팀 스포츠로 받아들여야 한다. 자신만의 관심사를 우선하지 말고, 다른 사람의 얘기에 귀를 기울이는 습관을 들여야 한다는 것이다. 또한 끊임없이 질문을 할 줄 알아야 한다. 질문은 애들이나 하는 것이라는 선입견은 버리자. "방금 그건 무슨 얘기죠?", "어떤 차이가 있을까요?" 등 자신이 경청하고 있음을 알려주고 상대방의 의견을 묻는 배려심이 중요하다. 상대방이 얘기를 하고 있으면 머릿속에 그 사람이 말하고자 하는 것이 무엇인지 상상하며 그려보는 과정이 필요하다. 자신의 의견에 맞장구를 치거나 지지를 보내주고 관심을 보이는 것만큼 대화를 이끌어가는 데 중요한 것도 없다.

43 친구인가 아닌가?

소셜 네트워킹은 실제 관계처럼 친밀함이 중요한 것은 아니지만 온라인 친구라고 하더라도 선을 긋고 실제 친구와 상이한 관계를 유지할 필요는 없다. 얼굴을 알지 못하는 사람들이라도 추후 오프라인 만남을 가질 수 있기 때문에 절대로 실제 관계에 대한 부담감을 남겨서는 안 된다. 만약 참을 수 없는 거북함이 느껴지는 온라인 상대가 있다면, 온라인 상태에서 그 사람의 의견을 숨길 수 있는 트위터의 뮤트 기능이나 페이스북의 '다른 사람에게 숨기기' 기능 등을 이용하면 된다.

44 게이들이 모이는 장소에서 어떻게 잘 어울릴 수 있을까?

평범한 사람이 게이 친구들과 함께 게이 바나 게이 모임에 가는 것은 여전히 신경이 쓰이는 문제이다. 갑자기 당신은 낯선 사람 취급을 당하면서 구경거리가 될 수도 있다. 그렇다고 땀을 뻘뻘 흘리며 당혹스러워할 것까지는 없다. 게이 남성은 다른 남성에게 흥미가 있을 경우에만 당신에게 관심을 보일 것이다. 그냥 당신은 평소대로 행동하고 있으면, 이내 당신의 성 정체성을 알아채고 행동하게 될 것이다. 만약 일행과 함께 왔다면, 일행이 먼저 다른 사람들에게 당신의 상황을 말하기 전까지는 그냥 일행과 함께 자연스럽게 움직이면 된다. 하지만 당신이 지금 겪고 있는 상황은 성적 소수자로서의 경험을 느껴볼 수 있는 드문 기회이기도 하다. 당신의 게이 친구가 늘상 맞이하는 그런 상황을 역지사지의 기분으로 느껴보는 것도 뜻 깊은 경험이 될 것이다.

올드 스쿨

45 나만의 편지지를 주문하는 방법

다소 고전적으로 보일지 몰라도 당신의 이름이 인쇄되어 있는 편지지와 아날로그적인 냄새를 물씬 풍기는 편지 봉투는 당신의 감수성과 센스가 빛나게 하는 장치 중의 하나이다. 10만 원 이하의 예산으로 개인용 편지지 묶음과 그에 걸맞은 클래식한 편지 봉투를 주문할 수 있다. 원한다면 주소를 적는 칸은 공백으로 남겨 놓으면 이사를 했을 경우에도 사용할 수 있다는 장점이 있다.

주문을 위해서는 세 가지 기본적인 결정이 선행되어야 한다. 종이의 재질과 색깔과 폰트 종류. 종이는 적어도 증권 등에 사용되는 고급스러운 용지에 무게가 100그램 이상은 되어야 한다. 그 이하는 조잡스러운 느낌이 든다. 재질은 취향에 맞추되, 거친 재질보다는 미끄럽지 않은 부드러운 재질이 무난하다. 색깔은 자유롭게 선택할 수 있지만 그러나 공적인 서신 용도로 주로 사용할 계획이라면 하얀색이나 크림색, 밝은 회색이나 푸른색이 무난하다. 서체의 선택은 컴퓨터에서 미리 확인이 가능하므로 마음에 드는 폰트를 선택할 수 있는 폭이 넓다. 영어 폰트 기준으로 주로 세리프체가 무난하지만 모던한 느낌을 가미하고 싶다면 산스 세리프체를 택하면 된다. 한글 서체도 매우 다양하지만 예쁜 손글씨체는 윗사람들에겐 다소 가볍게 보일 수 있으므로 명조체나 궁서체 등이 무난하다.

상단의 머리글자로는 클래식한 느낌의 모노그램이 가장 많이 사용되지만 창의성을 발휘해도 좋다. 손재주가 있다면 여러 수단을 동원해서 당신이 직접 디자인해도 좋고, 친구나 주위 사람들에게 도움을 구해도 좋다.

46 알코올 중독 재활 환자를 대하는 가장 좋은 방법은?

관건은 재활 기간이 어느 정도냐에 따라 다르다. 6개월에서 1년 정도의 기간이 흐른 이미 초기 단계를 넘은 사람이라면, 보통 사람들과 마찬가지로 밤에 와인이나 맥주 한두 잔 정도를 곁들인 만남의 자리 정도는 괜찮다. 너무 의식을 하면 오히려 안 좋은 결과가 생길 수도 있다. 모든 사람들을 배려

한다고 그 사람을 계획단계에서부터 배제한다거나 모임에 초대하지 않으면, 친구관계를 끝내게 되는 일이 벌어질 수도 있다.

만약 파티나 정기 모임처럼 술이 들어가는 자리라면, 술을 마시지 않는 사람에게 상황 설명을 해서 술 취한 사람들로부터 그 사람을 가능한 떨어뜨려 놓을 수 있도록 요청을 구하는 게 좋다.

하지만 친구가 술집에서 어울리는 자리에 가고 싶지 않다는 의견을 피력하더라도 그를 배척해서는 안 된다. 영화나 외식, 하이킹이나 볼링 같은 술을 마시지 않고 함께 할 수 있는 활동을 찾아야 한다.

47 뒷사람을 위해 문을 잡아주는 행위

뒷사람을 위해 문을 잡아주는 행위에 대한 시선은 어떨까? 젊은 여자들의 경우 나이 든 아줌마 취급이나 약해빠진 여자 취급이라고 싫어할 여지도 있다. 여자들도 남자들처럼 똑같이 생각하고 행동할 수 있는 것이다. 하지만 문을 잡아주는 행동은 물리적인 힘과는 거의 관련이 없는 순수한 배려심의 문제이다. 나이 드신 여성이나 팔뚝 근육이 붉으락푸르락 한 성인 남자에게나 모두 문에 끼는 불쾌한 사고를 미연에 방지할 수 있는 선행을 베푸는 행위이기 때문이다.

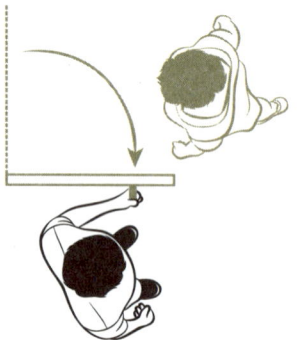

물론 영화에서처럼 하인이 뛰어가서 문을 먼저 열어두는 행동은 불필요하다. 그냥 상대방보다 몇 발자국 빠른 행동으로 앞서 가서 문을 열고 잡아주면 된다.(물론 회전문은 예외다. 회전문이야 당신이 먼저 들어가야 다음 사람이 들어갈 수 있는 문이지 않는가.)

48 화장실에서의 올바른 소변기 사용법

선택의 여지가 있다면 옆 사람과 하나에서 두 개 정도의 변기 간격을 두고 용무를 해결하는 게 좋다. 설령 소변기가 딱 하나밖에 남지 않았을 경우에도 행동은 자연스러워야 한다. 어색한 분위기를 감추겠다고 천장을 바라본다든가 콧노래라도 흥얼거렸다가는 오히려 더 어색한 분위기를 연출할 뿐이다. 눈은 정면을 응시한다. 아무리 참았던 소변을 가까스로 처리하는 순간이라 해도 시원하다는 신음을 낸다거나 침을 뱉는 행동은 삼가야 한다. 대화도 금기다. 칸막이 너머에서 큰일을 처리하고 있는 동료에게 하는 말일지라도 대화를 하는 것은 공중도덕에 크게 어긋나는 행동이다.

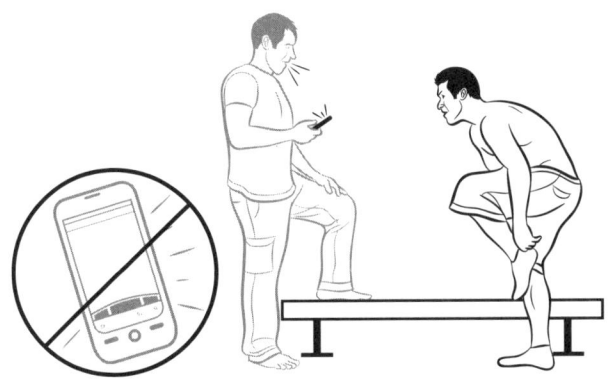

49 탈의실에서 자연스럽게 행동하는 요령

당신만의 고민은 아니다. 헬스클럽이나 공중목욕탕, 찜질방 라커룸에서 탈의 후에 벗은 몸을 드러내는 행위가 자연스러운 사람은 아무도 없다. 특히나 무슨 포르노 스타라도 되는 것처럼 복근을 과시하는 사람 앞에서는 더더욱 그렇다. 옷을 벗었다 뿐이지 공공장소나 다름없는 곳에서 옆 사람에게 들릴 정도의 대화는 삼가자. 샤워장으로 이동하는 경우에는 타월로 중요 부위를 가리는 게 좋다. 다른 사람의 프라이버시를 존중하여 옷을 갈아

입을 때는 서로의 몸이 닿지 않도록 적당한 거리를 유지해야 한다. 특히 휴대폰 카메라를 사용하고 있다고 의심받을 행동은 절대로 하지 말아야 한다. 특히 이런 곳은 많은 사람들이 자질구레한 일상에서 벗어나서 머리를 식히기 위해 찾는 경우가 대부분이다. 그러므로 소음을 만드는 것에 주의해야 한다. 라커룸에서 옷을 다 입었으면 공용물품을 아무 데나 너저분하게 던져놓지 않았는지 꼭 확인 후에 자리를 떠나야 한다.

50 남의 집을 방문할 때 선물은 어떻게 해야 하나?

선물을 지참하는 경우는 특별한 경우에 한한다. 주말 특별 손님으로 초대받았을 경우, 새로 태어난 아이를 보러 가는 경우, 초대한 사람이 생일이나 기념일을 맞이했을 경우가 그러하다. 선물은 적절한 의미가 있어야 한다. 주말 방문의 경우 보드 게임, 아기를 보러 갈 때는 옷이나 케이크 정도가 무난하다.

    그냥 평일 저녁의 부담 없는 방문일 경우에는 뭐 필요한 게 없는지, 이쪽에서 가져가야 할 게 없는지를 먼저 확인하는 게 좋다. 딱히 지정하는 게 없다면 와인을 한 병 들고 간다거나, 파이나 쿠키, 고급 캔디 등의 디저트를 지참하는 것이 가장 무난한 선택이다. 하지만 상대방이 술을 전혀 하지 않는다면 꽃을 선택하는 것도 좋은 방법이다.

51 편지는 어떻게 써야 하나?

요즘은 손으로 꼭꼭 눌러 직접 작성한 편지를 보기 힘든 게 사실이다. 컴퓨터 자판이 아닌 펜을 사용해야 한다는 사실만으로도 문장이 제대로 구성이 되지 않는 경우도 흔하다.

그 드문 경험인 편지를 쓰는 방법은 다음과 같다. 아무리 알려야 할 급한 소식이 있다고 해도 맨 위에는 날짜를 쓰고, 그 다음에는 "안녕, 엄마" 또는 "안녕하셨어요?"와 같은 인사말을 써야 한다. 보통은 인사말 후에 안부를 묻는 말을 담곤 하는데, 요즘과 같은 초고속 스피드 시대에는 "어떻게 잘 지냈는지 모르겠다?"와 같은 안부 인사는 단어 낭비일지도 모른다. 대신 당신의 지금 있는 곳이나 당신의 현재 감정을 유추할 수 있는 말이 더 어울릴 것이다. "이번 아르헨티나 여행은 정말 끝내줘.", "내가 너한테 편지를 쓰게 될 줄은 나도 상상도 못했다."와 같은 말.

서두격의 짧은 말이 끝났으면 바로 본론으로 들어가서 소식을 전한다. 특별히 논쟁의 여지가 있는 소식이 아니라면, 어떻게 그런 결정을 내리게 되었는지에 대한 이유와 근거를 차분하게 써내려간다거나 그간의 상황을 시간대로 이야기해도 좋다. 처음에는 메모지에 내용을 썼다가 다 쓴 후에 편지지에 옮겨 적는 것도 좋은 방법이다. "일단 입으로 내뱉기 전까지는 내가 무슨 말을 하고 싶은지 어떻게 알 수 있겠는가?"라는 말도 있지 않나. 초벌은 생각을 정리할 수 있는 좋은 장치이다.

그 다음에는 사건 사고에 대한 자세한 얘기를 기술한 후에 상대방의 안부와 건강을 묻는 방식으로 천천히 마무리 과정으로 이동하면 된다. "언제나 건강하십시오.", "늘 좋은 일만 가득하기를.", "사랑과 기쁨이 충만한 하루를 보내기를 기원하며." 등이 기본적인 마무리 인사말이다.

52 감사 편지를 쓰는 방법

편지로 감사의 마음을 전하는 방법은 구닥다리 방식으로 보일 수 있어도,

오히려 디지털 시대의 역발상으로 빛날 수도 있다. 생일 파티나 결혼식이 끝난 후나 기념일 선물의 답례로 자필 편지는 아주 훌륭한 선택이 된다. 특히 나이 지긋하신 분들에게는 더욱 더 그 가치가 빛난다. 내용은 특별히 고민할 것 없으니 펜을 잘근잘근 물어 씹을 필요는 없다. "만나 뵙게 되어서 좋은 시간이었습니다.", "참석해주셔서 감사합니다." 등의 말로 시작해서 "그저 감사의 마음을 전하기 위해서 펜을 들었습니다."나 "다음번에는 저희가 한 번 모시겠습니다." 등으로 이어가면 그만이다. 주말 초대에 대한 감사 편지라면, 그날 인상 깊게 남아 있는 장면을 간단하게 기술하는 것도 좋다.

친한 친구 사이라면 감사 편지보다는 이메일이나 짧은 통화가 부담을 줄일 수 있을 것이다. 가벼운 저녁 식사자리나 야구 게임을 함께 보는 초대 정도에 며칠 후에나 받아보는 감사 편지는 오히려 어색한 분위기를 형성할 수도 있다.

단 선물에 대한 편지는 예외이다. 보통 선물을 받는 즉시 당사자 앞에서 개봉을 했다면 감사 편지는 생략하는 게 일반적이다. 하지만 그렇다고 해서 정성스런 선물에 대한 고마움을 감사 편지에 담는다고 해서 헛수고가 되는 일은 아니다. 명심하자. 선물에 대한 감사 편지는 예외적으로 고마움을 한층 더 배가시키는 표현이 된다.

53 명함은 꼭 가지고 다녀야 하나?

요즘처럼 다양한 소통 수단이 존재하는 상황에서는 오히려 명함의 기능이 한층 더 중요해졌다. 만약 당신이 프리랜서나 혼자 일하는 문화계 종사자라면 명함은 반드시 들고 다녀야 한다. 명함은 기존 방식대로 이름을 강조하고, 그 밑으로 전화번호와 이메일 등을 적는 방식도 무난하지만, 트위터나 페이스북과 같은 소셜 네트워킹 서비스 아이디를 함께 기입하는 것도 좋다. 또한 좀 더 특별한 인상을 남기고 싶다면, 디자인 명함 가게를 찾아서

남자라면 이것만은

생소하지만 꼭 알아야 할
최고의 록 기타리스트 2인

1 토미 볼린 다른 위대한 기타리스트들이 밴드를 떠났을 때 대타로 투입되면서 유명해진 기타리스트이지만 기타 좀 친다 하는 사람들 사이에서 볼린은 록 퓨전 무브먼트의 영역에서 제프 백 이상으로 인정하는 레전드급이다. 토미 볼린이 마약과 알코올 중독으로 요절하기 전 마지막 남긴 앨범인 'Private Eyes'는 많은 록 팬들이 보물처럼 아끼는 명반 중의 하나이다.

2 레스 두덱 10대 천재 기타리스트였던 두덱은 스티브 밀러, 보즈 스캑스, 스티비 닉스, 셰어와 같은 뮤지션 등과 연주를 했고, 셰어와는 나중에 연인관계로 발전하기도 했다. 두덱은 올먼 브라더스 밴드의 두에인 올먼이 죽고 난 후, 밴드의 리드 기타리스트였던 디키 베츠를 도와 'Brothers and Sisters' 앨범을 완성했을 때 최고의 역량을 선보였다. 두덱은 이 앨범에 수록된 곡 중 'Jessica'를 디키 베츠와 함께 만들었다. 두덱의 솔로 앨범 1집에서 3집까지는 가장 훌륭한 기타 솔로 앨범 중의 하나로 칭송받고 있다.

John Smith
Home - (555) 123-4567
Cell - (555) 123-4567
Work - (555) 123-4567
Toll Free - (800) 123-4567
E-mail - John@hotmail.com

자신의 직종에 어울리는 독특한 명함을 만드는 것도 좋은 방법이다.

　회사 명함에 너무 다양한 정보를 담는 게 부담이 된다면, 개별적인 개인 명함을 따로 가지고 다니는 것도 아이디어다. 이 경우 개인 명함에는 회사 명함처럼 주소, 이메일 등의 딱딱한 정보 말고, 핸드폰 번호와 함께 좌우명이나 인상 깊었던 책의 특별한 문구를 적어 놓는 것도 좋은 방법이다.

결혼식 예절

54 결혼식 하객 복장은?

초대장에 검정 나비넥타이 같은 특정한 사항이 명시되어 있지 않다면, 그냥 너무 튀지 않는 정장을 입는 게 가장 무난하다. 결혼식 참석 복장으로는 감색이나 짙은 회색 정장이 잘 어울리며, 혹시라도 여름 오전이나 이른 오후의 야외 결혼식인 경우 황갈색이나 푸른색 계열의 정장으로 선택하면 좋다. 단 바지나 재킷을 포함하여 모든 복장에서 하얀색은 피해야 한다. 결혼식에서 하얀색은 순백의 신부를 위한 것이다.

55 신랑 들러리가 하는 역할은?

결혼식장에서 신랑에게 반지를 건네주는 것 말고, 신랑 들러리로서의 가장 막중한 임무는 총각 파티를 조직하는 것이다. 할리우드 영화나 드라마에서의 전통적인 총각 파티는 벌거벗은 여자 주위로 사내들이 모여서 술을 마시며 성적으로 짓궂은 장난을 하는 방식이지만, 사실 요즘은 그런 진부한 파티를 거의 하지 않는다. 대부분은 남자들끼리 유대감을 형성할 수 있는 익스트림 스포츠나 주말여행 등으로 대체하고, 차액은 고스란히 결혼식 비용으로 보존한다.

신랑이 사는 곳과 거리가 가깝지 않으면 준비를 도울 수 있는 친구나 형제들을 조직하라. 결혼식 날짜에 근접해서 재미있게 즐길 수 있는 이벤트를 기획하되, 결혼식 전날만은 피해야 한다.

결혼식 당일 현장에서는 들러리가 신랑의 오른팔이 되어야 한다. 모든 것이 제대로 돌아가는지를 신랑을 대신해서 확인해야 한다. 혹시 신랑이 놓고 온 물건이 있으면 가져와야 하고, 결혼식에 참석하는 신랑 친척 중 길을 헤매고 있는 분이 있으면 모셔 오는 일을 맡을 수도 있다.

또한 결혼식이 끝나고 피로연 자리에서 신랑을 위해 멋진 한마디를 준

어떤 옷을 선택하더라도 신랑이 편한 옷이어야 한다.

비하는 것도 잊지 말아야 한다. 너무 진지하거나 무겁지 않은 주제가 좋다. 신랑과 학교를 같이 다녔다면 학교생활에서 신랑이 어떤 엉뚱한 짓을 하고 다녔는지를 간단하게 설명하는 것도 좋다. 하지만 쓸데없는 얘기까지 폭로해서는 안 된다. 신랑이 왜 자신의 가장 친한 친구인지를 말하는 것도 잊어서는 안 되며, 마지막은 신랑과 신부의 행복한 결혼생활을 기원하며 마무리를 하면 된다.

56 친구 결혼식에 참석하지 못할 경우에는?

가장 축복해야 할 자리에 참석하지 못하게 된 아쉬움을 짧은 카드나 편지지에 적어서 개인적인 선물과 함께 보내는 게 좋다. 선물을 생략했다면 결혼식에 참석하는 다른 친구를 통해 부조금을 전달하도록 해야 한다. 결혼식이 끝나고 신혼여행을 갔다 오면, 가능한 빠른 시간 안에 시간을 내서 저녁식사 자리를 마련한 후, 결혼식 사진을 함께 보면서 결혼식 얘기를 나누는 것도 좋은 방법이다.

57 종교행사에 참석하는 방법은?

정장을 갖춰 입고 구두는 깨끗하게 닦은 상태를 유지해야 하며 면도도 가능한 깔끔하게 끝마쳐야 한다. 힌두교 사원 같은 곳은 신발을 벗고 들어가야 하기 때문에 정갈하고 냄새가 나지 않는 양말을 갖춰 신어야 한다. 직접적으로 당신이 해당 종교행사와 상관이 없는 상태에서 친구나 동료의 집을 방문해야 하는 경우는, 최대한 경건한 자세를 유지하며 종교적인 예우를 잊지 말아야 한다. 무엇보다도 엄숙한 자세를 견지하면서도 얼굴에는 부드러운 미소가 있어야 한다. 개방적인 태도를 유지하되, 상대방의 종교를 즐기는 것도 나쁠 것은 없다.

58 종교와 관련된 선물을 선택하는 법은?

상대방의 종교에 대한 지식이 별로 없어서 어떤 선물이 적당한지 판단이 서지 않는 경우 그냥 나이에 상관없는 평이한 선물이 좋다. 은으로 된 딸랑이나 아기 스푼 또는 아기 세례용품 세트 같은 것으로 선택하자. 바르미츠바, 즉 유대교의 성인식이나 천주교의 견진성사 때 대부에게 줄 선물로는 봉투에 넣은 현금이 가장 좋다. 종교에 상관없이 결혼식 선물로는 소형 주방가전이나 장식용 접시와 같은 가정용품이 무난하다.

59 장례식장에서의 올바른 행동법은?

가까운 사람의 죽음과 관련된 모든 행사에는 꼭 참석해야 한다. 하지만 가깝다는 게 어느 정도인지, 친구의 친척이나 잘 알지 못 하는 사람의 경우에는 어떻게 해야 하는지에 대한 궁금증이 남는다.

 먼저 장례식이나 상가 방문을 너무 어렵게 생각해서는 안 된다. 진실된 마음으로 고인의 가족들에게 위로와 격려를 갖추는 자리라고 생각하면 된다. 복장은 깔끔한 정장이 좋다. 꼭 검정색 계통이나 어두운 색이 아니더라도 화려한 무늬나 현란한 빛깔이 아닌 단정한 차림이면 된다. 상의는 셔츠만 입는 것보다는 점퍼나 재킷 등을 걸치는 게 좋다.

장례식장에 도착하면 고인의 가족들을 만나게 된다. 외투나 모자는 바깥에 미리 벗어 두고, 빈소의 유족들에게 가볍게 목례를 한 후 필요하다면 향로에 향을 꽂고, 영정에 두 번 절을 해야 한다. 그 후 유족들을 향해 옆으로 돌아서서 유족들과 맞절을 교환하고, 위로의 말을 전하면 된다. 위로의 말이 여의치 않다면 유족들과 시선을 마주치고 목례한 후 그냥 물러나도 무방하다. 너무 많은 질문을 하면 유족들에게 실례가 될 수 있으므로 유의한다.

조문을 마쳤다면 다른 지인들과 함께 식사를 하거나 고인에 대해 두런두런 이야기를 나누는 게 기본이다. 식사 중에 과도한 음주는 삼가야 한다. 또한 습관적으로 잔을 부딪치며 건배를 하는 것 또한 금기시되어야 할 행동이다. 호상이라고 해서 왁자지껄한 상황이 벌어질 수도 있지만, 장례식장에서는 무엇보다도 고인에 대한 예를 갖추는 곳이므로 차분한 분위기를 망쳐서는 안 된다.

60 종교를 강요하는 친구를 처리하는 방법은?

이제 막 새로운 경지의 신세계를 열어줄 종교를 찾아낸 친구가 당신에게 막무가내로 종교를 체험해볼 것을 권유하는 상황이 벌어졌다. 물론 그 친구야 누구도 줄 수 없는 새로운 축복의 경험을 선물하는 것이라고 생각하겠지만, 받는 사람 입장에서는 여간 곤란한 게 아니다. 가장 좋은 방법은 정공법이다.

지금 친구의 상황에서는 왜 그 좋은 것을 마다하는지 이해가 가지 않을 것이다. 확실하게 나는 그 종교를 원하지도 흥미조차 없음을 또렷하게 밝혀야 한다. 만약 그런 의사를 밝혔음에도 계속해서 당신을 설득하려 든다면 그 친구와 당분간 얼굴을 마주하지 않는 수밖에 없다. 그렇다고 인연을 끊으라는 소리가 아니다. 보통 그런 경우에 그 친구는 다른 목표를 찾아 이동하기 때문에 당신의 곤란한 문제도 자연스럽게 해결될 수 있을 것이다.

61 성가신 친구의 잘못 지적하기

친한 친구가 자신이 분명 잘못을 했는데도 거기에 대한 설명 없이 그냥 넘어가려 한다면 어떻게 해야 할까? 내게는 분명한 상처와 실망인데, 그 친구는 그 사실을 아는지 모르는지 아무런 해명이 없다면 어떻게 해야 할까?

이런 경우 만약 포기해도 무방한 친구가 아니라면 그 친구에게 관련 상황에 대해서 단호하게 말을 해주어야 한다. 시간이 흐르면 흐를수록 당신의 상황은 불리해진다. 그 당시에는 웃고 넘길 수 있는 일을 몇 시간 또는 며칠이 지나면 당신만 속이 타는 상황이 벌어질 수 있다. 빠른 시간 안에 무엇이 잘못이고 무엇이 서운한지를 설명해주고 합의를 이끌어내야만 그런 문제들이 쌓이고 쌓여서 추후 격렬하게 폭발하게 되는 끔찍한 상황을 면할 수 있다. 하지만 어떤 상황에서도 친구가 품위를 잃지 않도록 배려해야 한다는 점 또한 간과해서는 안 된다. 중요한 것은 친구가 실수를 인정하도록 유도하는 것을 명심하자.

62 커밍아웃을 하는 방법

당신의 친구들은 이미 눈치를 채고 있을 가능성도 염두에 두어야 한다. 당신에게 왜 그렇게도 여자 친구가 없는지, 왜 잘 알지 못하는 남자들이랑 어울리는지 등의 행동거지로 이미 상당한 의심을 하고 있을 가능성 역시 크다. 어디까지 알고 있는지를 미리 물어보아야 한다.

만약 아무런 의심도 하고 있지 않다면 너무 급작스럽게 청천벽력 같은 커밍아웃을 선포하면 안 된다. 선포를 하는 당신만큼이나 당신의 친구들 역시 어느 정도는 준비가 되어 있어야 한다. 그랬다가는 충격을 받은 친구들이 당신을 멀리할 수도 있다. 폭탄 발언을 하는 대신, 조금씩 당신의 상태와 심정에 대해서 설명을 하라. 새로 사귄 친구가 게이라거나, 오랫동안 이런 문제에 대해서 고민을 해왔다는 식으로 말을 해야 한다. 게이들의 생활방식이나 사고방식 등에 대한 선입견으로 서로의 관계가 소원해지지 않도록 적절한 대화와 신뢰가 반드시 필요하다는 것을 잊지 말자.

만약 상대방이 당신의 그런 점을 잘 받아들이지 못한다면 커밍아웃의 당사자는 그 사람이 아니라 당신이라는 점을 부각시켜라. 좋은 친구라면 당신의 처지와 심경을 먼저 헤아리게 될 것이다. 그렇지 못하면 어쩔 수 없다. 그냥 그 친구와는 그렇게 관계가 정리된다.

커밍아웃을 너무 진지하게 들이대도 곤란하다. 적당하게 유머가 섞인다면 더할 나위 없다. 여자를 사귀는 데 경쟁자를 하나 덜어서 좋지 않으냐. 내가 커밍아웃을 한다고 해서 너와 함께 즐겼던 주말 농구 게임까지 포기하는 일은 결코 없을 것이다 등등. 만약 친구가 자신을 친구가 아닌 이성으로 생각한 적이 있느냐는 질문을 던진다면 과도한 행동은 삼가고 차분하게 외교적 수완을 발휘한다는 기분으로 얘기를 해야 한다.

63 동성 친구가 내게 연애 감정을 보인다면?

아마도 당신의 친구가 커밍아웃과 함께 당신에게 그런 말을 털어놓기까지는 무수한 갈등과 고민과 용기가 필요했을 것이다. 일단은 무조건 얘기를 해줘서 고맙다고 해야 한다. 그래야 당신이 우정을 소중하게 여긴다고 생각할 것이다. 당신의 감정을 솔직하게 표현하되 친구의 커밍아웃에 대한 존중의 의미를 충분히 표현하라. 그동안 얼마나 힘들게 지냈는지, 앞으로 닥칠 일에 대해서도 늘 친구로서 함께 할 것임을 말해야 한다. 절대로 자신의 어떤 점이 매력적으로 보였는지를 되물어서는 안 된다. 그랬다가는 오히려 상황만 더 어색하게 만들 뿐이다.

68
가정 경제

78
내 집 가꾸기

102
자동차 생활

필수품

남자들의 머릿속을 차지하는 것은 일이나 친구, 섹스, 주말을 어떻게 보내느냐 등이다. 하지만 그 모든 것을 위해서는 남자들에게 필요한 필수품이 있다. 왁자지껄 어울릴 장소도 필요하고, 꿈의 자동차를 손에 넣기 까지 대충 타고 다닐 차도 필요하고, 돈을 어떻게 효과적으로 사용할까에 대한 계획도 필요하다. 이 모든 잡다한 사항들에 대한 생각을 정리하고 계획과 준비를 해서 목표를 위해 거침없이 내달리도록 하자.

가정 경제

64 현실적인 예산 계획이란?

예산을 짜는 것만큼 신비로우면서 무자비한 일도 없다. 가계 예산으로 고통 받는 상황을 벗어나기 위해서는 자신의 소비에 정직한 예산안을 짜야 한다. 특히 술값이나 통신비, 선물을 사는 비용처럼 얼버무리기 적당한 금액을 확실하게 해야 한다. 이런 부분을 무시하다가는 월말에 자금 부족으로 곤란함을 느끼기 딱 좋기 때문이다.

여름휴가 비용이나 치과 진료비, 자동차 보험료 등 매월 소요되는 비용이 아니라, 분기나 연 단위로 소요되는 비용은 모두 합산하여 12개월로 나눠서 월별 예산안에 포함시켜야 한다.

예산안을 작성한다는 것은 소비 우선순위를 점검한다는 의미이기도 하다. 하지만 소비의 우선순위를 정해서 여유분이 생겼다고 해서 그 여유분을 지름신에게 맡겨 버려서는 곤란하다. 가능한 여유분은 만일을 위해서 저축을 하는 게 좋다. 절대 이용하지 않거나 이용 빈도가 현저하게 떨어지는 서비스는 해지하는 게 좋다. 인터넷 이용이 많지 않다면, 무선 인터넷을 끌어다 쓰는 방안을 고려한 후에 가능하다면 인터넷을 해지하는 것도 방법이다. 주로 텔레비전을 AV 모드에 맞춰서 DVD나 다운로드를 이용해서 영화를 즐기는 쪽이라면 케이블 방송을 해지할 수도 있다. 봄, 여름처럼 야외에서 아웃도어 스포츠나 운동을 할 수 있는 기간에는 헬스클럽 이용권을 해지하는 것도 좋은 방법 중 하나이다.

65 영수증이나 고지서를 모아 두어야 할까?

수입이 얼마나 되는지에 따라 결정해야 할 문제이다. 벌이가 시원치 않다면 만일의 경우에 발생할 수 있는 영수증 증빙자료 분실에 따른 사고를 대비하는 것도 좋지만, 벌이가 나쁘지 않다면 그 시간에 일을 하거나 자기 계발을 하는 방법으로 벌충을 생각할 수도 있다.

어쨌든 몇 개월 전에 이미 처리한 공과금에 대해 결단코 중복 청구는 되지 않는다는 보장이 없기 때문에 영수증이나 고지서를 모으기로 결정했다고 하자. 그 경우 월별로 집게나 클립으로 집어서 보관하는 방법도 있지만, 보다 깔끔하게 처리하려면 비닐 속지가 부착된 바인더를 하나 구매해서 바인더에 정리하는 게 좋다. 그 후 넉넉한 사이즈의 견출지를 구매해서 월별로 종류별로 찾기 쉽도록 항목을 붙여두자.

영수증이나 고지서를 정리하는 이유가 단지 사고 예방만을 위한 것은 아니다. 전기세나 난방비 등과 같은 항목은 일목요연하게 월별로 고지서를 모아두면 사용 내역의 증감을 알 수 있기 때문에 절약할 수 있는 여지가 더 많아진다.

66 월급쟁이들이 세금을 절약하는 방법은?

일명 세테크로 불리는 세금을 절약하는 방법은 다음 몇 가지 원칙을 평소에 지키는 것으로부터 시작된다. 첫째, 무조건 병원비, 약값 영수증은 꼭 챙겨야 한다. 물론 요즘은 연말정산에서 모든 병원비 항목이 한꺼번에 출력이 가능하지만, 외식이나 식료품비에 비해 횟수가 적어 깔끔하게 정리가 가능한 병원 영수증은 일단 챙겨두는 게 유리하다. 둘째로, 국가나 지방단체, 사회복지시설 등에 기부한 영수증도 꼭 챙겨야 한다. 또한 저축을 들 때도 소득공제가 가능한 저축을 들고, 현금으로 계산할 때에는 현금 영수증을 요구해야 한다.

67 통장 잔고를 유지하는 방법은?

일단 통장 잔고가 마이너스로 가는 것부터 막아야 한다. 그러기 위해서는 선 구입 후 결제하는 신용카드를 없애고 체크카드를 활용해야 통장 잔고

안에서 돈을 쓰는 습관이 형성된다. 반드시 통장 잔고 범위 안에서 체크카드를 활용하고, 신용카드로 무너지는 상황을 모면하기 위해 노력하자. 또한 생활비의 두세 배 금액을 긴급한 상황을 위한 예비비로 떼어 놓아야 한다. 이른바 저수지 통장인데 이 통장은 항상 일정 금액이 유지되어야 한다. 돈이 생기면 바로 채워 넣어 금액을 유지하고, 이런 통장은 인터넷뱅킹이나 통장으로만 찾을 수 있게 만들어서 충동구매에 활용되지 않도록 한다.

68 공과금을 효과적으로 납부하는 방법은?

개인 재무관리는 이제 완전히 온라인으로 넘어갔다고 봐도 무방하다. 편하고 각종 안전장치로 보안 위험도 없는 온라인 뱅킹을 마다할 이유라고는 없다. 온라인 뱅킹을 사용하면 고지서 역시 매월 이메일로 발송이 되기 때문에 편하게 관리할 수 있다.

하지만 만일에 발생할 수도 있는 중복 결제 사고를 방지하기 위해서 자동이체를 모두 끊는 것도 한 방법이다. 자동이체를 사용해서 편하고 할인을 받을 수도 있겠지만, 중복 결제가 한 번이라도 발생했는데, 자동이체 되는 관계로 사고를 알아채지 못했다면 할인받은 금액은 모두 도루묵이 될 수 있다.

공인인증서를 개인 PC에 보관하면 보안 사고의 위험이 있다. 가능한 공인인증서는 USB나 핸드폰에 보관하는 것이 좋다. 또한 요즘은 모바일 뱅킹도 활성화가 되어 있기 때문에 아예 공인인증서나 자물쇠 카드 등을 스마트폰과 연계해서 사용하는 방법도 추천한다.

69 카드 사용액을 줄이는 방법은?

카드는 돌고 도는 악순환에 처하는 것을 가장 경계해야 한다. 현금이 없기 때문에 카드를 사용하고, 카드 사용액이 늘어나면 통장 잔고는 또 빠르게 없어질 수밖에 없다. 카드 돌려막기의 늪에 빠지는 순간 개인 경제는 파산으로 돌진한다. 그리하여 대출을 받아서라도 카드빚을 막고 다시 출발하려면 다음과 같은 방법을 사용하라.

첫째, 우선 모든 카드를 모아서 딸기잼 유리병 같은 곳에 넣어서 냉장고에 보관하거나 그래도 꺼내 쓸 것 같으면 모두 잘라 버려라. 뿌리를 뽑기 위해서는 어쩔 수 없다.

다음으로는 당신의 카드 채무상태를 점검해야 한다. 채무 비용으로 나가는 금액이 어느 정도인지를 파악하고, 이자율 역시 철저하게 머릿속에 넣어두어야 한다. 가장 이자율이 높은 카드 대출부터 돈을 갚아나가서, 가장 낮은 이자율의 카드 빚을 갚을 때까지 지속한다.

또한 카드 돌려막기나 무리한 이자율의 대출이 아닌 이상 정상적으로 갚을 능력이 없다고 판단되면 그냥 그 상태에서 멈추는 것이 현명한 방법이다. 사채를 쓰는 것보다는 그냥 신용불량자가 되는 것이 낫다. 빚이 너무 많아 파산상태라면 개인회생제도를 이용하는 것도 방법이다.

70 비상금을 만들 수 있는 방법이 있다면?

어떤 나라에서는 헌혈을 하고 돈을 챙길 수 있다고도 하지만 우리나라에서는 헌혈이 돈이 되지는 않는다. 마찬가지로 정자를 파는 것은 미국이나 유럽에서는 돈이 되지만 우리나라는 그렇지 못하다. 또한 대리부에 성공하기 위해서는 어느 정도 합당한 조건이 요구된다. 외모나 체격, 성품, 취미까지도 고급한 조건을 요구하는 경우가 많다. 법적으로도 대리부가 선의의 목적, 즉 금전 거래가 없는 경우 정자를 제공하면 합법이지만 금전이 오갈 경우의 정자 제공은 불법이므로 외국의 경우만 생각하고 돈벌이로 착각해서는 안 된다. 차라리 식당 웨이터나 단순 잡부, 편의점 시간제 근무 등을 알아보는 것이 낫다. 몸매에 자신이 있다면 미술대학의 누드 모델을 지원해보는 것은 어떨까.

71 저축으로 돈을 모으는 방법은?

저축도 습관이기 때문에 올바른 저축 습관을 들여야 한다. 큰돈을 모으겠다는 목적 하에 최종 금액만 바라보다 보면, 사소한 이자율 차이를 무시할 수도 있다. 복리와 단리 등의 금리 계산법이나 적금의 이자 적용방식 등을 공부해서 작은 이자도 챙기는 습관을 들이자.

무조건 저축 예금이 최우선순위가 되어야 한다. 저축 이자보다 더 큰 이자율의 빚을 내서 저축을 하는 경우만 아니라면, 다른 소비를 어떻게든 줄이더라도 저축을 우선해야만 돈은 모인다.

수수료에 대한 부담도 꼭 챙겨야 한다. 직접 은행에 가지 않아 비용과 시간을 절약하는 것은 기본일뿐더러, 은행에서 주거래 고객 선정 시에 유리해서 이자율 배분에 이득을 꾀할 수 있기 때문에 꼭 전자금융을 이용해야 한다.

72 초단타 매매, 데이트레이딩하는 법?

데이트레이딩이 빠르게 수익을 올릴 수 있는 투자법이라고 잘못 알려진 경우가 많다. 하지만 데이트레이딩은 주가수익률이라는 전통적인 지표에 의존하는 게 아니다. 데이트레이딩은 특정 주식의 상승과 하락폭에 따라 움직인다. 수익을 올리기 위해서는 특정한 패턴과 원리를 읽고 적용시킬 수 있어야만 한다. 그도 아니면, 데이트레이딩을 도와주는 소프트웨어를 사용

전문가 조언
73 퇴직금을 투자하는 가장 좋은 방법은?

조지 마네스
머니 매거진

많은 사람들이 퇴직금은 우선적으로 대출금을 상환하는데 사용하라고 충고한다. 나 역시 마찬가지 조언이다. 예금이자보다는 대출이자가 높다는 것은 누구나 아는 상식이다. 또한 퇴직금 투자의 원칙은 단 한 가지, 즉 첫째도 안전, 둘째도 안전이다. 우선 투자 방식에 대해서 공부를 해야 한다. 남에게 투자를 맡긴다고 하더라도 공부는 필수이다. 투자 방식에 대해 아무것도 모르는 상태에서 투자금을 날렸다가는 금전적인 손해는 물론이거니와 평생 모은 돈을 날렸다는 허망함이 커질 뿐이다.

창업을 생각한다면 서두르지 말고 최소 1년 이상의 준비기간을 거쳐야 한다. 투자금은 퇴직금 전부를 거는 도박이 아니라 소규모 창업으로 퇴직금을 분할해서 사용할 것을 권한다. 또한 창업이 맞지 않다면 봉급이 낮더라도 안전하게 재취업을 해서 미래를 좀 더 세밀하게 준비할 것을 권한다.

하여 500만원 정도의 투자금으로 시작해보는 것도 좋다.

74 직불 카드를 쓸까, 현금을 가지고 다닐까?

전문가들의 연구에 따르면 현금을 사용하면 자질구레한 물건을 얹어서 사는 충동적인 소비를 억제하는 경향이 있다고 한다. 장을 보고 나서 마지막으로 아이스크림을 하나 더 산다던가, 계산대에서 초콜릿을 하나 더 집는다거나 하는 행동을 억제한다는 말이다. 직불 카드 역시 신용 카드와는 달리 사용 한도액을 확인하며 계획된 소비가 가능하지만, 그 강도가 현금에 비할 바는 아니다. 직불 카드를 리더기에 긁을 때보다도 현금을 지불할 때 소비가 일어나고 있다는 심리적인 저항선이 훨씬 더 커지고, 그리하여 적은 금액까지도 세세하게 소비를 체감하는 효과가 있다고 한다. 소비 억제에는 직불 카드보다는 현금이 훨씬 더 효과적이다.

75 어떤 주식을 사야 하나?

대부분의 보통 사람들은 주식에 대한 지식도 없고, 투자를 배워볼 만한 시간도 없거니와 접근이 용이한 소스도 거의 없다. 주식으로 보다 많은 수익을 얻기 위해서는 개별투자보다는 뮤추얼 펀드 형식이 낫다.

하지만 그래도 개인 구좌로 주식투자를 하고 싶다면, 모의투자로 실전적인 경험을 통해 자신만의 노하우를 쌓는 것이 중요하다. 개별투자자의 경우 모의투자를 통해 자신만의 투자 기법이 완성된 후 실전투자를 하는 게 금전적인 손실을 최소화할 수 있는 방법이다. 개별투자의 경우 관련 도서를 서너 권 이상은 읽고 인터넷을 통해 증권회사에 회원 가입하여 시작하는 게 가장 무난하다.

76 남길 재산도 없는데 유언장을 작성해야 하나?

유언장은 당신이 애지중지 모은 각종 피겨나 야구 사인볼의 소유권을 누구에게 넘겨주느냐 하는 문제만은 아니다. 또한 서면 유언장을 작성한다고 해서 물질적인 혜택을 누구에게 주느냐의 문제인 것만도 아니다. 젊은 나이에 생전 유언장을 작성한다는 의미는 자신이 스스로 의사표시를 못할 경우를 대비하는 의미도 크다. 고통을 줄이기 위한 의료행위나 실제로 병을 치료하는 행위는 허용하되, 단순히 생명 연장만을 위한 의료행위는 스스로 거부할 수 있는 권한을 명시하는 행위이기도 하다. 대표적으로는 심폐소생술에 대한 거부, 뇌사 상태에 빠졌을 경우 장기기증에 대한 의사 표명 등이 있다.

77 세를 살아야 하나, 집을 사야 하나?

세를 살아야 하느냐, 집을 구입해야 하느냐의 문제보다도 주택 문제에 대해 보다 빨리 고민하는 것이 곧 주택에 소요되는 비용을 절약하는 길임을 깨닫는 게 더 중요하다. 주택 문제는 미혼이라면 언젠가는 부딪쳐야 할 문제이고, 기혼이라면 이미 결혼생활의 가장 큰 현안 중의 하나로 자리하고 있을 것이다. '아는 것이 힘이다.'라는 속담은 집 문제에 가장 어울리는 속담이다.

78 집은 어떻게 사야 할까?

먼저 당연히 동네는 시끄럽거나 위험하지 않는가, 교통은 어떠한가, 단골로 삼을 만한 맛집으로의 접근은 용이한가 등 굵직한 조건들을 살펴봐야 한다. 이러한 조건들이 피자의 토핑이라면 이제 기반이라 할 수 있는 피자 도우를 체크해야 한다.

▶ **먼저 은행 융자를 확실히 한다**: 차를 판다고 가정해보자. 한 사람은 바로 돈을 지급한다고 하고, 또 한 사람은 훨씬 더 많은 금액을 제시했지만, 부모님이 그 돈을 내주실지를 확인해야 해서 나중에 돈을 지급하겠다고 했다. 당신의 선택은? 당연히 선택은 전자의 현금을 손에 쥔 사람이다. 집도 같은 방식이다. 집을 팔고자 하는 사람도 당연히 은행 융자 등이 확실하게 정리가 되어 현금 지불이 바로 가능한 사람을 우선할 것이다. 주거래 은행이나 이자율이 좋은 조건의 은행을 통해 먼저 현금을 확보하라.

▶ **목표 설정 및 점검**: 당신이 목표로 한 동네의 부동산 인터넷 사이트를 통해 대충의 시세를 확인해도 좋지만, 진짜 시세는 직접 부동산을 내방하는 게 가장 좋다. 원하는 조건에 맞는 집이 있다면, 반드시 충분한 시간을 들여서 여러 가지 사항을 확인해야 한다. 절대 명심해야 할 사항은 부동산 업자들은 파는 사람을 우선한다는 사실이다. 좋은 조건으로 팔아야 수수료를 더 많이 받을 수 있기 때문이다. 원하는 것을 얻기 위해서는 당신이 더 많은 노력을 기울여야 한다.

▶ **제안**: 일단 구매하기를 원하는 집을 결정했다면, 초기 제안 금액을 내놓아야 한다. 여러 명의 구매자가 대기 중이라면 가격을 열어 놓는 것도 한 방법이다. 만약 구매를 원하는 사람이 당신 혼자라면 천천히 집에서 시간을 가지고 여러 가지 구매 조건들을 점검해보는 게 좋다. 인근 지역의 집값을 교차 비교하거나 최근 몇 년간의 집값 가격 변동 등의 시세를 체크해보는 것도 좋다.

79 집을 싸게 사는 방법?

집값은 첫째도 위치, 둘째도 위치, 셋째도 위치라는 말이 있다. 다시 말해 학군이나 역세권, 주변 환경 등 모든 요소가 다 위치와 관계가 있다. 다만 그 필수 요소를 제외하고도 집 가격을 낮출 수 있는 방법은 있다. 우선 낡은 집을 적당하게 수리해서 사용하는 금액과 새집과의 가격을 비교해서 검토해보라. 수리비용은 본인이 얼마나 품을 팔고 계획을 세우느냐에 따라 하락이 가능하기 때문에, 수리를 계획하고 있다면 낡은 집을 시세보다 낮은 가격에 구매하는 것을 권한다. 또한 아이들 학교나 역세권을 고려할 이유가 없는 신혼부부나 직장인이라면 자동차를 활용해서 움직이는 것을 염두에 두고, 외곽 지역의 저렴한 물건에 관심을 기울이는 것도 좋다. 다만 자동차 유지비용이나 연비 등의 비용 역시 철저하게 고려해서 준비를 해야 한다는 것도 잊지 말아야 한다.

80 친구나 친척한테서 집을 사야 한다면?

친한 친척이 당신에게 집을 팔 생각이 있다고 가정해 보자. 당연히 집을 보러 다니는 수고를 덜 수 있고, 집 상태에 대해서 이런저런 질문을 편안하게 할 수 있다는 점에서 유리하다. 친척 입장에서도 부동산 중개 수수료를 아낄 수 있다는 점에서도 좋은 거래가 될 수 있다. 하지만 과연 그럴까? 무조건 그렇지만은 않은 게 친구나 친척과 비즈니스 거래를 하는 경우 염두에 두어야 할 사항 역시 무시되어서는 안 된다.

첫째로, 구매 비용 이외의 금액에 대해 이야기해야 한다. 하자 보수 공사에 대한 건은 어떻게 처리할 것인가, 중개 수수료를 구매 비용에서 제외할 것인가, 계약서를 작성할 때 변호사 비용은 누가 지불할 것인가 등등.

이러한 이유로 친구나 친척과 거래를 하더라도 전문 부동산 중개인의 의견을 참조해서 거래를 성립시키는 편이 더 낫다. 중개 수수료가 아닌 카운슬링 비용을 중개인에게 주면 되는데, 이 경우 비용은 양측에서 반반씩 지불하면 된다. 구매가 결정되면 역시 양측에서 공동으로 비용을 지불해서 변호사를 구해 거래를 완료하면 된다.

내 집 가꾸기

81 주방에 갖춰야 할 조리도구는?

모든 남자들이 전부 요리사가 될 필요는 없지만 제대로 된 도구를 갖추면 요리는 한결 쉬워진다.

▶ **20센티 이상의 프라이팬**: 다용도의 프라이팬으로서 계란 프라이나 베이컨, 팬케이크에서 스테이크까지 여러 용도로 활용 가능하다.

▶ **묵직한 무게감의 냄비**: 스파게티나 칠리소스를 만들거나 야채를 삶을 수도 있고, 카레를 요리할 수도 있다. 꼭 전체 세트로 살 필요는 없다. 필요한 냄비만 개별적으로 구매하면 된다.

▶ **나무 스푼**: 칠리소스나 카레를 휘저으며 맛을 볼 수도 있고, 접시에 음식을 옮겨 담을 때도 유용하다.

▶ **뒤집개**: 주로 부침개나 오므라이스 등의 요리를 뒤집는데 사용하지만, 피자를 옮겨 담을 때도 유용하게 사용할 수 있다. 플라스틱으로 된 제품을 선택하면 식기세척기에서도 편하게 사용할 수 있다.

▶ **식칼**: 흔히 식칼로 불리는 약 30센티 정도의 큰 칼 역시 필수 구비항목이다. 요리사에게 칼은 군인에게 총이나 마찬가지인 정도의 사명감을 지닐 필요까지야 없지만, 주방에서 쓰는 칼에는 어느 정도 신경을 쓰는 게 좋다. 좋은 칼은 금속을 칼 모양으로 찍어낸 것이 아니라 금속을 가열하고 두들기고 식히는 과정을 반복한 단조 방식으로 만들어진 것이다. 역설적으로 칼은 날카로울수록 더 안전하다. 적은 힘으로 쉽게 썰리고 미끄러질 위험이 적기 때문이다.

82 남자가 주방에 갖춰야 할 재료는?

다음 제품을 늘 떨어지지 않게 갖춰 놓으면 절대로 배가 고플 일은 없을 것이다.

▶ **베이컨**: 여러 종류의 샌드위치에 베이컨을 곁들여서 먹는 것만큼 쉽고 빠르고 영양을 갖추는 것도 없다. 심지어 프라이팬을 꺼낼 필요도 없이 전자레인지에 가볍게 돌려서 먹어도 괜찮다.

▶ **각종 콩 통조림**: 군대에서 전통적으로 콩을 이용한 전투 식량을 만들어 온 이유는 여러 가지가 있다. 콩은 장기간 보존이 가능하고, 요리하기가 쉬우며, 단백질과 섬유질, 철분이 풍부한 식품이다. 샐러드에 넣어 먹어도

좋고, 참치와 함께 먹어도 좋고, 파스타 접시에 사이드 요리처럼 곁들여 먹어도 좋다.

▶ **핫 소스:** 최근 들어 폭발적으로 늘어난 각종 핫 소스 브랜드는 각종 음식에 풍미를 더해줄 뿐 아니라 다양한 핫 소스 구입은 당신의 취향을 한층 더 모던하게 만들어준다.

▶ **오트밀:** 각종 시리얼 제품을 구비해서 먹는 것도 좋지만, 비타민과 미네랄이 풍부하고 피부에 탄력과 수분공급까지도 책임지는 오트밀은 더욱 믿음직한 건강식품이다. 물에 말아서 전자레인지에 2분 정도 돌려서 죽처럼 먹는 기본방법에서부터, 견과류를 섞어서 찬 두유나 우유에 섞어 마시는 방법, 기본방법에 계란 하나 풀고 참기름을 한 방울 넣어 먹는 토착화 방식까지 여러 가지 식음법이 있다. 입맛에 따라 선택하면 된다.

▶ **올리브 오일:** 올리브 오일은 수천 년 전부터 지중해 요리에 많이 사용된 요리재료로써 모든 요리의 기본이라 할 수 있다. 올리브 오일을 많이 먹는 지중해 연안 국가 사람들은 심혈관질환을 앓는 경우가 다른 나라에 비해 상당히 낮은 것으로 알려져 있다. 여러 가지 올리브 오일이 있지만, 그중에서도 플라스틱 병이 아닌 고급스럽고 이국적인 유리병 제품을 선택하면 집안 인테리어에도 한몫한다.

▶ **파스타:** 야채에서부터 콩까지 모든 종류의 음식에 어울리는 저지방 탄수화물 식품. 이런저런 소스 없이도 그냥 올리브 오일을 둘러서 볶은 후 파슬리를 뿌려서 먹기만 해도 간단하게 한 끼 저녁으로 훌륭하다.

▶ **피넛 버터:** 땅콩은 50%에 가까운 지방과 25% 정도의 단백질을 포함하고 있지만 소화시키기가 쉽지 않아 버터로 만들어 놓으면 소화와 영양섭취

83 남은 음식은 언제까지 보관해야 하나?

간단한 원칙이 있다. 뚜껑을 열었을 때 입에서 욱하는 소리가 나오면 버려야 한다. 하지만 냄새나 곰팡이가 절대적인 판단 기준은 아니다. 일반적으로 포장해서 받아 온 음식이나 남은 중국음식 등은 4~5일 정도가 보관 한도인데, 그것도 냉장고에 제대로 보관해서 따뜻하게 데워먹는다는 전제조건 하에서다.

곰팡이나 박테리아에 강한 면역성을 지닌 제품의 경우에는 예외도 있다. 체더 치즈 같은 딱딱한 치즈가 그렇다. 이 경우 표면에 곰팡이가 피었다고 해도 어느 정도는 그냥 칼로 벗겨내고 먹어도 무방하다. 같은 원리가 살라미 소시지 같은 저장식품에도 적용된다. 어느 정도의 곰팡이는 벗겨내고 먹으면 된다. 하지만 그 경우에도 몇 주에서 한 달 이상이 지났다면 폐기처분해야 한다.

에 용이한 면이 있다. 아침식사용 베이글이나 바나나를 넣어 샌드위치를 만들어 먹으면 한 끼 식사로도 훌륭하다.

▶ **참치:** 주방 서랍장이나 찬장 속에서도 참치 캔은 몇 개월 충분히 보관할 수 있다. 밤에 속이 허전할 때 라면을 끓이거나 치킨을 시키지 않아도 된다. 참치 캔을 따서 마요네즈에 샐러리와 사과, 당근, 양파와 함께 버무려 먹으면 최고의 맥주 안주이자 동시에 영양식으로도 충분하다.

남자라면 이것만은

남자라면 꼭 가지고 있어야 할 록 앨범 10

- **LED ZEPPELIN II**
  레드 제플린(1969)

- **SGT. PEPPER'S LONELY HEART CLUB BAND**
  비틀즈(1967)

- **MUSIC FROM BIG PINK**
  밴드(1968)

- **HOT ROCKS**
  롤링스톤즈(1971)

- **THE DARK SIDE OF THE MOON**
  핑크 플로이드(1973)

- **THIS YEAR'S MODEL**
  엘비스 코스텔로(1987)

- **APPETITTE FOR DESTRUCTION**
  건스 앤 로지스(1987)

- **ACHTUNG BABY**
  U2(1991)

- **OK COMPUTER**
  라디오헤드(1997)

- **YANKEE HOTEL FOXTROT**
  윌코(2001)

84 집을 대학 기숙사와 구분하는 5가지 방법

어떤 이들은 대학 졸업 후에도 친구들과 몰려다니며 남자들끼리 즐기던 스타일을 고수한다. 하지만 그런 기억은 과거에 묻어야 한다. 성인이 되어서 철부지 대학시절과 이별하는 집 단장법이다.

▶ **각종 사진**: 가족과 친구들의 사진을 모은 앨범은 풍부한 대화의 소재를 제공함과 동시에 가정이라는 친밀감과 안락함을 보여주는 좋은 장치이다.

▶ **액자**: 포스터나 각종 인쇄물을 보기 좋게 액자에 담아 보는 것도 편안한 분위기를 연출하기 좋다. 전문적인 액자는 값이 결코 싸다고 할 수 없으니 직접 액자 프레임을 사서 만들어보는 것도 좋다.

▶ **개인 수집품**: 록 콘서트나 스포츠 이벤트 현장에서 모은 티켓이나 안내서 등을 말하는 게 아니다. 어린 시절 레슨을 받던 오래된 바이올린이나 동

료들의 사인이 빡빡하게 채워져 있는 학생 시절의 야구 글러브 같은 것을 의미하는 것이다. 해외여행에서 구입해서 가져 온 기념품이 있다면 좋은 대화 소재가 될 것이고, 어린 시절 광적으로 수집했던 우표나 메이저리그 피겨 모음 같은 아이템은 당신의 방에 활기를 불어 넣어 줄 것이다.

▶ **접시:** 방에 들어온 친구에게 먹을 것을 건네는 데 책이나 박스에 그냥 올려 주는 행동은 아무리 남자끼리라도 예의에 어긋난다. 예쁘고 비싼 접시가 필요한 게 아니다. 부모님 집에서 사용하지 않는 투박한 접시나 커다란 그릇을 가져다 놓으면 기본 매너 지수가 한 단계 상승할 것이다.

▶ **각종 조명:** 인테리어에서 가장 중요한 것은 의자와 조명이라는 말도 있다. 아무런 느낌 없이 그저 밝기만 한 형광등 조명보다는 집안 여기저기에 자연스럽게 배치해 놓은 백열등 조명제품은 따뜻하고 안락한 분위기를 연출한다. 한밤중에 책상 위의 뱅커스 램프 불빛을 의지해서 책을 읽는 모습은 그 누구도 반하지 않고는 못 배길 것이다.

85 벽에는 무엇을 걸면 좋을까?

갤러리처럼 미술품을 폼 나게 걸어야 한다는 부담감에서는 탈피하자. 주변 지인들이나 애완동물, 풍경, 건물 등을 찍은 스냅 사진을 인쇄해서 아트 월을 만들어보자.

직접 찍은 사진이 아마추어틱해 보인다면, 잡지에서 오려낸 각종 빈티지 여행 사진이나 오래된 광고에 관심을 돌려보자. 잡지에서 오려내기가 여의치 않더라도 인터넷에 보면 복사본이 저렴한 가격에 판매되고 있다.

돈이 조금 들어가더라도 진품을 걸어두고 싶다면, 인터넷이나 화랑에서 50만 원 이하의 미술품을 구입하는 것도 방법이다. 신인 작가의 작은 작품이라면 충분히 구매가 가능할 것이다.

86 그림이나 거울을 벽에 거는 방법은?

1

액자에 와이어가 달려 있지 않다면 새로 하나 달아야 한다. 액자 양끝 프레임 부분에 나사로 와이어를 고정하면 된다. [a]

2

액자나 거울을 벽에 댄 상태에서 사등분했을 때 위에서부터 1/4 지점에 시선이 고정되는 게 좋다. 그 상태에서 연필로 액자 상부 위쪽 벽에 점을 하나 찍어둔다.[b]

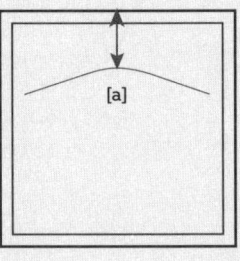

3

액자 와이어의 가운데 지점을 정확하게 재서 손으로 잡고 위로 올려보면 포물선이 만들어진다. 액자 최상단부와 포물선 최상단부까지의 길이를 재서 2번 과정에서 찍어 둔 점 아래에 그 길이만큼 두 번째 점을 하나 더 찍는다.[c]

벽에 걸 액자를 선택하기 전에 작품이 가로방향인지 세로 방향인지를 먼저 결정하고, 방 안의 다른 제품과 색깔이 매치되는지 여부도 확인해야 한다.

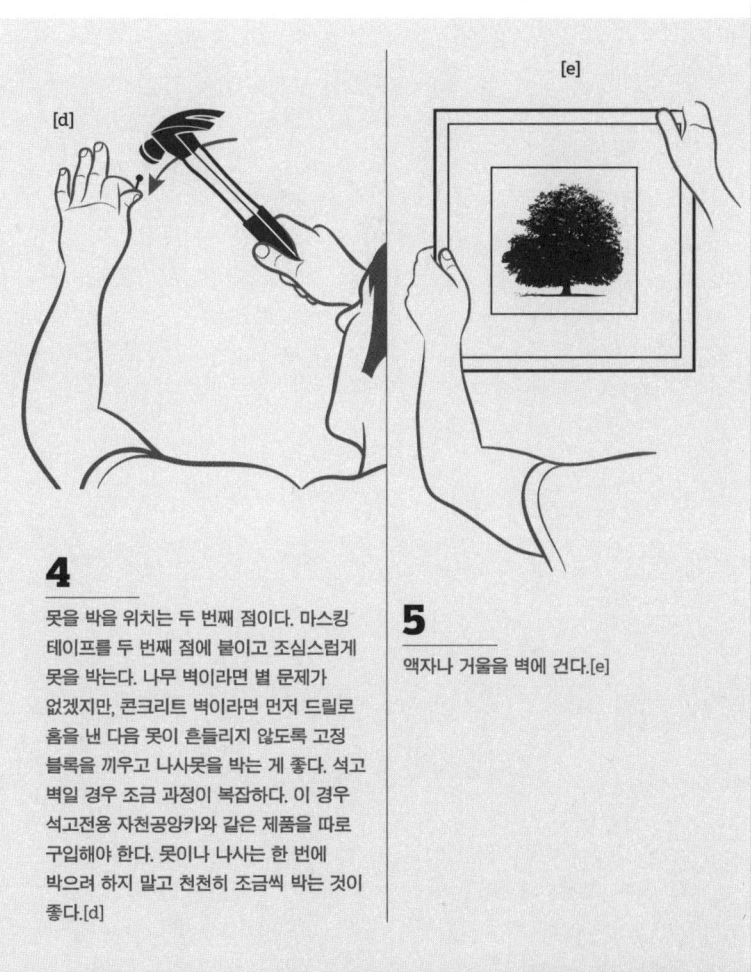

4

못을 박을 위치는 두 번째 점이다. 마스킹 테이프를 두 번째 점에 붙이고 조심스럽게 못을 박는다. 나무 벽이라면 별 문제가 없겠지만, 콘크리트 벽이라면 먼저 드릴로 홈을 낸 다음 못이 흔들리지 않도록 고정 블록을 끼우고 나사못을 박는 게 좋다. 석고 벽일 경우 조금 과정이 복잡하다. 이 경우 석고전용 자천공앙카와 같은 제품을 따로 구입해야 한다. 못이나 나사는 한 번에 박으려 하지 말고 천천히 조금씩 박는 것이 좋다.[d]

5

액자나 거울을 벽에 건다.[e]

또한 공간에 따른 작품 선택도 중요하다. 소파 위 공간처럼 넓은 공간에는 큰 작품을 걸고, 현관이나 계단 같은 곳에는 작은 작품을 아기자기하게 거는 것이 좋다.

남자의 기술 | 필수품

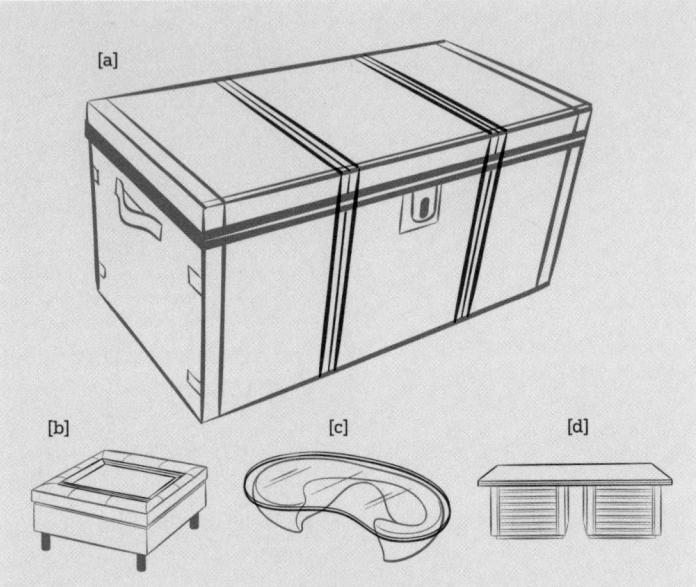

전문가 조언

87 기본적으로 구비해야 할 가구는?

다이앤 오펠트
메사추세츠 주 보스턴 거주 인테리어 전문가

침대, 서랍장, 소파, 안락한 의자, 칵테일 파티를 할 수 있는 테이블부터 시작하자. 스타일은 크게 신경 쓰지 말자. 커피 테이블은 그냥 투박한 트렁크로 대체할 수도 있고[a], 뚜껑이 달려 저장 공간으로 활용 가능한 오토만 가구여도 무방하다[b]. 조각품 상부에 유리를 올린 제품도 괜찮고[c], 심지어는 과일 상자나 견고한 와인 박스 위에 판을 올려서 만들어도 좋다[d].

단 반드시 소파에 앉아서 커피 테이블 위에서 먹는 것 말고도 음식을 먹을 수 있는 다른 공간을 확보해야 한다. 2인분은 기본이다. 최소 접시도 2개, 나이프, 포크, 수프 그릇에 품질 좋은 와인 잔을 두 개 정도는 갖춰야 한다. 그리고 향기 나는 초를 갖춘다면 금상첨화이다.

88 벼룩시장에서 물건 사기

기회를 잘 노려야 하고 충동구매는 삼가라. 벼룩시장은 보통 잡다하고 자잘한 물건들을 판매하는 곳이다. 언젠가 쓸모가 있지 않겠나 싶은 마음으로 부엌용품을 구매하는 것은 바람직하지 않다. 그리고 전자제품의 경우 플러그를 꽂아서 작동여부를 확인하는 게 좋다.

의자나 커피 테이블처럼 큰 물품의 경우 여기저기 망가진 곳이 없고, 페인트칠 정도의 보수만 요한다면 구매해도 좋다. 만 원 이상의 가격 제품이라면 부르는 가격의 60퍼센트에서 흥정을 시작하면 된다. 진정으로 구매를 원하는 사람이 있다면 보통 벼룩시장 판매자의 경우 저렴한 가격에도 물품을 넘겨주는 경향이 있기 때문이다.

89 가격 대비 훌륭한 가구를 구매할 수 있는 곳은?

인터넷에서 저렴한 가격만을 내세운 저가 브랜드의 가구는 가격이 싼 반면 내구성이 형편없다. 그렇다고 고가의 가구를 구입할 비용은 엄두도 내지 못한다. 이런 경우 이케아와 같은 가구 아웃렛을 이용하라. 이케아 제품 온라인 쇼핑몰에서 판매하는 가구들은 저렴하고 디자인도 심플하다. 여러 이케아 제품 쇼핑몰 중에서 가격이 가장 저렴한 곳을 찾아도 되고, 외곽 지역에 아예 수입 매장을 운영하는 곳도 있다. 재고가 없어 수입을 해야 하는 경우 최장 보름 이상의 배송 기간이 걸릴 수도 있다.

90 원예에 젬병인 남자도 잘 키울 수 있는 식물은?

알고 보면 사람들의 관심을 많이 받지 않고도 스스로 알아서 생존하는 고마운 식물들이 꽤 많다. 대표적인 식물이 산세비에리아인데 물이 부족해서 죽는 경우는 거의 없다. 잘 돌봐주지 않아도 꽃을 피우는 식물을 원한다면 안투리움이 최적이다. 일조량이 적고 수분이 많지 않아도 잘 자라 안쓰러

남자라면 이것만은

목욕탕 수납장에 꼭 갖추고 있어야 할 10가지 제품

1 | 가려움 약 덩굴 옻이 올랐거나 벌레에 물렸을 때는 바르는 제품과 벌에 쏘였을 때나 알 수 없는 발진의 경우 먹는 알약으로 두 가지를 준비한다.

2 | 손톱깎이 물론 손톱과 발톱을 깎는 용도로 사용되는 것이지만 날카로운 가시가 박혔을 경우 제거 용도로도 사용되기도 한다.

3 | 코털 가위 코털을 다듬는 용도 외에도 눈썹이나 수염을 다듬는 데에도 쓰인다. 사나흘 이상 붙이고 있어서 잘 안 떨어지는 밴드에이드를 자르는 데에도 사용한다.

4 | 머슬럽 종일 걸어다녀서 피곤하거나 운동으로 근육이 뭉쳤을 때 따뜻한 물로 샤워하고 뭉친 근육에 골고루 발라주고 숙면을 취하면 다음 날 몸이 한결 가뿐해지는 것을 느낄 수 있다. 맨소래담 로션도 좋지만 타이거 머슬럽을 강추한다.

5 | 스킨, 로션 자외선 차단지수 15 정도의 향취가 없는 제품이 좋다. 향긋한 머리카락과 부드럽고 탄력 있는 피부는 이성에게 좋은 느낌을 주는 일등공신이다.(겨울철에는 립밤을 추가한다.)

6 | 항생제 연고 밴드 에이드를 붙이기 전에 상처에 항생제 연고를 바르면 외부에서 상처를 공격하고 염증을 일으켜서 덧나게 하는 각종 세균을 물리칠 수 있다. 국내 제품으로는 후시딘과 마데카솔이 유명하며, 외국 제품으로는 트리플 안티바이오틱 크림이 대중적으로 많이 알려져 있다.

7 | 밴드 에이드 직사각형, 정사각형의 다양한 크기의 제품이 포함된 밴드 에이드는 필수.

8 | 소화제 숙취, 길거리 음식, 야식 등으로 몸과 생활 패턴이 망가지면 곧바로 소화불량이 찾아온다. 여기에 손 따는 바늘(수지침)이 있으면 더 좋겠지만 우선은 소화제부터 상비하는 게 필수.

9 | 감기약 요즘은 모든 감기 증상을 포함하는 복합감기약이 많이 나와 있으므로 한 가지 정도 구비해두는 것도 좋다. 천연재료인 생강 역시 훌륭한 상비약이 될 수 있다. 꿀이나 설탕을 섞은 생강차를 마시면 몸이 뜨거워지며 감기 증상을 완화시키는 데 도움이 된다.

10 | 체온계 수은 온도 방식보다는 전자 체온계가 더 편리하다.

운 게으름뱅이들을 위한 식물이 바로 안투리움이다.

91 평판 TV를 놓을 적당한 위치는?

스크린의 정중앙이 눈높이에 위치한 상태가 가장 좋은 시청 위치이다. 물론 소파나 의자에 앉은 상태에서 눈높이를 말하는 것이지, 늘상 누워서 본다고 그 상태에서의 눈높이를 말하는 것은 아니다.

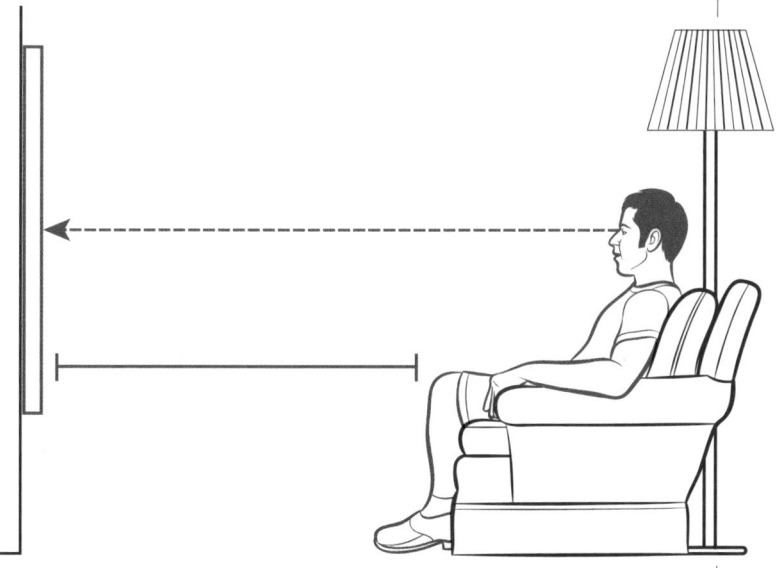

92 TV 스크린이 너무 큰 것은 아닐까 알아보는 방법?

이렇게 알아보면 된다. 먼저 TV의 대각선 길이를 재어서 그 길이의 1.5배 위치에 앉는다. 42인치 TV는 소파 등받이에서부터 최소 1.6미터 정도의

남자의 기술 | 필수품

남자라면 이것만은

남자라면 꼭 봐야 할 고전 영화 10

1 카사블랑카 Casablanca
그냥 딱 떠올릴 수 있는 가장 대표적인 영화는 역시 험프리 보가트의 최대 매력을 엿볼 수 있는 작품인 '카사블랑카'이다. 하지만 이 작품이 빛나는 이유는 그가 매력 넘치는 목소리로 마치 셰익스피어가 환생하지 않았나 싶을 정도의 명대사를 내뱉었기 때문이다. "당신 눈동자에 건배." "우리에겐 언제나 파리의 추억이 있잖아!" "충격이군, 이곳에서 도박이 벌어진다니, 충격이야!"

2 대부 I, II The Godfather
말런 브랜도와 알 파치노의 원색에 가까운 열연과 매력을 볼 수 있는 프랜시스 포드 코폴라 감독의 최대 역작. 마피아 세계에서의 배신과 사랑을 적나라하게 그려냈다. 명대사는 "그가 거절할 수 없는 제안을 하겠어."

3 뻐꾸기 둥지 위로 날아간 새 One flew over the cuckoo's nest
규율과 억압에 짓눌리는 현대인의 자화상을 담은 작품으로, 미국을 상징하는 정신병원에 수용된 환자들의 반역을 통해 극도로 조직화된 사회를 상징적으로 고발한 문제작. 잭 니콜슨이 주연을 맡아 열연했다. 명대사는 "그래, 마티니, 부활절 토끼가 있었군."

4 몬티 파이튼의 성배 Monty python and the holy grail
그냥 보면 된다. 적어도 흑기사와 아서 왕의 결투 장면을 보기 위해서라도 이 영화는 꼭 봐야 한다. 명대사는 "난 아직 죽지 않았어."

5 록키 Rocky
아무것도 가진 것 없고, 올라갈 곳이라고는 전혀 없어 보였던 3류 복서 록키는 부업으로 고리대금업자의 해결사 노릇을 하며 근근이 살아간다. 어느날 그에게 기회가 오고 그는 링 위로 올라간다. 감독이자 주연 배우였던 실베스터 스탤론이 바로 그랬다. 명대사는 "애드리어어어언!"

6 애니멀 하우스의 악동들 National lampoon's animal house
미국의 작은 대학 교정에서 악동 대학생들이 벌이는 코믹 캠퍼스 드라마. 명대사는 "내 충고는 일단 들이키라는 것이다." "토가, 토가" "푸드 파이트!"

거리가 필요하다. 마찬가지로 34인치 TV는 1.3미터가 필요하다. 벽에서부터 소파까지의 거리를 재어서 TV를 사러 가라.

당신의 눈이 TV 화소에 반응하는 최소 거리라는 게 있다. TV를 구매하러 가서 대충 당신의 집 소파와 벽 정도의 거리에 서서 질문을 던져보라.

7. 지옥의 묵시록 Apocalypse now

1979년에 만든 코폴라 감독의 또 다른 문제작으로 베트남 전쟁의 도덕과 살육의 혼전을 그린 명작. 정글 깊숙한 곳에 숨어 있는 미군 특수부대 대령을 암살하라는 임무를 받은 주인공이 임무를 완수하는 과정을 그렸다. 명대사는 "적들은 파도를 타지 않는다." "배 안에 있어, 배 안에 있어!" "그가 말했지. 내 사진에 다시 한 번 손대면 죽여버리겠어. 그건 진심이었다구."

8. 블레이드 러너 Blade runner

리들리 스콧이 필름 느와르와 미래의 묵시록을 조합해서 창조해낸 영화 역사상 가장 위대한 디스토피아 전설 중 하나. 명대사는 "일어나, 죽을 시간이야!" "나는 당신네 인간들에게서 믿지 못할 것들을 보아왔어. 오리온좌의 옆에서 불에 타던 전함. 탄호이저 게이트 근방에서 어둠속을 가로지르는 C-빔의 불빛도 보았어. 모든 그 순간들은 시간 속에서 사라지겠지. 빗속의 눈물처럼."

9. 매트릭스 The Matrix

기적 같은 영화, 영화의 세계관은 매트릭스 이전과 매트릭스 이후로 나뉜다는 얘기가 그냥 호들갑이 아닐 정도의 완벽한 영상. 워쇼스키 형제에 의해 제작된 SF 액션 영화로 기계에 의해 인간이 양육되는 22세기 말의 세계가 배경이다. 명대사도 많지만 이 영화의 가장 유명한 대사는 영화 포스터 카피인 "무엇을 상상하든 그 이상을 보게 될 것이다!"

10. 파이트 클럽 Fight club

에드워드 노턴과 브래드 피트가 웃통을 벗고 주먹다툼을 하는데 어찌 남자 영화의 최고점을 주지 않을 수 있단 말인가? 두 남자 주인공에게나 감독에게나 최고 최상의 작품! 명대사는 "TV를 통해 우린 누구나 백만장자나 스타가 될 수 있다고 생각했다. 그것이 환상임을 깨달았을 때 우린 분노할 수밖에 없다."

전투 장면이 정신이 사납고 어질어질한가? 제레미 린이나 데릭 지터의 얼굴이 너무 커보이지는 않는가? 그렇다면 스크린이 당신에게는 좀 과하다 할 수 있다. 작은 인치의 TV로 구매할 것을 권장한다.

> 전문가 조언
> ## 93 가전제품의 교체 주기는 어느 정도가 좋을까?
>
> **브라이언 램**
> 기즈모도 편집장
>
> 매년 새 제품을 사대다간 집안의 최신 제품이 어떤 것인지도 모르게 될 수도 있다. 과도한 전자제품 지름신은 패가망신의 지름길이다. 애플, 캐논 사장을 보면 가만두지 않겠다는 아내들의 원성이 날이 갈수록 높아지고 있는 게 현실이다. 가능한 돈을 절약해서 가정 경제에 충실하는 게 좋다. 시쳇말로 비디오 기기는 화면만 제대로 나오면 그게 다 그거다. 전자제품의 교체 주기는 1~2년이 아닌 3~4년마다 정말 더 이상 봐 줄 수 없을 정도로 바꾸고 싶어 미칠 지경이 되면 교체하는 게 좋다. 그 경우에도 금액을 절약하고 싶다면 이전 모델이나 리퍼비스 등의 제품을 선택하는 것도 묘수라 할 수 있다.
>
> 또한 매년 신제품이 출시되는 품종의 경우 구제품을 세일하는 경우가 흔하다. 이 시기도 구매 포인트다. 물론 몇 달씩 참고 기다려서 최신 기종을 구매하기보다는 그냥 인내의 몇 달을 구제품을 구입해서 잘 쓰면 그만이다고 생각이 든다면 그렇게 하자. 선택은 당신의 몫이다.

94 추가 보증 프로그램을 구매해야 하나?

대부분의 경우에는 필요 없지만 노트북이나 스마트폰, 스마트 패드처럼 이동성이 잦은 기기의 경우 추가 보증 프로그램이 필요한 경우가 많다. 하지만 제조업체에서 보증하는 프로그램을 구매해야지, 판매업체에서 제공하는 프로그램은 업체 부도나 도산으로 공중에 뜰 확률이 있는 만큼 구매에 신중해야 한다.

95 최신 핫한 음악은 어디서 찾아 들을 수 있나?

가장 트렌디한 음악을 듣고 싶다면 포크에서부터 블루스, 록, 재즈까지 모든 장르를 커버하는 인터넷 음악 방송에 기대는 것도 방법이다. 늘상 SNS를 이용하는 사람이라면 인디 레이블이나 밴드의 트위터 계정을 팔로어하거나 페이스북의 친구가 되어 유튜브 영상으로 최신 음악을 들어볼 수도 있다.

성실한 관계자라면 내한공연에 맞춰 뮤지션의 히트곡을 차곡차곡 영상으로 올려주는 섬세함을 보여주기도 한다. 코첼라 같은 음악 페스티벌은 유튜브로 실시간 중계를 해서 단번에 글래스톤베리급 페스티벌로 자리를 잡았다. 인터넷의 좋은 정보를 놓치지 않도록 관심을 기울이도록 하자.

96 핸드폰 배터리 오래 사용하는 법

배터리는 차가울수록 더 오래 보존된다. 이동 중에 가능하다면 재킷이나 바지 주머니에서 핸드폰을 꺼내서 몸의 열로부터 떨어뜨려 놓는다. 냉장고나 에어컨 같은 냉매를 만나면 잠깐씩 차갑게 식혀주는 것도 좋다.

스마트폰의 경우 일반 피처폰보다도 배터리 소모가 심한 편이다. 충전기를 휴대하고 다니거나 그게 번거롭다면 휴대용 USB 케이블을 가지고 다니는 것도 방법이다.

97 홈 헬스클럽을 만드는 방법은?

지식과 근육은 절대로 한꺼번에 급속하게 채워지는 것이 아니다. 꾸준히 근육을 만들기 위해 홈 헬스클럽을 만들어보자.

우선 바닥을 보호하기 위해 카펫이나 두꺼운 고무 비닐을 바닥에 깐다. 웨이트 벤치나 러닝머신, 헬스 자전거 등의 기구를 비치하면 되는데, 중요한 것은 책장이나 캐비닛 등의 가구로 파티션을 쳐서 손님이 왔을 때 흉한 모습을 노출시키지 말아야 한다.

공간 절약을 위해 웨이트 벤치는 아령이나 역기를 함께 보관할 수 있

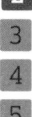

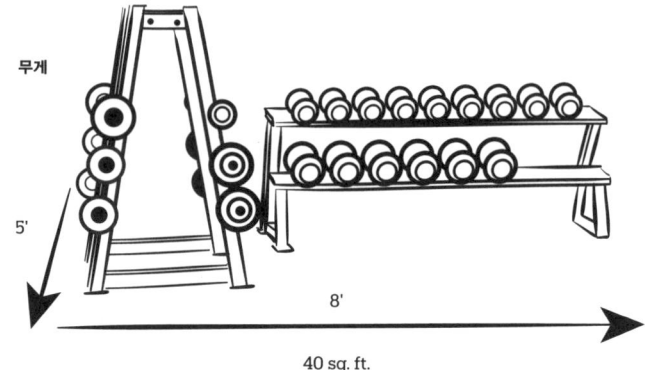

는 기능성 제품을 구매하거나 렌트하는 게 좋다.

아파트나 공동 주택의 경우 러닝머신 아래에 충격흡수제를 잘 활용해서 층간 소음분쟁이 일어나지 않도록 배려해야 한다.

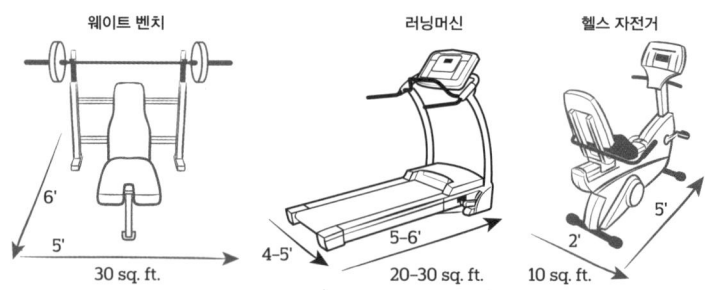

98 방 정리하기

일단 필요 없다고 판단될 법한 것들을 방문 앞에 쌓아 놓는다. 청소와 정리는 비우는 것에서부터 시작함을 명심하자. 일단 어중간한 것들을 모두 비워내서 쌓아 두면 방이 훨씬 깔끔해지는 것이 보일 것이다. 그 상태에서 청

남자라면 이것만은

남자라면 갖추고 있어야 할 청소용품 5

1. 다용도 클리너 스프레이 형태의 제품으로 주방 싱크대부터 가스레인지, 목욕탕 타일, 창문, 심지어는 나무 바닥까지도 깨끗하게 때를 제거할 수 있다.

2. 살균 물수건 플라스틱에서 금속제품까지 전화기, 키보드, 전자제품 등의 찌든 때를 모두 지울 수 있고 덤으로 살균 기능까지 제공하는 물수건은 필수.

3. 정전기 청소포 스카치 브라이트에서 나온 정전기 청소포는 매우 유용하다. 한 장씩 빼서 사용할 수 있으며, 정전기를 일으켜서 집안의 숨은 먼지와 머리카락 등을 깨끗하게 청소할 수 있다. 거의 물걸레질이 필요 없을 정도로 완벽한 청소를 보장한다.

4. 화장실 청소액 화장실 청소액의 관건은 솔질을 얼마나 덜 하느냐이다. 화장실 청소솔을 거의 이용하지 않고, 청소액을 조금만 부어서 물을 내리기만 해도 변기 청소를 끝마칠 수 있는 제품을 선택해야 한다. 또한 요즘은 세제가 미리 브러시에 함유되어 있어서 청소 후 브러시만 교체해서 사용하는 제품도 나와 있다. 위생적이고 간편하지만 청소액에 비해 가격 부담이 있다. 선택은 자유.

5. 스팟 클리너 러그나 소파나 의자 등의 직물 부위에 커피나 음료, 기름 등의 자국이 남는 것이 염려된다면 스팟 클리너를 구비해두자. 스팟 클리너는 옷에 묻은 얼룩을 세탁하지 않고도 간단하게 지울 수 있는 장점이 있다.

소하고 정리를 하자. 그 후 상자를 구해서 방문 앞의 쌓인 것들을 분류한다. 분류는 과감해야 한다. 쓰레기는 쓰레기통에 버리고, 재활용품은 재활용으로 과감하게 투척해야 한다.

일단 방을 정리했으면, 쓰레기통을 매일 비워서 청결함을 유지해야 한다. 특히 음식물 쓰레기 같은 것은 절대 미루지 말고 바로 처리하라.

습관이 중요하다. 평소에 거실은 항상 정돈된 상태를 유지하도록 습관을 들이자. 밤을 지새우고 손님을 집에 데리고 왔을 때 깨끗한 거실은 좋은 인상을 남기는 선봉장이다. 만약 여자를 데리고 왔다면 거실에서 무드를 잡고 그 후 당연히 게임 오버이다.

남자라면 꼭 봐야 할 TV 미국 드라마 10

1 | 스포츠 나이트 Sports Night
광고 포함해서 채 30분이 안 되는 러닝타임의 코미디 형식 드라마로서, 1998년에서부터 2000년까지 단 두 시즌 45개의 에피소드만을 방영했다. 하지만 '식스 피트 언더'의 피터 크라우제, '위기의 주부들'의 펠리시티 호프만 등의 호화 캐스트에 '웨스트 윙'의 대 극작가 애런 소킨 극본이라고 하면 말 끝났다는 생각이 들지 않나. 남자라는 동물을 이해할 수 있는 가장 훌륭한 교재 중의 하나.

2 | NYPD 블루 NYPD Blue
1993년 처음 방영을 시작했을 때, 텔레비전 드라마의 리얼리즘 수준을 한층 격상시키고 공중파 노출의 한계를 새롭게 정의한 획기적인 경찰 수사물이라는 평을 받았다. 그러나 정작 이 드라마를 봐야 하는 가장 중요한 이유는 바로 산전수전 다 겪은 강력계 형사 앤디 시푸위츠 역을 맡은 데니스 프란츠의 신들린 듯한 사내의 연기를 보기 위해서이다. 요즘 호간지로 정평이 나 있는 'CSI 마이애미'의 호레이쇼 반장은 여기에 비하면 한니발 렉터 앞에 선 FBI 신참 요원 클라리스 스털링에 불과하다.

3 | 별난 커플 The ODD Couple
포커 나이트, 메트로섹슈얼, 스리썸 등 모든 가이들의 지대한 관심사가 닐 사이먼 원작의 이 장수 드라마에 녹아 있다. 수다쟁이 펠릭스 운저 역의 토니 랜달과 오스카 매디슨으로 분한 잭 크루그먼의 열연이 압도적인 볼거리.

4 | 와이어 The Wire
전직 경찰 출입 기자 겸 강력계 형사가 직접 극본을 맡은 작품으로 볼티모어 마약 갱들을 소탕하기 위해 고군분투하는 경찰들의 이야기를 극도의 리얼리티를 구현해서 만든 드라마이다. 물고 물리는 약육강식의 세계에 사로잡힌 한 남자의 소우주가 탄탄한 시나리오에 그대로 투영된 수작이다.

5 | 더 프리즈너 The Prisoner
1967년에 방영을 시작한 17부작 영국 드라마로서, 클래식하면서도 모던한 분위기의 주인공 패트릭 맥구한의 연기와 제임스 본드와 프란츠 카프카 사이의 어느 지점을 연상시키는 분위기가 매우 매력적인 드라마. 이름도 없이 단지 숫자로만 불리는 여섯 명의 죄수가 '빌리지'라 불리는 오싹할 정도로 고즈넉한 바닷가 수용소를 탈출하는 시도를 그린 작품으로서, 보이지 않는 힘에

의해 지배받는 캐릭터가 등장하는 드라마 중 가히 최고봉이라 할 수 있다.

6 배틀스타 갈락티카 Battlestar Galactica

머나먼 미래 문명 어느 시점에, 로봇이 거의 완벽한 수준으로 인간을 대체하는 데 성공하게 된다. 현대의 미국 사회를 관통하여 탐사하는 완벽한 메타포로서의 드라마. 공상과학 팬이 아니더라도 충분히 몰입할 수 있는 드라마톨로지의 미덕이 고맙다.

7 미스터리 과학 극장 3000 Mystery Science Theater 3000

1988년부터 1999년까지 방영된 미국의 컬트 텔레비전 코미디 드라마. 과거의 B급, 아니 C급 영화를 틀어놓으면서 코미디언 주인공들이 쓸데없는 잡담을 계속 늘어놓는 형식으로, 모든 텔레비전 드라마를 통틀어 가장 지루하고 어처구니없다고 해도 과언이 아닐 정도다. 하지만 정말 기이하게도 그게 웃기다는 사실!

8 투나이트쇼 위드 자니 카슨 The Tonight Show Starring Johnny Carson

자니 카슨은 평생을 좋은 코미디와 멋진 여자를 위해 살았다. 초기 시즌에서 70년대 중반까지의 자니 카슨의 투나이트쇼를 섭렵하다 보면, 미국의 밤 문화 엔터테인먼트와 미국 그 자체가 복잡하게 뒤섞여 있는 희한한 경험을 맛보게 될 것이다.

9 새터데이 나이트 라이브 Saturday Night Live

돌이켜 보자면, 존 벨루시, 댄 애크로이드, 빌 머레이, 에디 머피의 코미디가 반드시 그 시대를 초월하는 유머를 발산하는 것도 아니거니와 가끔은 전혀 이해가 안 되는 무리수인가 싶기도 하다. 하지만 그게 바로 새터데이 나이트 라이브의 천재적인 승부수였다. 재미가 없다면 어쩔 수 없다지만, 그렇다 해도 우리는 우리 길을 가겠다는 과감한 승부사의 전략이 빛나는 미국을 대표하는 토크쇼 중의 하나.

10 소프라노스 The Sopranos

역대 HBO의 최대 히트작이라 할 수 있는 텔레비전 드라마. 영화에 '대부'가 있었다면, 텔레비전에는 소프라노스가 맞짱을 뜨고 있다. 성인 등급에 폭력과 욕설이 난무하지만, 그렇다고 해서 눈을 뗄 수 없을 정도로 아주 강렬하다거나 액션의 스케일이 큰 것도 아니다. 하지만 하나둘 에피소드를 보다 보면, 뭔가 건조하면서도 지리멸렬하고 평이하면서도 예상을 엇나가는 마피아 보스의 일상을 그리는 포스에 점점 중독되어 가는 자신을 발견하게 되는데, 그것이 바로 당신의 숨은 남성 본능이라 할 수 있을 것이다.

99 바퀴벌레 퇴치법

우선 음식물 찌꺼기를 없애야 한다. 주방 후드의 기름기도 없애고, 토스트에 남은 빵 부스러기도 깨끗하게 털어서 제거한다. 바닥은 진공청소기로 깨끗하게 밀고 음식 자국은 물걸레로 닦아준다. 특히 음식물 쓰레기통을 비우고 난 다음에 찌꺼기가 묻은 상태로 그냥 두면 안 된다. 역시 깨끗하게 닦아줘야 한다. 음식물이 묻으면 바로 치우는 버릇을 들이도록 해야 한다.

다음은 바퀴가 나오는 구석을 처리해야 한다. 컴배트 같은 제품도 효과가 있지만, 오래 놔둘 경우 오히려 바퀴의 서식처가 될 수도 있다. 일명 세스코에서 사용하는 약이라는 '맥스포스겔'을 추천한다. 조금씩 짜서 바퀴가 출몰하는 구멍 같은 곳에 붙여주면 된다. 적당한 기구가 없다면 다 쓴 케첩 용기를 추천한다. 바퀴벌레의 영원한 퇴치방법은 철저한 깨끗함 말고는 없다.

100 그렇다면 쥐는?

아무리 쥐라고 해도 양심상 피범벅이 되는 쥐덫은 피하자. 피넛 버터로 미끼를 놓고, 일단 쥐를 잡으면 밖으로 가지고 나가서 넉넉하게 1킬로미터 떨어진 곳에 풀어 놓는다. 하지만 만약 그 쥐가 패거리를 몰고 다시 당신 집으로 돌아오면? 그때는 잡아서 멀리 풀어놓는 방법으로는 전혀 효과를 볼 수 없을 것이다. 쥐약이 정답이다. 하지만 반드시 어느 곳에 쥐약을 놓았는지를 기록하고, 집안의 애완동물은 묶어둔 상태에서 비틀거리는 쥐가 있으면 바로 치워 없애야 한다.

101 룸메이트를 구하는 방법

새벽까지 술을 마시는 룸메이트는 최악이다. 다음 날 출근을 해야 하는데

술 냄새를 풀풀 풍기며 새벽에 들어와서 잠을 깨우는 일이 빈번하면 매우 곤란하다.

가장 좋은 방법은 룸메이트로 맞아들이기 전에 확실하게 서로의 방식과 습관을 체크해보는 것이다. 당신의 생활습관을 얘기하고 기대치를 점검해보아야 한다. 특히 방세를 제때에 낸다거나 공용 집기 사용에 있어 물의를 일으키지 않겠다는 사전 약속은 필수다. 생활하는 도중 서로 생활방식이나 가치관이 맞지 않다면, 관계가 악화일로가 되기 전에 솔직하게 양해를 구해 퇴실을 요청하는 게 미래를 위해서 나은 결정이다.

중요한 것은 룸메이트와 인간적인 친구가 되려고 욕심을 부리지 마라. 단지 불화 없이 행복하게 공존한다는 자세면 충분하다.

102 옷장 정리하기

어렵게 생각할 것 없다. 옷장은 그냥 선반이 몇 개 달린 막대기가 달린 공간으로 생각하면 된다. 중요한 것은 계절별로 분류해서 필요 없는 옷은 따로 보관하면 된다. 여름이라면 스웨터나 목도리를, 겨울이라면 하얀색 바지나 반팔 셔츠 등을 플라스틱 통에 담아서 침대 밑이나 옷장 위에 올려놓으면 된다.

옷은 자주 입는 옷이 손에 쉽게 잡히도록 배치를 해야 한다. 비슷한 아이템은 함께 보관하는 게 좋다. 반팔 티셔츠와 속옷은 굳이 분류할 필요가 없다. 양말과 속옷도 칸이 부족하다면 함께 보관해도 무방하다. 반면에 출근용 옷과 캐주얼하게 입는 옷은 확실히 분류를 해두어야 바쁠 때 시간을 절약할 수 있다.

스웨터는 늘어질 위험이 있으므로 옷걸이에 걸어 보관하는 것보다는 눕혀서 쌓아 보관하는 게 좋다. 그러나 좁은 공간에 너무 많은 스웨터를 쌓아두면 무너질 위험이 있다.

남자의 기술 | 필수품

2

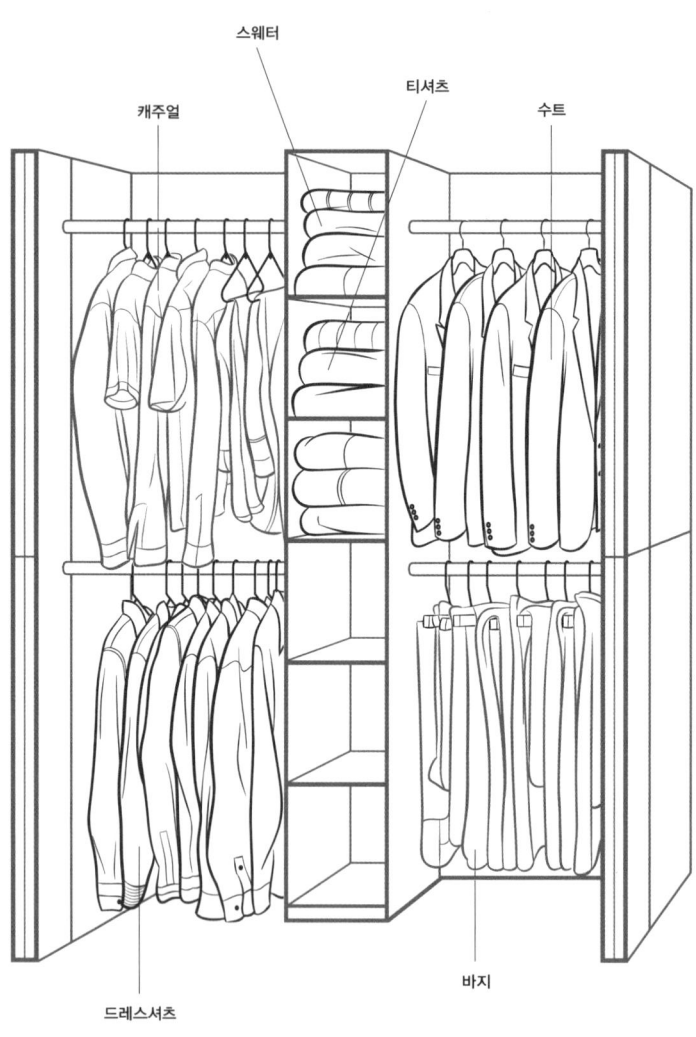

103 가정에 구비해야 할 공구

손재주가 영 없는 축에 속한다고 해도 집안의 간단한 수선은 공구를 사용해서 직접 뚝딱대는 것도 남자의 매력 중의 하나.

▶ **망치**: 장도리가 달린 가정용 망치 하나는 기본이다. 머리 부분이 네모나거나 와플 메이커 형태를 갖춘 변형 망치는 전혀 필요 없으니 관심 기울일 것 없다.

▶ **플라이어**: 집는 곳이 둥글게 된 것은 철사류를 구부리거나 작은 것을 집는 데 사용되고, 집는 곳이 네모난 플라이어는 악력을 이용해 철사를 절단할 수 있다.

▶ **드라이버**: 십자와 일자 드라이버를 각각 구비할 수도 있지만 무선 전동 드라이버 세트를 구매하는 게 장기적으로 이득이고 모양새도 더 좋다.

▶ **줄자**: 줄자 역시 버튼을 누르면 전동으로 움직이는 제품도 있지만 그것까지는 낭비에 속하고 그냥 일반적인 5미터 줄자면 충분하다.

▶ **렌치**: 속칭 몽키 스패너라고 불리는 도구로 볼트와 너트를 죄고 푸는 용도로 사용한다. 욕실 배수구의 이물질 제거 작업이나 샤워기 호스 교체 작업, 세탁실이나 다용도실 수도관 작업을 위해서라도 12인치 렌치를 구비해두는 게 좋다. 인터넷몰에서 파는 모든 크기를 커버하는 만능 몽키 스패너도 신기한 것을 좋아하는 사람이라면 구입을 추천한다.

자동차 생활

104 어떤 차를 사야 할까?

차는 개를 키우는 것과 비슷하다. 사람들은 자신의 취향과 성격을 반영하는 차를 원하지만 선택은 생활방식에 맞출 수밖에 없다. 방 하나짜리 좁은 아파트에서 커다란 레브라도 리트리버를 키우기가 곤란하듯, 차를 세워둘 주차 공간도 변변히 갖추지 못한 살림에 몬스터 트럭을 구입하는 것은 무리수다. 무엇보다도 차를 구입할 때는 용도를 먼저 생각해야 한다. 통근용, 운반용, 장거리 여행용, 잔심부름용인지 그도 아니면 이 모든 용도를 아우르는 다목적형인지를 파악해야 한다. 주로 몇 명을 태울 것인지, 차량 구입비는 얼마나 준비되어 있는지도 중요하다. 차가 속삭이는 지름신의 유혹에 넘어가지 마라. 당신의 지갑이 보내는 눈빛이 가장 중요하다. 다음은 용도에 따른 차의 장단점이다. 필요한 차를 선택하는 길잡이가 될 수 있기를 기원한다.

당신에게 필요한 차 고르기

유형	장점	단점	용도
경차	기름이 적게 들고 주차하기도 쉽다. 옵션 가격도 저렴하다. 혁신적인 디자인이나 색상이 많다.	안전상의 위험을 배제할 수 없고, 힘이 달려 다량의 짐을 적재하기 어렵다.	단거리 통근용이나 이런저런 가벼운 용도.
소형차	공간과 효능, 연비에 있어 실용성 만점의 차. 종류가 다양해서 고르는 재미가 있다.	아무리 스타일이 좋아도 도로에서 너무 흔하게 볼 수 있어 희소가치가 떨어짐.	운반용도만 아니라면 어떤 목적에도 부합.
중형차	실내 공간, 안전성, 적절한 연비, 옵션과 여러 가지 편의장비, 패밀리카의 실용성에 중고차 가격이 급락하지 않는다.	6기통 엔진으로 들어서면 가격이 부담스러워진다. 소형차에 비해 떨어지는 연비, 초보자에게는 주차가 부담.	드라이브를 많이 하는 운전자나 가족이 있는 남자.

유형	장점	단점	용도
대형차	고급 사양의 인테리어와 넉넉한 내부 공간, 고급 옵션, 안전성과 8기통 이상의 강력한 엔진 성능.	낮은 연비, 가격 부담, 주차의 난이도.	대형차는 한 번 운전할 때마다 당신의 노후 생활비를 갉아먹는다는 사실을 잊지 말자. 그저 펌프용에 불과.
SUV	비포장도로를 포함해서 운전을 즐기는 맛이 있다. 시야 확보가 승용차에 비해 좋다. 야간 운전 시 마주 오는 차량의 헤드라이트에 의한 눈부심이 덜하다. 적재 공간의 편리성.	가솔린의 경우 형편없는 연비가 단점이지만 디젤 엔진의 경우 연비가 문제될 것은 없다. 세단의 안락함과는 다소 거리가 있다.	아웃도어 라이프를 즐기기에 좋고, 전원생활에서 활용도 만점.
밴	힘이 좋고, 다재다능하면서도 고급 인테리어와 화물 적재공간이 넓다.	촌스러운 이미지에 형편없는 연비.	대가족 패밀리카, 록 밴드 공연용 이동차량.
스포츠카	짜릿한 드라이빙 경험에 제임스 본드 스타일 코스프레가 가능하다.	공간과 연비에 대한 고려가 전혀 없음.	연애 목적용 도구로 이용하려면 딱이다.

105 수동 or 자동?

수동이냐 자동이냐의 논쟁이 생기는 이유는 가격 경쟁력과 연비 때문이다. 만약 관건이 남자다움이라면 단연코 수동이다. 매뉴얼 기어 작동 방식인 수동은 샌님처럼 양손을 핸들에 붙일 새가 없다. 한 손은 핸들을 잡은 상태로 한 손은 기어에 올려놓아야 한다. 또한 발은 브레이크와 클러치를 왔다 갔다 해야 한다. 수동 운전은 운전자가 차의 성능을 최대치까지 활용하는 희열을 맛보게 해준다. 다시 말하지만 수동은 동급 오토매틱 차량에 비해 가격이 저렴하고 연비도 훨씬 좋다. 또한 수동은 눈길이나 진흙탕에 차가 갇혔을 때도 탈출하기가 훨씬 용이하다. 정리하자면 연비와 남자다움과 운전을 즐기는 사나이라면 수동을 선택할 충분한 가치가 있다.

106 신차 또는 중고차?

물론 신차라면 고장도 적고 프레시한 느낌도 최고겠지만 잘못해서 긁히기라도 한다면 이만저만 속상한 게 아니다. 그래서 생애 첫차나 운전 실력이 미비한 운전자라면 무조건 운전 실력이 붙을 때까지 중고차를 타라는 말도 있다. 새 차는 비닐을 벗기는 그 시점부터 중고차이다. 1~2년 된 중고차는 새 차나 다름없는 상태를 유지하면서도 가격 경쟁력이 2/3 수준으로 떨어지고, 3년 이상이 되면 거의 반값으로 떨어진다고 한다. 할부금 부담을 안고 새 차를 사느니 적당한 가격의 중고차 살 것을 권한다.

107 중고차를 사는 방법?

중고차 구매 시 가장 중요한 사항은 차량의 상태이다. 차량의 상태가 단순한 긁힘이나 찌그러짐, 도색 등은 완전 무사고 수준에 해당한다. 보닛이나 문짝, 트렁크 등 부품을 단순 교환한 경우도 무사고 기준에 속한다고 할 수 있다. 하지만 차량 골격이나 엔진, 지붕 등이 교체된 경우는 사고차량으로 볼 수 있다. 차량의 성능기록부를 확인해서 사고 유무를 확인해서 구매결정을 해야 한다.

또한 중고차 시세는 차량의 연식, 옵션, 주행거리, 사고 유무 등에 따라 동급차량이라도 크게는 100만 원 이상의 차이가 날 수도 있다. 가장 좋은 구매 방법은 차에 대한 지식이 많은 사람과 함께 가서 믿을 만한 딜러에게 좋은 차량을 선별해서 구매하는 게 제일 좋다. 차량 구매를 결정했으면 자동차양도증명서를 작성하고 보험가입 후 차량대금을 완납하고 차량을 출고하면 된다.

108 중고 차량 구입 시 속지 않는 법

중고 차량을 구매하러 가기 전에 인터넷에 접속해서 해당 차량이 가지고 있는 특정한 문제에 대해 사전 학습을 해야 한다. 브레이크가 약하지는 않는지, 실내 부품 중에서 손상이 쉽게 되는 부분이 없는지 등. 그 모든 사항을 중개인에게 꼼꼼하게 질문 후 구매해야 한다. 또한 사고차량 유무를 확실하게 파악해야 한다. 중고차 거래에서 가장 중요한 사항은 사고 유무이다. 국내에서는 보험감독원 사고이력 조회 사이트에서 차량의 사고 유무와 피해 정도를 확인할 수 있다.

결론적으로 무사고 차량에서 출고된 지 3년 정도, 운행 마일리지가 7만 정도면 좋다. 또한 등록증에 출고 당시부터 한 사람이 계속 탄 차량이라면 믿을 수 있다. 가급적 소규모 중고차 판매처가 아닌 대형 중고차 사이트에서 차량을 고르는 것이 발품을 덜 팔고 좋은 차를 속지 않고 살 확률이 높다.

109 자동차 딜러와 협상하는 최고의 방법은?

자동차는 집이나 비행기 좌석처럼 편하면 좋겠지만, 그렇다고 그 편이성이 객관적으로 가치를 지니는 것은 아니다. 자동차 가격, 신차는 물론이거니와 특히나 중고차 가격은 얼마나 많은 품을 팔았느냐에 따라 그 가격이 결정된다고 할 수 있다. 인근 자동차 중개상의 딜러 목록을 일목요연하게 만들자. 그들 모두를 직접 방문하거나 전화를 해서 오퍼 가능한 가격과 어떤 수준의 옵션이 제공가능한지 질문을 던져보라. 그 후 가장 좋은 가격과 옵션을 제공하는 딜러와 거래를 하면 된다.

딜러에게서 차를 구매할 때에는 말 한 마디가 모두 협상의 과정이다. 자칫 쓸데없는 말을 했다가는 가격 협상에서 불리한 위치에 처하게 된다.

남자의 기술 | 필수품

110 직접 엔진 오일 교체하기

기름도 직접 넣으면 비용 절약이 되듯, 엔진 오일 역시 다음 절차를 따르면 쉽게 혼자서도 교체할 수 있다.

1

차고나 근처 도로에서 평탄한 곳을 찾는다. 펑크 난 타이어를 갈 때 사용하는 소위 잭(jack)이라는 공구를 이용해서 차를 들어올리거나 길가의 콘크리트 블록 위에 차를 올려놓는 것도 방법이다. 그 후 혹시 차량에 깔리는 사고가 일어날지도 모를 일이니 사고에 대비하기 위해 휴대전화 번호를 119에 고정시켜 놓는다.

2

커다란 바구니 같은 것을 들고서 차 밑으로 기어들어가서 엔진 오일 팬에 있는 오일 드레인 플러그를 찾아 오래된 오일을 빼야 한다. 갑자기 분수처럼 튈 수 있으므로 플러그를 연 후에는 옆으로 비켜서서 오일이 빠지는 것을 지켜본다.

3

오일을 다 빼냈으면, 오일 플러그 개스킷을 다시 장착해준다.[a] 막히는 것을 방지하기 위해 손가락으로 오일 막을 제거한다.[b]

4

오일 필터를 찾아서 빼내야 하는데[c], 그냥 손으로 하기는 쉽지 않기 때문에 오일 필터 렌치를 사용해야 한다. 없다면 그리 비싸지 않으니 인터넷몰에서 구입한다.

5

엔진 오일을 채워야 할 시간이다.[d] 제품 사용자 안내서에 따라 적절한 양을 선택하면 되고, 엔진 오일을 채운 후 엔진을 잠시 작동시켰다 끈다. 그 후 엔진 오일이 적절하게 채워졌는지를 확인한다.[e]

6

교체한 오일은 재활용 센터나 정비소로 가져가서 버린다.

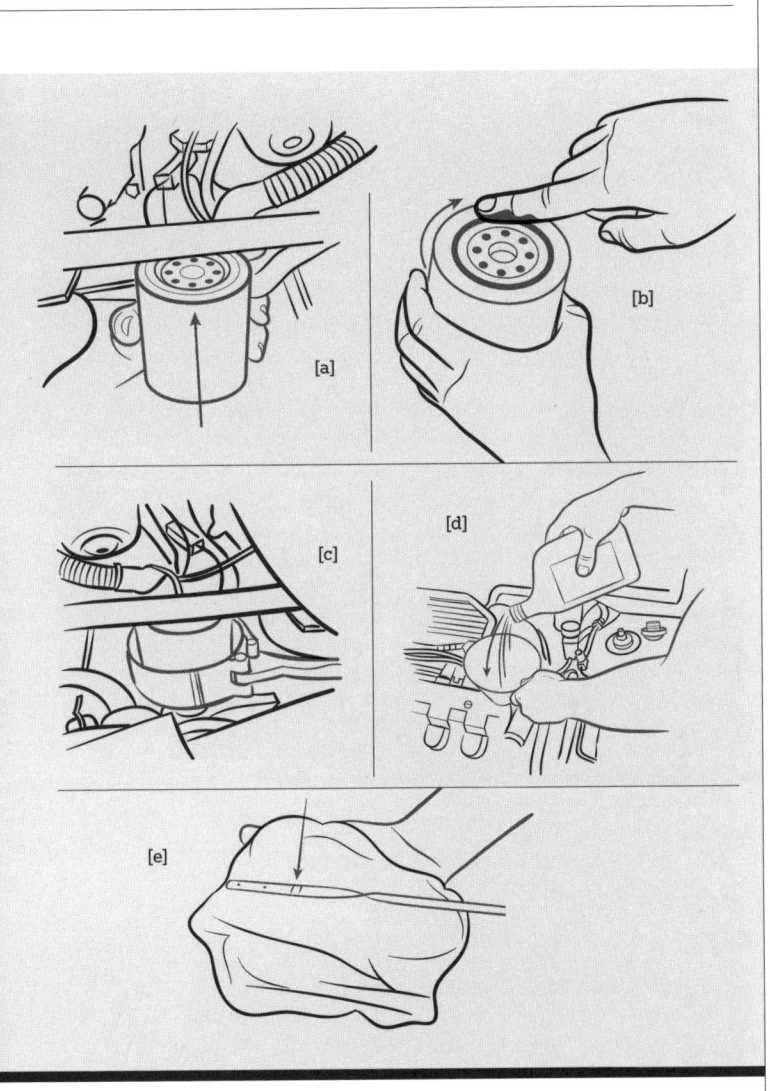

남자의 기술 | 필수품

남자라면 이것만은

남자들이 누구나 갖고 싶어 하는 클래식 자동차 톱 10

1 포드 머스탱 미국의 대표적인 머슬카로서 오리지널 디자인의 포드 머스탱은 여전히 미국의 자동차 산업이 가장 사랑하는 모델이다. 2011년 모델은 리바이벌되는 드라마 '전격 Z 작전'의 새로운 키트로 캐스팅되었다. 예산이 된다면 꼭 한 번 욕심을 부려볼 만한 차.

2 플리머스 바라쿠다 레이싱용으로 제작된 헤미 엔진을 옵션으로 장착할 수 있는 1971년식 바라쿠다 3세대 모델은 머슬카 중에서 가장 희소성이 높은 모델 중 하나로 평가받는다. 경매시장에 나오면 거의 페라리급으로 입찰자들이 달라붙는 레어 아이템.

3 쉐비 노바 SS 1960년 초반에 태어난 쉐비 시리즈에 1969년 노바라는 이름을 붙인 전설의 명차로서, 당시 이 차를 몰고 나가면 어떤 여성도 거부할 수 없는 마성적인 매력을 뽐내는 차였다. 쿠엔틴 타란티노의 영화 '데스 프루프'에서 보닛 위에 해골 마크를 붙이고 등장하는 검은색 쉐비 노바 SS는 자동차 마니아가 아니어도 충분히 광분할 수 있는 아이템이다.

4 닷선 Z 역사와 전통의 측면에서 일본의 대표적인 스포츠카 중의 하나인 닛산의 페어레이디 Z의 미국 수출명. 유럽풍의 날렵한 외관에 최고 시속 200km가 넘는 와중에도 리터당 연비가 10km를 넘는데다 저렴한 가격으로

가능한 차에 대한 지식이 풍부한 지인을 동반하는 게 좋다.

당신의 힘은 어떤 순간에도 발휘될 수 있다. 거래가 완료되기 전까지는 자리에 앉지 않는 게 좋다. 일단 앉아서 들어보라는 요청을 가볍게 거절하고 계속해서 구입하려는 차에 대해 질문을 던지는 게 좋다.

111 차량 옵션은 어떤 것을 장착해야 할까?

안전에 관련된 옵션이 최우선이다. 우리나라도 점점 차량 안전장치에 대한 보험할인 혜택이 늘어가는 추세이므로 안전뿐만 아니라 비용적인 면에서

북미시장에서 인기몰이를 했다.

5 쉐비 엘 카미노 '승용차를 뛰어넘는, 트럭을 뛰어 넘는'이라는 캐치프레이즈를 내걸고 나온 차량. 쉐보레 승용차의 날렵한 프론트 라인과 0.5톤에 육박하는 화물 적재량을 실현한 신기한 하이브리드.

6 MGB 영국 모리스 개러지의 스포츠카 브랜드로서 바디 형태에 따라 쿠페 오픈형이나 GT로 나뉘며, 1970년대 미국 수출을 위해 안전성을 보강한 범퍼를 추가한 모델이 대히트함. 트위드캡을 쓰고 MGB를 운전하는 영국의 노신사를 떠올리게 되는 클래식한 분위기의 차.

7 폭스바겐 비틀 느리고 시끄럽고 뼈대가 그대로 드러난 듯한 디자인이지만 원조 비틀은 시대의 아이콘으로서 자동차가 지닐 수 있는 모든 아우라를 품고 있다.

8 메르세데스 벤츠 560 SL 1980년대 가장 핫한 자동차 중의 하나. 하지만 남자라면 누구나 욕심을 부리지 않을 수 없는 벤츠의 전설적 명차 300 SL 걸 윙 쿠페가 기념비적인 가격으로 거래될 때 대리만족을 하는 차로 더 유명.

9 포르쉐 356 쿠페 1948년에 처음 등장해서 1965년 포르쉐 911에 자리를 내주기까지 수많은 열광적인 추종자들을 거느리고 있는 컬트급의 자동차. 역사상 가장 아름다운 곡선미를 가진 디자인이라는 찬사뿐만 아니라 구할 수만 있다면 여전히 실용적인 연비로 도심을 드라이브할 수 있는 차량.

10 BMW 2002 BMW의 투도어 엔트리 모델로서 1960년대 BMW를 전 세계로 알린 깜찍한 디자인의 차로서 1970년대 중반에 단종되면서 클래식카의 반열에 오르게 된다.

도 유리하다. 또한 선루프 역시 소위 순정 제품으로 장착하는 게 가장 경제적이다. 반면에 매립형 네비게이션 시스템을 옵션으로 구매하는 것은 가격을 잘 따져보아야 한다. 네비게이션이 장착되는 패키지는 고급형일 확률이 높고, 그렇다면 추후 차량 인도 후에 개별적으로 네비게이션을 구입해서 매립하는 것과 가격비교가 필수다. 요즘은 스마트폰으로 네비게이션을 대체하는 사람들도 늘고 있어서 장착 유무를 잘 판단해야 한다.

112 좋은 정비업자를 찾는 요령은?

우선 친구나 가족한테 말해 수리를 맡긴 뒤 서비스가 괜찮았던 정비업자를 소개받는 게 좋다. 실력이 좋을뿐더러 정직한 업자를 찾아야 한다. 정비업소를 방문했을 때 깨끗한 환경의 첨단 장비를 갖춘 곳이 아니라면 연륜이 있는 정비업자를 찾는 게 좋다.

당신이 정비할 차를 가지고 가면 좋은 정비업자라면 문제가 무엇인지, 원하는 게 무엇인지를 먼저 질문할 것이다. 수리에 대해 당신과 언쟁을 하려 하지 않을 것이고, 문제를 살펴보고 단호하게 진단을 내릴 것이다. 또한 그 외에 브레이크 패드나 타이어 등 안전에 관련된 부분에 문제가 있다고 판단되면 조언을 아끼지 않을 것이다.

113 엔진 벨트 확인하는 방법

소위 타이밍 벨트라고 불리는 자동차 엔진 벨트에 균열이 나거나 찢어지면 안전사고가 발생할 수 있다. 하지만 타이밍 벨트는 육안으로 쉽게 확인하기 힘든 엔진룸 깊숙한 곳에 위치해 있다. 타이밍 벨트의 교체 주기는 8만 킬로 정도로, 신차를 구입했다면 폐차까지 딱 한 번 교체할 확률이 높다. 타이밍 벨트 교체는 반드시 체크해야 할 부분이다.

112
직장 구하기

121
직장에서

131
정장

147
비즈니스를
유쾌하게 만드는
노하우

일

경찰, 버스 운전사, 주식중개인, 예술가 등 남자의 정체성은 직업이 규정한다고 해도 과언이 아니다. 의사, 교수, 변호사 등 전문직의 경우에는 사람 이름 앞에 직함이 늘 함께 따라 다닌다. 하지만 요즈음은 청바지 여벌을 갖추듯 본업 이외에도 취미가 직업이 되는 경우도 많다. 직업에 있어 전문성을 갖추면서도 다양성을 늘려 남자의 직업에 있어서 다양성을 갖추고 또한 그 다양성 속에서 전문성을 늘려가는 노하우를 습득해 보자.

직장 구하기

114 나는 어떤 일을 해야 할까?

직장을 구해야 하는 시점 혹은 이직을 해야 하는 시기에 서면, 향후 30년 이상을 어떤 분위기, 어떤 공기 속에서 살고 싶은지를 먼저 생각해야 한다. 타인에 대한 헌신, 부의 축적, 새로움을 창조하는 희열, 위험은 어디까지 무릅쓸 수 있는지도 감안해야 한다. 출장이 잦은 직업, 야근이 빈번한 일, 여가엔 주로 무엇을 하는지도 생각해야 한다. TV를 즐겨보는지, 운동을 하는지 아님 쇼핑을 즐기는지도.

질문의 끝에서 당신은 특별한 직업을 선택할 수도 있다. 생명공학자가 되거나 비영리단체, 혹은 요식업이나 영화에 몸을 던질 수도 있다. 그러나 그 모든 직업 역시 결과적으로 비즈니스의 축소판이라는 사실을 간과하지 말자. 영화 스튜디오에서는 배우뿐만 아니라 회계사나 미용사 역시 필요로 한다. 레스토랑에서도 요리사 말고 디자이너나 인테리어 업자를 필요로 한다. 악기를 연주하지 못한다고 해서 음악관련 업체에 발을 내딛지 못할 것은 없다. 당신이 흥미를 지니고 있는 분야에 재능과는 상관없이 지원해보자. 재능과 관심이 합치될 수 있는 곳이라면 그만이다.

또한 그 직업에 종사하는 사람들의 삶에 대해 알아보아야 한다. 책이나 잡지, 신문에서 관련 직종 사람들의 삶을 찾아본다. 이메일을 보내거나 지인을 통해 만남을 가져 얘기를 직접 나눠보는 것도 좋다. 어떻게 그 일을 하게 되었는지, 어떤 생활이 기다리고 있는지를 물어보자. 그렇다고 취직을 직접적으로 부탁하는 것은 곤란하다. 정말로 당신을 탐낸다면 먼저 그쪽에서 스카우트를 제시하게 될 것이다. 기회가 된다면 적극적으로 인턴십 제도를 활용해보자. 외부에서 표피만 보는 것과는 달리 실제 직장생활에서의 다양한 뜨거움을 느낄 수 있을 것이다.

전문가 조언

115 효과적인 PR 방법이란?

앨리슨 헤밍
헤드헌팅 에이전시 하이어드 건스 대표

스스로를 브랜드화하는 전략이 가장 필요하다. 프리미엄 시장으로 갈수록 제품보다는 브랜드가 중요해지듯 당신이 지니고 있는 장점을 위주로 당신이라는 브랜드가 어떤 이점이 있는지를 어필해야 한다. 대부분의 사람들은 자신에 대해 설명을 할 때 장황하거나 지루해서 실수를 하곤 한다. 당신은 진짜배기라는 느낌과 함께 간단하면서도 선 굵은 소개로 나아가야 한다. 칵테일 파티에서 자신을 소개한다고 생각해보자. 혹은 스피드 미팅에서 채 1분이 되지 않는 시간에 좋은 인상을 남겨야 한다고 생각해보자. 자신감 있는 어투로 자신에 대한 간결한 소개능력이 개인의 가치를 높이는 작용을 할 것이다.

116 꿈의 직장을 찾는 방법은?

물론 당연히 이력서, 스펙, 추천서 등의 요소가 가장 중요하겠지만, 당신이 원하는 꿈의 직장에 면접조차 볼 수 없는 상황이라면 역시 각종 끈을 이용하는 게 수월하다. 한쪽에 당신의 이름을 적고, 다른 한쪽에는 당신이 꿈꾸는 직장의 인사담당자나 대표의 이름을 적어보라. 그리고 양쪽을 이어줄 수 있는 끈을 만들어야 한다. 학교 스승부터 부모님, 친구 부모님, 고등학교나 대학 선배, 골프 캐디 아르바이트를 하면서 알게 됐던 사람까지 당신에게 도움을 줄 수 있는 모든 사람들의 리스트를 작성하라. 그들 중 당신이 원하는 직장에 소개시켜줄 수 있는 사람이 있다면, 꿈의 직장으로 가는 길이 멀지만은 않을 것이다.

117 사무직 일을 하고 싶지 않다면?

일반 사무직이 아닌 현장 일이나 생산직의 경우 특별한 기술이나 재능을 요구하는 경우가 많다. 장례 설계사나 조경업자, 엘리베이터 관리기술자에서 보다 전문적으로는 항공기 파일럿까지 모두 광범위한 수준의 교육기간과 수습기간을 거쳐야 하는 직종이다.

물론 아티스트적인 창의력을 요하는 분야에서도 학위를 지닌 작가, 디자이너가 좋은 대우를 받는 게 사실이다. 평범한 학위는 평범한 사무직으로 이끌 뿐이다. 관건은 학위를 뛰어넘는 개별적 전문성을 지녀야 한다. 적절한 능력과 그 능력을 자기 것으로 소화해서 펼쳐내는 창의성이 답답한 사무직을 벗어날 수 있는 날개를 달아줄 것이다.

전문가 조언
118 개인 사업을 시작하는 방법

브라이언 트위벨
레드 비전 CEO

나는 26세에 첫 번째 사업을 시작했다. 어떻게 해야 할지에 대한 실마리라고는 전혀 없었다. 내가 성공할 수 있었던 이유는 쉽사리 중단하지 않았고 열정적이었기 때문이라고 생각한다. 물론 운이 없었던 것은 아니다. 하지만 운도 만들지 못하면 운이 아니다. 그 과정에서 나는 부정할 수 없는 몇 가지 원칙을 얻게 되었다. 아래 내용을 참조하라.

▶ **경험이 중요하다:** 어린 나이였지만, 난 은행에서 오랫동안 일했기 때문에 내 생각을 발전시킬 기반이 탄탄했다. 사업을 시작하기 위해서는 당신에게 미비한 부분을 채워야 한다. 난 마케팅과 비즈니스에 뛰어난 감각이 있었다. 반면에 내 공동 창업자는 대단히 뛰어난 소프트웨어 프로그램 능력을 지니고 있었다.

▶ **독특한 무엇인가를 제공하라:** 애완동물 사업을 시작하려 한다. 하지만 성공을 거두기 위해서는 기존의 존재하는 질서만으로는 힘들다. 중요한 것은 아이디어 그 자체이다. 아무도 생각해내지 못했던 서비스를 제공하거나 효과적으로 틈새를 공략하거나 인건비를 덜어낼 수 있는 기술을 고안해야 한다. 소비자 경험을 철저하게 연구해야 하며, 공급과 수요의 연쇄반응을 이해해야 하고, 당신의 비즈니스 파트너가 될 업체에 관해 해박한 지식을 지니고 있어야 한다.

▶ **땀과 열정으로 살아남자:** 젊은 사람들이 부족한 경험으로 큰돈을 모으기는 매우 어렵다. 부유한 가족이 있지 않는 한 혼자 힘으로 나아가야 한다. 적은 급여를 받더라도 혼자서 할 수 있는 많은 경험을 쌓아야 한다. 투자자를 찾아가는 시간이 길수록 당신이 회사를 포기할 확률 역시 줄어든다.

▶ **신뢰만이 능사는 아니다:** 소규모 비즈니스는 록 밴드 같은 것이다. 가끔은 성공의 한 가운데에서 무너진다. 신뢰가 부족해서가 아니다. 너무 과한 신뢰도 분열을 일으킬 수밖에 없다. 문제가 생겼을 때 무조건 파트너를 신뢰한다기보다는 헤어질 수 있을 때 깨끗하게 헤어지는 것이 좋다. 눈살을 찌푸리고 싸움을 하고 난 후에 결별을 하면 비즈니스 자체에도 좋을 것은 없다.

119 경력 부족을 커버하는 노하우가 있다면?

이력서라는 것이 당신의 직장 경험이나 소신을 나열한 것에 불과할지 몰라도 애타게 직장을 구하는 사람의 입장에서는 마지막 동아줄일 수 있다.

▶ **목표를 분명히 하라:** 당신이 꿈꾸는 직장을 정의하는 한 문장으로 자기 소개서를 시작한다. 유능한 고용주라면 당신의 진심을 알아볼 수 있을 것이다.

▶ **성과를 강조하라:** 오늘날의 당신을 만든 그간의 경험이나 리더십이나 판매능력 등을 증명할 수 있는 각종 성과를 제시한다. 봉사활동이나 자선행사, 여행 경험, 당신이 활동했던 동아리 등에서 선도적으로 활동했던 경험이 있다면 빼놓지 말자. 개별적인 스포츠 활동 역시 가산점이 될 수 있지만, 팀플레이를 우선으로 기입하고, 개별 스포츠 능력은 '취미와 관심' 항목에 기입하도록 하자.

▶ **수상 기록:** 당연히 학생회 활동이나 재학 중 리더십을 발휘해서 성과를 거뒀던 부분이 있다면 얘기하고 싶을 것이다. 특별히 인상적인 부분이 있다면 기입하도록 하자.(미안하지만 아케이드 게임에서 고득점을 올린 얘기 따위는 농담으로도 불필요하다.)

▶ **비즈니스맨다운 용어를 사용한다:** 경력이나 성과를 기술하는 데 있어 일반적으로 직장에서 통용되는 공적인 용어를 사용하는 게 좋다. 인터넷 용어나 대화체 줄임말은 금물이다. 또한 과거형이나 수동적인 단어 대신 현재와 미래를 기술하는 능동적인 단어를 선택해야 한다.

▶ **배움을 강조하라:** 학위뿐만 아니라 수상 경력이나 문서화되지 않는 스터디 경험, 각종 토론이나 모임 등에서 쌓인 배움의 과정을 어필할 수 있도

록 하자. 각종 단체의 감사장이나 장학금, 출간 도서에 이름을 올린 적이 있다면 역시 빼놓지 않아야 한다.

▶ **디자인 역시 중요한 요소:** 여러 가지 이력서 템플릿을 참조해서 여백의 미를 살린 디자인이나 공적인 맛을 살린 템플릿 등으로 승부수를 던져야 한다. 주위의 친구나 커뮤니티 등에서 좋은 성과를 거두었던 이력서 양식을 찾아보자. 이력서는 이메일로 보내는 방식이 대부분이므로 간결함이 관건이다. 첨부 파일을 제외한 메일 내용에 구구절절한 내용은 삼가자.

120 전화 인터뷰에서 성공하는 법

최근에는 고용주들이 비공식적으로 첫 번째 인터뷰를 전화로 진행하는 경우도 많다. 무슨 옷을 입어야 할지를 걱정한다거나 진땀이 잔뜩 베인 손으로 악수를 해야 하는 상황을 모면할 수 있어서 좋다고 할 수 있다. 하지만 나쁜 점도 없지 않다. 당신은 허공에 대고 말하는 것과 다름없으며, 상대방의 표정을 읽을 수 없기 때문에 임기응변 역시 녹록지 않다.

하지만 준비만 철저히 하면 유리한 것은 당신이다. 시계와 이력서 및 자기 소개서, 펜과 종이를 앞에 놓고 실수하지 않도록 인사담당자의 이름과 직책을 적어 놓아야 한다. 질문을 받으면 요지를 파악해서 대답을 해야 한다. 전화 인터뷰의 편한 점은 예상 질문을 제대로 파악해 놓으면, 그냥 편하게 읽어나가면 된다는 것이다. 숨을 고르게 쉬면서 미소를 머금은 표정으로 천천히 준비된 답변을 해나간다. 준비된 질문이 아니더라도 머뭇거리거나 웅얼대지 말고 바로 자신의 의견을 말하는 게 좋다. 전화 인터뷰는 표정을 숨길 수 있다. 인터뷰 대상자가 즉각적인 대답으로 자신의 의견을 피력하면 대부분의 곤란한 상황을 모면할 수 있다.

121 이력서 커버레터에 필요한 요소는?

커버레터란 해당 회사에 지원하게 된 동기를 적는 편지로서, 북미를 포함한 대부분의 외국기업에서는 이력서 제출 시 우리나라 방식의 자기소개서와 비슷한 커버레터 동봉을 필수로 요구한다. 커버레터를 작성할 때에는 서두에 간단하게 본인 소개와 함께 이력서를 보내는 이유와 지원하는 직책이나 회사에 대해 어떻게 알고 어떤 경로를 통해 지원하게 되었는지 사유를 적는다. 너무 간단명료해서는 안 된다. '경력직 프로그래머 지원'보다는 '5년차 이상의 안드로이드 모바일 웹 개발 능력을 보유한 프로그래머직에 지원합니다.'와 같은 명료한 디테일을 포함하는 게 좋다. 이력서에 나열한 본인의 경력을 설득력 있게 어필할 수 있는 최고의 도구가 바로 커버레터이기 때문에 커버레터를 작성할 때에는 거짓 없이 본인의 능력과 가치, 잠재력을 입사 담당자에게 설득시킬 수 있도록 노력해야 한다.

122 대면 인터뷰를 준비하는 방법

전화 인터뷰를 성공적으로 끝마치고 대면 인터뷰를 진행할 즈음에는 인사 담당자는 당신에 대해서 많은 것을 알고 있을 것이다. 당신 역시 인터넷 검색을 통해서 대면 인터뷰를 담당하는 인사 담당자에 대해 사전 정보를 입수해야 한다. 어떤 회사, 어떤 직종에서 근무했으며, 어느 학교 출신인지, 고향은 어디인지 등을 파악해야 면접에서 자연스러운 대화를 이끌 수 있다. 친구나 지인을 통해 당신이 지원하는 회사를 다녔던 사람을 만나보는 방법도 좋다. 또는 신뢰할 만한 사람이 있다면 현재 그 회사에 다니고 있는 사람도 좋다. 예상치 못한 함정을 면접 이전에 알 수 있다면 만반의 대비가 가능할 것이다. 지피지기면 백전백승이다. 면접에 대한 자신감은 정보를 누가 쥐고 있느냐이다.

123 면접에서 당신의 최대 단점을 지적 받았을 경우에는?

단점은 장점으로 위장하면 된다. 완벽주의자는 자신의 실수를 받아들이려 하지 않는다고 말하자. 결정은 빠르게 내리는 편이지만, 가끔은 의견 일치를 위해 많은 시간을 투자한다고 말하자. 잘된 일에는 서슴없이 칭찬을 아끼지 않지만, 칭찬을 정치적 목적으로 이용하는 법은 결코 없다고 말하자. 솔직하지 못하게 보이는 것은 금물이다. 단점을 인정하는 솔직담백한 자신감을 어필할 수 있도록 하자.

124 회사에 대한 솔직한 비판을 해보라고 할 경우 대처법

가끔 면접에서 자사 제품에 대해 다른 의견이 있으면 얘기해 보라는 질문이 나오곤 한다. 날카로운 지적과 의견을 뽐내고 싶은 유혹이 들겠지만 이런 질문이 바로 함정이다. 냉철한 지적은 설령 상대방이 바로 눈앞에서 웃고 있더라도 기분이 상하지 않는다고는 할 수 없다. 회사의 성과에 대해서 존중의 의견을 먼저 밝혀야 한다.

혹시라도 개선할 점이 있다는 생각이 들면, 사소한 단점이지만 소비자를 완벽하게 만족시킬 수 있다면 바꿔야 한다고 조심스럽게 얘기하자. 회사의 특정한 비즈니스 전략이나 전술에 대해 이견을 제시하는 것은 위험하다. 당신은 신입도 아닌 왕초보 면접대상자임을 기억하자. 비판은 상대방이 인정하는 상황에서만 효력을 발휘할 수 있다.

125 연봉 협상에 대처하는 방법

최종 면접에 통과했다고 해서 마냥 네네만 연발하고 있을 수는 없다. 가장 중요한 연봉 협상이 남아 있기 때문이다. 인터넷으로 당신이 지원하고자

하는 직종의 평균 연봉이 어느 정도인지는 이미 조사했을 것이다. 연락을 취할 수만 있다면, 당신 이전에 근무했던 직원이 어느 정도 연봉을 받았는지를 물어보는 게 가장 좋다.

연봉협상의 순간이 오면, 머뭇거리지 말고 연봉에 대해 협상이 가능한지를 당당하게 물어보라. 세상이 변해서 주는 대로 받겠다는 자세는 오히려 마이너스 요인이 될 수 있다. 협상이 가능하다는 의견을 밝혀주면, 원하는 금액을 정중하게 말하자. 그리고 당신의 경력과 입사 후 회사의 발전에 어떤 과정과 능력으로 기여할지를 소신껏 발언하자. 그 과정에서 원하는 연봉을 얻지 못했더라도 기존에 받던 연봉보다 인상된 금액을 이끌어냈다면 최소한 성공적인 협상이었다고 자부해도 된다.

연봉 협상 과정이 꼭 금액으로 귀결되는 것만은 아님을 알아야 한다. 원하는 연봉을 받을 수 없다면 휴가나 인센티브로 벌충이 가능한지, 일정 시간이 지난 후에 다시 동일한 연봉 협상 과정을 가질 수 있는지를 협상해야 한다. 또한 인사 담당자가 즉각적인 거절을 표시했을 경우 얼굴에 곤란한 표정을 짓는 대신 협상을 유리하게 재개할 수 있는 또 다른 제안을 제시하는 유연함을 보여야 한다.

126 회사에서 요구하는 약물 검사를 받아야 하나?

입사의 기쁨을 나누는 파티에서 향정신성 약품을 흡입하기라도 했다면, 순간의 방종이 미래의 계획을 망칠 여지가 충분하다. 이 경우 가능한 시간을 벌어야 한다. 일주일이나 아니면 적어도 하루 이틀 정도는 시간을 확보하

자. 약물 검사를 통과하지 못할 것 같다면 인사과를 찾아가서 솔직하게 파티에서 자기도 모르게 술기운에 친구들과 어울려서 약을 한 것 같다고 실토하라. 추후 일정 시간이 흐르면 검사에 응하겠다는 제안을 해야 한다. 대부분의 미국 회사에서는 직원들에게 약물의 위험을 전파할 수 있는 인력을 채용하기를 상당히 꺼린다. 하지만 코카인의 경우만 아닌 마리화나 정도의 약물은 소변 검사에서 일정 시간이 지나면 검출되지 않는다. 중요한 것은 시간이다.

직장에서

127 상사의 잘못을 지적하는 요령은?

당신이 아무 생각 없이 로봇처럼 몸만 움직이라고 회사에서 월급을 주는 것은 아니다. 당신의 의견이나 견해 역시 고용주가 급여를 지불하는 이유 중의 하나이며, 또한 리더십과 즉결되는 부분이기도 하다. 하지만 그저 단순하게 권위에 저항하는 방식은 곤란하다. 당연한 말이지만 대안이 없는 반대는 내뱉지 않는 게 낫다. 가능한 공개적인 회의석상에서 비판을 가하는 것보다는 메모나 이메일을 이용해서 잘못이나 실수를 조심스럽게 지적하고, 언제든지 그 부분에 대해서 대화를 나눌 의향이 있음을 밝혀야 한다. 면박의 경우 부하직원에게도 증오를 키우는 동기가 되는데, 하물며 상사의 경우는 어떠하겠는가? 일대일로 조용하게 해결하는 것이 가장 좋은 방법이다.

128 아부나 비열함과 경쟁하는 방법은?

아부에 능하고 도무지 신뢰할 여지라고는 조금도 없는 사람이 승진의 기회를 잡는 경우가 종종 있다. 모든 조직에서 다 그렇듯 남을 배려하는 태도가 늘 인정받는 것은 아니다. 그러므로 현실에 맞서 싸워야 한다. 상사가 어째서 비열한 사람을 그렇게 옹호하는지 라이벌의 장점을 알아야 한다. 비열한 성격과는 달리 숫자에 강해서 상사에게 직접적인 도움을 주고 있을지도 모른다. 옹졸한 성격일지라도 컴퓨터를 잘 다루거나 언어감각이 뛰어난 인재일 수도 있다. 그도 아니면 패션 감각이 뛰어난 사람이어서 상사의 모자란 패션 감각을 채워주고 있을지도 모른다. 이런 사람의 단점에 집중하면 안 된다. 긍정적이고 낙관적으로 회사에 위기가 닥쳤을 때 당신의 능력이 도움이 될 수 있도록 적의 장점을 흡수해서 내것으로 만들어야 한다.

129 인적 네트워크 확장하기

페이스북이나 트위터 같은 소셜 네트워크를 활용하는 것은 물론이고, 인터넷 인맥 사이트를 활용하는 것도 추천한다. 단순히 머리 수를 늘리라는 말이 아니다. 조언을 하고, 승진 등의 경사에는 축하를 아끼지 않으면서 항상 사람들의 머릿속에 이 사람이 주변에 있구나 하는 것을 각인시켜야 한다. 그렇다고 너무 인터넷 관계에만 얽매여서도 곤란하다. '구관이 명관'이라는 말이 있다. 구식 방법이라고 무조건 무시하면 안 된다. 인맥에 관련된 모임이나 조직이 있다면 참여해서 행사를 기획하면서 자발적인 모습을 보여야 한다. 회사 동료들과 술자리를 만들거나 아웃도어 활동 모임을 꾸려보자. 특히 같은 업종의 다른 회사 사람들과의 관계도 무시하면 안 된다. 이직에서 가장 필요한 요소 역시 인맥이다. 당연히 만남에서는 명함을 주고받는다. 하지만 이런 활동은 사람들의 얼굴을 익히고 익숙한 관계를 도모하기 위한 작업

인맥을 확장하자

이라는 점을 명심하자. 대놓고 비즈니스 관계만을 모색하는 사람이라면 누구라도 곤란해할 수 있기 때문이다.

130 내가 상사의 입장이라면 어떻게 행동할까?

승진을 하게 되었다면 당신의 상사가 당신에 대한 믿음이 있었기 때문이다. 상사가 당신에게 보여준 그런 믿음을 당신도 가지고 있는가? 당신의 아랫사람들에게 그런 믿음을 보여줄 수 있는가?

칭찬은 고래도 춤추게 한다고 했다. 공개적인 장소에서 부하직원에게 칭찬을 아끼지 마라. 부하직원들이 경력을 쌓고 능력을 인정받아 승승장구할 수 있도록 조언과 도움을 줘야 한다. 당신의 그런 마음씀씀이는 회사에서 당신의 가치를 높이는 데 크나큰 도움이 될 것이다.

131 동료 관계에서 상하관계로 바뀐 경우의 대처법

조금도 어색해하거나 미안해할 이유는 없다. 대부분의 사람들은 새로운 관계를 받아들이며 기쁘게 맞아줄 것이다. 동료들을 새로운 팀원으로 맞아들이는 첫 번째 미팅에서 짧게라도 새로 바뀐 상황을 잘 부탁한다는 인사말을 전하자.

만약 야심이 남달라서 바뀐 상황에 적응하지 못하고 회의나 팀플레이에서 불화를 일으키는 사람이 있다면, 따로 개인적인 식사자리를 마련해서 얘기를 해본다. 개별적으로 해결되지 않는다면, 지체하지 말고 바로 상사에게 얘기해서 중재를 부탁해야 한다. 그런 경우에는 상황을 직시하도록 만드는 게 최선이다.

132 상사에게 아니라고 말해도 될까?

물론이다. 하지만 폭발한 상태에서 표현하면 절대 안 된다. 상사의 요구가 어떤 점에서 부당한지를 생각해야 한다. 당신은 이미 3주 연속 주말을 반납하고 회사 프로젝트에 매달리고 있다는 등의 이유가 있을 것이다.

당신이 화가 나는 이유를 납득시킬 수 없을 것 같다면, 당분간 화를 억누르는 게 좋다. 일단은 프로젝트를 합리적이고 이성적으로 마무리를 짓고, 개인적으로 상사에게 면담을 요청하는 방식이 가장 좋다.

133 윗사람에게 좋은 인상 남기기

윗사람이 싫어하는 것은 두 가지다. 느닷없는 상황에 처하는 것과 비협조적인 모습을 대면하는 것. 좋은 소식이든 나쁜 소식이든 다른 사람 입을 통해 당신 이야기가 상사의 귀에 들어가는 상황을 만들지 마라. 그런 상황은 당신이 대처하기도 곤란할뿐더러 상사의 입장에서는 당신에 대한 배신감만 든다.

아무리 사소한 일이라도 당신이 직접 보고해서 허락을 받고, 동료들이나 상하관계에서 사소한 오해가 회사 내 인간관계에 균열을 가져오지 않도록 신경을 써야 한다.

134 상사가 큰소리로 화낼 경우 대처법?

한 사람이 큰소리로 화를 낸다고 해서 두 사람 모두 화를 내는 격한 상황으로 이끌어서는 안 된다. 숨을 가다듬도록 하라. 이성을 잃거나 비웃음이 나오는 상황을 드러내서는 안 된다. 그 다음 차분한 눈빛으로 상사의 눈을 쳐다보도록 하자. 일단 대답을 해보라는 말이 있기 전까지는 말을 하지 말자. 상사의 화가 누그러졌다고 해도 억누른 분노를 이기지 못하고 문을 박차고 나간다거나 사무실을 떠나 어딘가에 숨어 버리는 행동은 금물이다. 위태로

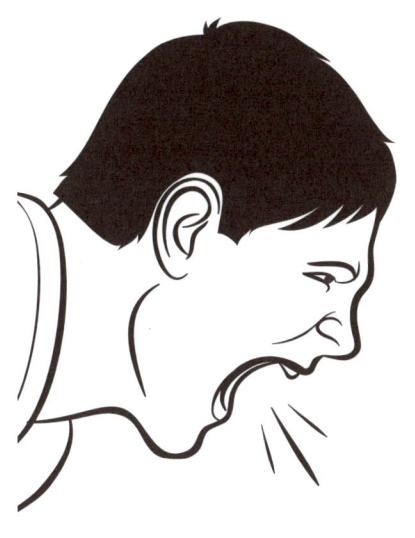

운 분위기에서 일을 하고 싶어 하는 사람은 아무도 없다. 스스로에게 질문을 던져보자. 이번과 같은 일이 한 번으로 끝날 것인가, 아니면 주기적으로 반복될 것인가. 만약 당신이 잘못하지 않았다는 게 누가 봐도 명백한 사실이면 다른 상사에게 상황을 보고하고 중재와 해결을 요구해야 한다.

135 출세하기 위해서는 어떻게 해야 할까?

"구두끈을 묶고 첫 출근하던 때를 잊지 마라."는 다소 과장된 표현이긴 하지만 부정할 수 없는 진실을 담고 있는 말이다. 요즘은 한 직장에서 정년을 맞이하기는 거의 불가능에 가깝다.

또한 회사 역시 보다 좋은 인력을 포기하고 기존 직원에게 마냥 기회를 베풀지는 않는다. 이런 상황에서는 연봉이나 직위의 상승 없이 수평이동으로 이직을 하는 것만으로도 입지는 충분히 탄탄하다.

그렇다고 해서 무차별적으로 이직을 감행하라는 말은 아니다. 이직할 마음이 있다면 최소 2년에서 3년에 한 번 정도가 무난하다. 그 정도가 자신의 일에 프로페셔널하게 임하는 자세로 보인다.

직위를 높여서 이직을 하지 않는다면, 새로운 회사에서는 복지혜택이나 성과급 등의 옵션을 걸어야 한다.

마지막으로 현재 재직하고 있는 회사에서 양보를 해서 당신을 붙잡는 상황을 굳이 연출할 필요는 없다. 일단 이직을 선언했으면 시장 상황에 맞춰 최고의 가치를 이끌어낼 수 있는 비즈니스 마인드를 만드는 것이 중요하다. 서로 어색한 관계를 굳이 연출할 필요가 없다.

136 이직할 시기는 어떻게 알 수 있을까?

현재 직장에서 승진 없이 3년을 근무했거나 당신보다 하나 나을 것 없는 멍청이가 앞서 승진을 했다면, 그때가 바로 이직을 결정할 시기이다. 하지만 승진은 제대로 챙겼지만 자꾸 지방 근무처로 발령이 난다거나 회의에서 제외되는 상황이 반복되면, 그 역시 이직에 대한 고민을 시작해야 한다. 또한 당신이 가장 믿고 따르는 상사의 끗발이 사라지는 상황 역시 이직에 관련된 움직임을 시도해야 할 때다.

137 사직서 제출하는 법

다른 회사에서 스카우트 제안을 받고 결정한 순간, 그 즉시 당신의 직속상관에게 보고해야 한다. 물론 직접 만나서 해야 한다. 가능하다면 사전에 약속을 정하고 사직서를 지참한다.(당신도 복사본을 한 부 가지고 있어야 한다. 사직서의 복사본은 사직일에 따른 급여를 정리할 때 날짜를 문서상으로 확인할 수 있는 수단이 된다).

이직 의향을 밝히는 자리에서는 최대한 정중하게 임하되 단호함도 잊지 말아야 한다. 상관에게 이직에 관련된 모든 말을 한다. 그동안 많은 것을 배웠고, 새로운 직장에서 좋은 기회를 보았기 때문에 이직을 결심하게 되었다고 정중하게 말을 전한다.

이직에 관련된 사항은 직속상관이 가장 먼저 아는 게 중요하다. 당신의 이직 소식을 다른 직원을 통해서 전해 듣는다면, 당신에 대한 실망감이 여간하지 않을 것이다. 당신의 상관이 당신에게 한 번 기회를 주었다면 언젠가는 그 선의가 또 필요한 순간이 올 것이다.

또한 책임감을 잊지 말아야 한다. 현재 남은 일에 대한 업무 인수인계를 문서로 일목요연하게 적어놓아야 한다. 당신의 후임자가 급하게 연락할 수 있는 연락처 또한 잊지 말자.

138 건설적인 비판을 제시하는 가장 좋은 방법은?

먼저 상대방이 당신의 조언을 필요로 하는지를 판단해야 한다. 가끔은 조언이 아니라 그저 그 상황을 어떻게 생각하는지에 대한 단순한 의견만을 구하는 경우가 종종 있기 때문이다. 내 도움을 원하는 것인지 아니면 그냥 단순한 상황판단이 필요한지를 직접 물어본다.

만약 당신의 건설적인 도움을 원하는 것이라면, 상대방이 그런 행동을 한 이유가 무엇인지를 먼저 규정하는 것에서부터 조언은 시작된다. 원인파악을 한 후 감정상의 문제를 짚어보고 해결책이나 조언을 제시해야 한다. 만약 당신의 의견에 상대방이 화를 내거나 언짢아하는 기색이 있으면, 당신이 잘못된 의견을 내놓았음을 솔직하게 인정하고 상대방이 기대하는 수준에서 다시 조언을 할 수 있도록 노력을 기울여야 한다.

139 업무시간에 잡담을 멈추는 방법

업무시간에 파티션 안에서 동료와 잡담을 나누는 것은 직장인들의 유대관계를 돈독하게 하는 과정이자 창조적인 결과를 이끌어내는 데 필수불가결한 과정이기도 하다. 하지만 스스로 생각해야 할 아주 기본적인 과정에서부터 여러 사람의 의견을 듣겠다고 아무 때나 찾아와서 말을 걸고 시간을 뺏으면 곤란하다. 그런 경우 대화의 소재가 회사일과 연관된 것이라면 공식적인 회의를 잡아서 여러 사람들과 함께 의논을 하자고 제안하는 것이 낫다.

만약 비공식적인 잡담으로 시간을 뺏는 상황이 벌어진다면, 제삼자에게 당신이 좀 불편해한다는 점을 넌지시 비춰서 상대방의 귀에 들어가도록 처신하자. 최악의 경우 수다쟁이 동료가 당신에게 말을 걸지 않는 상황이 벌어질 수 있겠지만 그게 뭐 대수겠는가.

140 멋진 프레젠테이션 하기

구구절절 쓴 텍스트는 버려라. 핵심이 되는 몇 단어에 집중해서 색인 카드에 옮겨 적는다. 각각의 카드에는 개별 단어를 부연 설명하는 말을 한 줄에서 두 줄 정도로 적어놓는다.

만약 유명인사의 말이나 문헌에서 인용할 부분이 있으면, 색인 카드의 뒷면에 적어 놓으면 된다. 그 후 바로 이 색인 카드만 가지고 청중들 앞에서 프레젠테이션을 하면 된다.

당신이 하고자 하는 말의 응집력을 높이려면 몇 가지 요령이 있다.

첫째, 청중이 집중할 수 있는 시간보다 더 길게 얘기를 지속해서는 안 된다.

둘째, 적절하게 질문과 답변을 갖는 시간을 통해 당신에게 집중을 유도해야 한다.

또한 연단에 올라가기 전에 간단한 준비운동으로 몸과 정신을 풀어주어야 한다. 특히 어깨나 목이 뭉쳐 있을 경우에는 자연스러운 몸짓에 방해가 될 수 있다.

141 사내 연애에 대처하는 자세

회사는 사실 이성과 친숙해지기 상당히 용이한 장소이다. 상대방이 어떤 옷을 좋아하는지, 어떤 사람과 어울리는지, 스트레스를 받는 상황에서 어떻게 행동하는지를 알 수 있다. 그녀의 모습을 훔쳐볼 수도, 그녀의 페로몬에 흠뻑 취할 수 있는 장소이기도 하다. 그리고 실제로 미국 드라마 '오피스'에서처럼 많은 사내 커플들이 실제 결혼으로 골인하기도 한다.

보너스: 회사에서 마음에 쏙 드는 그녀에게 접근할 계획을 세워 본 적이라고는 없다. 매일 얼굴을 보는 사이이긴 하다. 하지만 그게 더 복잡하다. 만약 사내 연애가 파탄에 이르게 되면 비즈니스맨으로서 프로페셔널한 관계에 나쁜 영향을 끼칠 수 있다.(또한 회사 내 다른 여자는 쳐다보기 힘들게 된다.) 그런 이유로 많은 회사에서 사내 연애를 안 좋은 시선으로 바라본다. 당신의 감정이 그 모든 위험을 감당할 수 있을 정도로 진실된 입장인지를 먼저 확인해야 한다.

모든 위험을 무릅쓰고서도 그녀를 얻고 싶다는 마음이 강하다면, 조심

직장 동료와 데이트를 할 때에는 신중해야 한다.

스럽게 데이트 신청을 하자. 첫 번째 데이트 후에 관계가 지속된다면 서로 업무로 연관된 상황에서도 변심하지 않도록 노력을 기울인다. 그리고 자연스럽게 행동한다. 다른 직원들과도 어울려서 함께 식사를 하고 수다도 떤다. 누군가가 관계에 대해서 의심을 하면 거짓말을 할 필요는 없다.

만약 질문을 던지는 사람이 상사라면 사생활 역시 비즈니스의 연장이라고 대답하라. 하지만 그 경우 다른 직장을 구해야 할 일이 벌어질 수도 있음을 명심하라.

정장

142 회사 면접에는 어떤 복장이 좋을까?

사무직 면접이라면 정장이 필수다. 전문가들은 네이비나 그레이 색상의 정장이 가장 좋은 선택이라는 것에 무조건 동의하지 않는다. 오히려 젊은 활력을 방해하는 컬러라는 이견도 있다. 사무직이 아닌 생산직이나 현장직 면접이라서 현장에서 근무하는 복장에 맞춰 캐주얼 복장을 입고 가는 것 역시 잘못된 선택이다. 면접에는 무리수를 두기보다는 안전한 선택을 해야 한다. 모름지기 깨끗하고 단정한 정장이 가장 좋은 선택이다.

143 정장은 몇 벌이나 가지고 있어야 할까?

만약 매일 정장을 요구하는 직종이라면 여섯 벌이 필요하다. 월, 화, 수, 목, 금 다섯 벌과 나머지 한 벌은 세탁소에 가 있다거나 계절에 맞지 않아 옷장 속에 들어가 있는 경우를 포함한 여벌이다. 정장 착용이 일주일에 한 번 정도인 직종이라면, 두 벌이면 족하다. 설령 전혀 정장을 착용하지 않는 직종에 근무해도 적어도 한 벌은 가지고 있어야 한다. 정장은 2년에 한 번 정도는 바꿔 주어야 한다. 보관은 햇빛이 안 들고 통풍이 잘 되는 곳에, 옷이 눌리지 않게 적당한 간격을 두고 수트 케이스에 넣어서 옷장 속에 걸어 보관한다.

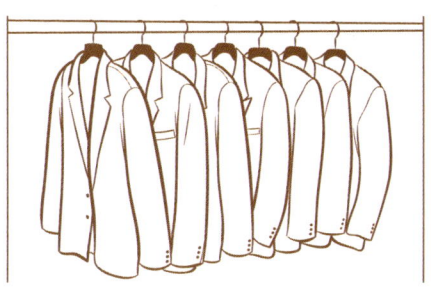

올드 스쿨

144 포켓 행커치프를 접는 방법은?

포켓치프, 그냥 행커치프라고도 불리는 남자 정장 액세서리 중의 하나로 손수건을 접어 정장 수트 윗주머니에 장식하는 방식을 말한다. 행커치프의 유래는 연인이 모욕을 당했을 때 상대방에게 결투를 신청하는 용도였다고 한다. 소재에 따라서 여러 가지 방식이 있는데, 그중 가장 보편적인 방식은 일반적인 실크나 면 소재 손수건을 세 번 접는 싱글 포인트 포켓 스퀘어 방식이다. 먼저 손수건을 마름모꼴로 놓고[a] 밑에서 위로 반으로 접되 약간 어긋나게 접는다.[b] 이렇게 만들어진 삼각형 모양에서 왼쪽 부분의 1/3정도를 접고,[c] 마지막으로 오른쪽 1/3 부분을 왼쪽 접힌 부분 위로 접어준 후, 정장 주머니에 꽂으면 된다. 그 외에도 행커치프는 소재와 스타일에 따라서 여러 가지 방식으로 연출할 수 있지만, 가장 흔히 사용되는 싱글 포인트 포켓 스퀘어 방식으로 일단 행커치프 사용에 익숙해지도록 충분히 연습을 하자. 정장 액세서리가 여자에 비해 상대적으로 빈약한 남자들의 경우 행커치프 하나만 확실하게 갖춰도 천편일률적인 수트 패션에 개성을 더할 수 있다.

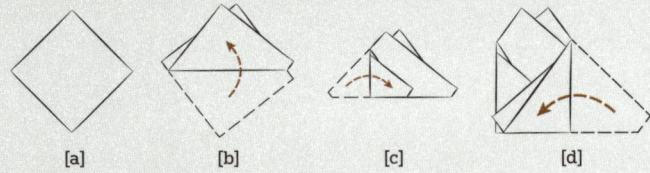

[a] [b] [c] [d]

145 딱 한 벌의 수트를 갖춰야 한다면?

여자들에게 블랙 드레스가 있다면 남자에게는 다크 그레이 수트가 정답이다. 결혼식장이나 취업 면접에도 어울릴뿐더러 노타이로 술 마시며 노는 자리에도 잘 어울린다. 이왕이면 유명 브랜드 제품으로 하나 장만해 놓기를 권한다.

146 수제 맞춤 양복을 감당할 수 있을까?

수제 맞춤 양복이란 사무실내 좋은 자리를 얻는 것처럼 당신의 업무 성과에 대한 일종의 보상이라고 생각하면 된다. 요즘은 홍콩 테일러라는 게 있다. 기성복 가격으로 양복을 맞출 수 있는 합리적인 서비스이다. 홍콩 테일러는 보통 지사가 아시아에 있기 때문에 해당 도시에 도착하는 시점에서는 전단을 통해 대대적인 홍보를 하기 마련이다. 홍콩 테일러가 도시에 뜨면, 보통 호텔 룸에 간이 숍을 차린 후에 사이즈를 재고 원단이나 스타일을 상의한 후, 최종 완성된 맞춤 양복을 우편으로 보내게 된다. 보통 두 달에서 석 달 정도의 시간이 소요된다.

홍콩 테일러를 방문할 때는 어떤 원단을 선호하는지, 단추는 몇 개가 좋은지 등에 대한 스타일을 정해서 가면 좋다. 또는 당신이 원하는 맞춤 수트 사진을 잡지나 신문에서 스크랩해 가는 것도 좋은 방법이다.

홍콩 테일러는 우리나라에는 아직 그다지 알려지지 않았다. 그러나 찾아보면 수제 맞춤 양복의 맥을 이어가는 장인들이 많으니 필요하다면 이용하면 된다.

147 자유복 출근일 경우 어떤 복장을 선택해야 하나?

요즘은 대도시 로펌에서도 매일 수트 차림을 요구하지는 않는다. 어떤 직종에서는 정장 차림이라는 것은 고객을 회유할 때 걸치는 도구로 간주되기도 하고, 창의성이나 아이디어는 빈티지 티셔츠나 청바지 차림에서 나온다고 믿는 경우도 많다. 인터넷 벤처 기업의 경우에는 서퍼들이나 즐겨 입는 복장으로 근무를 하는 경우도 허다할 것이고, 프로그래머의 경우 슬리퍼에 반바지 차림으로 근무를 하는 곳도 많다.

하지만 무작정 자유롭고 거리낌 없는 복장을 선호할 이유는 없다. 작업복의 첫 번째 요소는 편안함이다. 정장에 넥타이를 매고 근무하는 게 더 편하다면 정장을 입고, 청바지나 티셔츠를 여벌로 걸어놓는 것이 좋다. 반대로 청바지에 헐렁한 셔츠 차림으로 근무하다 외부 미팅이나 중요한 회의가 있을 때는 정장으로 갈아입는 것도 좋다. 자유복장이란 말 그대로 드레스 코드가 없다는 것이다. 가장 편한 복장으로 근무에 임하면 그만이다.

148 수트 안에 반팔 셔츠를 입는다면?

한여름 무더위에도 수트에는 무조건 긴팔 셔츠를 입는다는 공식이 미항공우주국이나 첨단 인터넷 기업에서 조금씩 파괴되고 있다. 하지만 수트 안에 반팔 셔츠 입는 것은 그다지 권장사항은 아니다. 첫 번째 이유로, 재킷 소매 바깥으로 셔츠 끝이 살짝 드러나는 스타일리시한 멋이 사라지게 된다. 둘째로 수트 재킷을 벗고 근무하게 될 때 단연코 긴팔 셔츠를 걷어올린 모양새가 반팔 셔츠에 비해 프로다운 느낌이 난다. 요즘처럼 에어컨 시설이 잘 되어 있는 상황에서는 어지간하면 수트 재킷 안에 긴팔 셔츠를 정식으로 갖춰 입기를 권한다.

149 수트 원단은 어떻게 선택해야 할까?

▶ **면:** 면 소재 수트는 여름에 최고의 선택이다. 또한 더운 날씨의 야외 결혼식 같은 다소 여유 있는 수트 복장이 요구되는 행사에 어울린다. 최근의 최고급 면 소재 수트는 카키수트에 집중이 되고 있으며, 클럽에 갈 때도 넥타이 없이 편하게 착용할 수 있는 소재와 디자인이 인기를 끌고 있다.

▶ **울:** 울 소재 수트는 주름이 지지 않고 얼룩이나 물에 강하며 따뜻하고 가볍고, 부드럽고 풍성한 느낌이 좋다.

▶ **플란넬:** 상당히 여유로운 멋이 풍기는 소재. 추운 겨울 날씨에 여유로운 핏으로 입으면 좋지만 다소 뻣뻣해 보이는 인상은 어쩔 수 없다.

▶ **트로피컬:** 시원해보이고 통기성이 좋은 가벼운 울 소재의 수트. 단 내구성이 좋지 않기 때문에 찢기지 않도록 조심해야 한다.

▶ **트위드:** 섬유 밀도가 빽빽한 느낌의 트위드 재킷은 따뜻하고 포근해서 겨울철 수트의 지존이다. 그런 이유로 일반적인 정장 재킷보다는 블레이저로 많이 선택되는 소재다.

▶ **캐시미어:** 겨우내 추위를 참아낸 염소의 가슴털을 빗어내 모은 털로 만드는 원단인 캐시미어. 캐시미어 재킷은 부드러우면서도 고급스러워 클래식한 멋을 내기에 최고이다. 단 가격이 조금 비싸다는 게 흠.

150 수트 패턴을 선택하는 노하우

남자의 멋을 좌우하는 수트 패션 역시 최고와 최하는 종이 한 장 차이다.

유행을 선도하는 사람들의 패셔너블한 남자 수트가 과감한 스트라이프 패턴이나 까칠함이 느껴지는 거친 원단 혹은 아빠 옷을 입은 듯한 땅딸막한 디자인인 경우도 흔하다.

하지만 대부분의 남자들의 경우 우선 기본기를 탄탄하게 다져야 한다. 절제된 멋과 품위 있는 분위기를 유지하는 수트 패턴이 여기 있다.

 ▶ **초크 스트라이프**: 검정이나 갈색, 회색 등의 진한 색상에 하얀 분필로 선을 그은 듯 희미하게 줄무늬가 배열된 패턴. 슬림핏으로 입으면 세로 스트라이프로 인해 살짝 키가 커 보이는 느낌이 있지만 힐렁하게 입으면 마피아처럼 보일 수 있다는 단점이 있다.

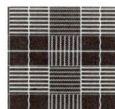 ▶ **글엔 프레드**: 남성 정장에서 가장 흔히 볼 수 있는 체크 패턴으로 주로 단색이나 두 가지 이상의 격자가 크게 체크 패턴을 이루도록 디자인되는 것이 일반적이다. 글엔 프레드 수트는 엄격한 격식을 차리는 자리에서는 피하는 게 좋은, 드레스코드에 제한이 유연한 캐주얼 수트 룩에 적당한 패턴이다.

 ▶ **헤링본**: 지그재그 패턴이 자유로운 분위기와 포멀한 분위기를 동시에 보여주는 스타일. 평상시에는 셔츠에 타이를 코디해도 좋고, 주말이나 나들이에 터틀넥으로 맞춰주면 지적인 스타일의 멋을 풍길 수 있다.

 ▶ **네일헤드**: 장식용 금속단추 패턴이 점처럼 박힌 패턴으로 보수적인 면이 있지만 무늬 없는 솔리드 패턴이 지겨워졌을 때 대안으로 선택 가능하다.

 ▶ **핀 스트라이프**: 어두운 색상 배경에 얇은 줄무늬의 핀 스트라이프 패턴은 비즈니스맨의 기본 코드이다. 포멀한 분위기를 침해하지 않기 때문에 위험부담이 적지만 너무 무난한 느낌 때문에 지루함이 금세 더해질 수도 있다.

전문가 조언
151 수트 바지단의 적당한 위치는?

윌리엄 버클리
맥심 매거진 편집장

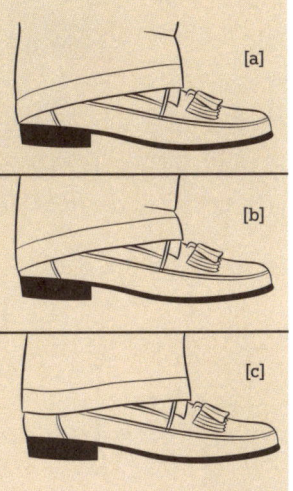

연령대나 신장, 체형, 현재 패션에 따라 다르다. 가장 일반적으로는 앞단이 발목 위 5센티미터 정도 지점에서 만들어지는 게 대부분이다. 깔끔하면서도 전문가다운 평균 신장의 남자들에게서 많이 볼 수 있는 스타일이다.[a] 반면에 발목 위 약 2센티미터 정도에서 형성되는 앞단은 다소 헐렁한 느낌에, 키가 큰 남자의 경우 모던한 느낌이 가미되기도 한다.[b] 아예 앞단의 접힘이 없는 스타일도 있다.[c] 다소 프리한 분위기의 패션을 좀 아는 남자가 선택하는 스타일인데 주의해야 할 점은 이 경우 착석 시에 양말이 모두 노출된다는 것이다. 바짓단을 짧게 코디할 경우에는 바지와 어울리는 양말을 의도적으로 매치해야 함을 잊지 말자.

▶ **시어서커:** 시어서커 패턴은 가벼운 면 소재의 스트라이프나 체크무늬로 디자인되며 오돌토돌하면서도 다소 까칠한 촉감을 지니고 있다. 자연스러운 주름과 시원한 느낌을 발산하며, 여름에 드라이나 다림질이 필요하지 않아 야외활동에도 최적이다. 재킷이나 바지 모두 훌륭한 여름 소재.

▶ **솔리드:** 절대 실패할 이유가 없는 정장 수트의 기본. 네이비나 블랙, 그레이가 일반적이지만 알아채기 힘들 정도의 그린이 가미한 적녹색 역시 나쁘지 않다. 솔리드 색상은

상황에 맞춰 선택해야 한다. 예를 들어 결혼식에서 화이트는 신부의 고유색이고, 장례식장에서는 솔리드 블랙이 일반적이다.

152 수트 재킷의 적당한 핏은?

수트 재킷의 맨 아래 끝이 팔을 자연스럽게 늘어뜨리고 차렷 자세로 섰을 때 엄지손가락의 마디에서 끝나고, 소매 끝이 손목 부근에 자연스럽게 위치해야 한다. 단 셔츠에 커프스 버튼을 즐겨 사용하는 경우에는 소매가 조금 길어도 무방하다.[a] 재킷 깃은 목둘레에 평평하게 위치해 붕 뜬 느낌이 없어야 한다. 그래야 어깨와 등이 자연스럽게 핏이 맞게 스타일이 산다.[b]

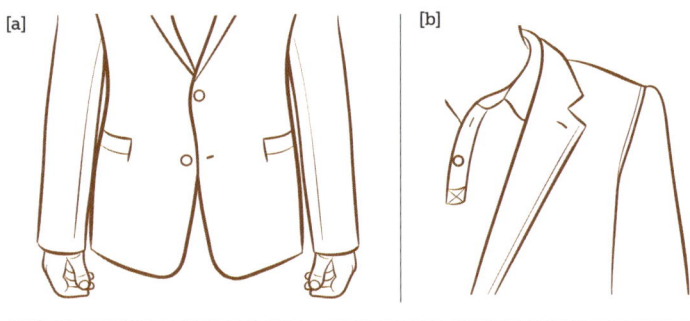

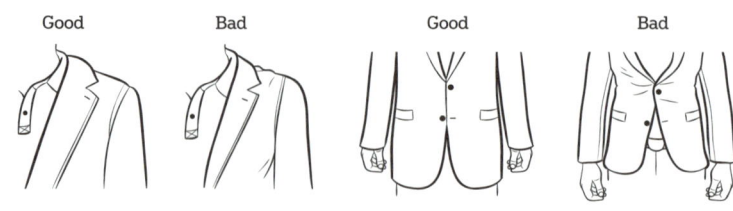

153 수트 보관 및 손질법은?

수트는 주름이 지거나 보풀이 일거나 팔꿈치나 무릎 부분이 부풀어 오르는 등의 관리상의 문제가 있다. 수트를 잘 관리하기 위해서는 펜이나 안경 케이스 같은 물건을 주머니에 넣고 다니지 말아야 한다. 또한 옷장 속에 빽빽하게 구겨 넣는 것도 금물이다. 수트 또한 숨을 쉴 수 있어야 한다. 매번 입을 때마다 드라이클리닝을 할 필요는 없지만, 여섯 번 정도 착용한 후에 한 차례 드라이클리닝은 필수다. 또 주름이 조금 생긴 정도는 굳이 다리미를 꺼낼 필요도 없다. 샤워하고 나온 욕실에 한 시간 정도 걸어두면 된다. 울이라는 소재의 특성상 수분을 흡수하면 주름도 펴지고 냄새도 없애주는 효과가 있다.

154 직장에서 반바지를 입어도 될까?

사무실에서 반바지는 좀 튀는 경향이 없지 않다. 회사보다는 개인, 동료들과의 협업보다는 개인의 편안함을 먼저 생각한다는 인상을 주기 때문이다. 아무리 형식보다는 개인의 창의성을 존중하는 분위기로 바꾸고 있다지만 아직까지 반바지는 무리이다. 아주 더운 여름에 아웃도어 스포츠를 즐길 경우에는 반바지를 지참해서 업무 종료 후 갈아입으면 된다. 요즘 자전거 출퇴근 족이 많기 때문에 그 경우처럼 아예 반바지에 어울리는 상하의를 일체로 가지고 다니는 게 오히려 더 자연스럽게 보일 것이다.

155 구두는 얼마나 자주 닦아야 하나?

가볍게 구둣솔로 먼지를 터는 정도야 매일 할 수 있다지만, 적당하게 광을 내고 얼룩을 깨끗하게 지우는 일은 일주일에 한 번 정도면 적당하다. 집에서 하기가 번거롭다면 출근하는 길에 구두 닦는 곳에 맡겨둔다. 몇천 원 정도의 돈이 들겠지만 그만큼 구두의 수명이 늘어난다고 생각하면 된다.(당신처럼 구두도 주기적으로 수분을 보충시켜줄 필요가 있다.)

남자의 기술 | 일

156 구두 광내는 방법

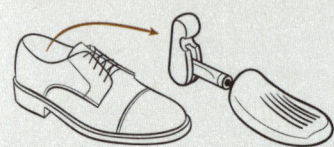
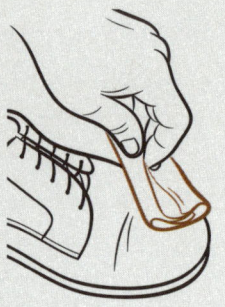

1
슈 트리, 슈 스케처라 불리는 구두 골을 분리한다.(만약 구두 보관에 구두 골을 사용하고 있지 않다면 당장 달려가서 하나 구입하라. 구두 골은 구두 원형을 오랫동안 유지해주고, 엘프 신발처럼 구두코가 뾰족해지는 것을 방지해준다.) 그 후 구두끈을 풀어서 느슨하게 만들어준다.

2
이제 구두를 닦아야 한다. 대부분은 그냥 물기가 있는 천으로 가볍게 닦아주면 그만이지만, 가끔은 깨끗한 물을 적셔 세척수준으로 닦아준다. 구두는 가죽이므로 물기가 과도하면 수축이 일어날 수 있기 때문에 물기를 마른 수건으로 없애면서 해야 한다.

3
구두약은 고체보다는 크림 형태가 사용하기도 편리하고 광택을 내기에도 용이하다. 닦는 순서는 구두코에서 시작해서 좌우, 뒷부분 순으로 크림을 발라주는 것부터

시작한다. 크림을 강하게 바르면 얼룩이 질 수 있기 때문에 스치듯 부드럽게 발라야 한다. 헝겊으로 구두 전체를 닦아준 후 최소 5분에서 최대 30분까지 크림이 가죽에 스며들도록 놔둔다.

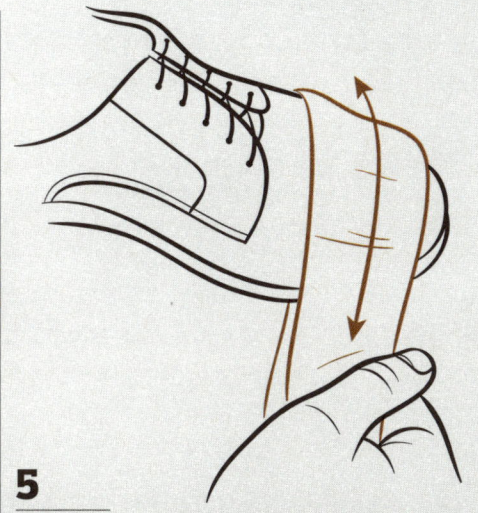

4

다음은 솔질을 해서 광택을 낼 차례다. 다 쓴 칫솔도 광택을 내기에는 좋지만, 표면적이 넓은 구둣솔을 이용하는 게 좋다.

5

더욱 반짝이는 광택을 얻기 위해서는 낡은 티셔츠 같은 마른 천을 이용해서 좌우로 왔다 갔다 하며 광택을 만든다. 하지만 무엇보다도 구두 광택에는 나일론 소재가 그만이다. 그중에서도 가장 큰 효과를 볼 수 있는 것은 여자 스타킹이다. 스타킹을 둥그렇게 말아서 원을 그리듯 골고루 문질러주면 얼굴이 비칠 정도의 광택을 얻을 수 있다.

6

이 작업을 2주에 한 번 정도 반복하면 언제나 깔끔하고 세련되게 손질된 구두를 신을 수 있을 것이다.

157 구두와 수트의 매치업

두 가지 선택이 있다. 옥스퍼드와 로퍼. 하지만 여름에 구두를 신어야 한다면 선택의 여지는 로퍼밖에 없다. 옥스퍼드가 정장 구두의 기본인 반면, 로퍼는 주말이나 여행용 구두로 분류되는 자유로움이 있다. 옥스퍼드가 캡토, 스플릿토, 목토, 윙팁 등 여러 가지로 나뉘는 반면, 로퍼는 페니로퍼와 태슬로퍼 단 두 가지다.

트위드 정장처럼 약간 두터운 소재의 수트라면 발목 이상까지 끈이 달린 부츠도 가능하지만, 직장에서는 좀 곤란한 면이 있다. 검은색 구두는 네이비나 그레이 컬러와 함께 매치될 수 있다. 브라운이나 코도반 컬러의 구두는 네이비나 그레이 컬러는 물론 어두운 색상이라면 어떤 수트와도 잘 어울린다.

158 어떤 타이를 매야 하는가?

타이가 가지런하게 정리되어 있는 옷장을 보면 세련된 남자의 깔끔함에 흐뭇한 감정이 밀려온다. 당신의 스타일에 대해 얘기해 줄 몇 가지 가이드가 여기 있으니 새겨듣기 바란다.

▶ **꽃무늬:** 1980년대 런던을 중심으로 유행한 꽃무늬는 남성들에게 페미닌한 느낌까지 스타일의 자유를 안겨주었다. 프레피 패션으로 사랑받고 있는 빈야드 바인과 같은 브랜드가 대표적이다.

▶ **구피 타이:** 얼간이 같아 보인다는 의미의 구피 타이의 대표적인 예는 만화 캐릭터나 스포츠 팀 로고가 붙어 있는 것이다. 당신이 디즈니나 ESPN에 근무하는 게 아니라면 이런 타이는 삼가자.

또한 사진이 붙어 있는 타이나 포르노와 연관된 타이도 바보같아 보이는 대표적인 타이이다.

▶ **파워 타이:** 태초에 IBM 세일즈맨들이 메는 레드 타이가 있었고, 그 후 1970년대의 무법통치기간을 보낸 후, 1980년대 유명인사들의 목에는 죄다 옐로 타이가 차지하고 있었다. 넥타이 역시 유명인들의 아이콘이 되곤 한다. 미국의 유명한 토크쇼 호스트인 레지스 필빈은 셔츠와 타이의 다양한 매치업을 유행시킨 장본인이고, 도널드 트럼프는 과감한 핑크 타이를 매곤 했다.

▶ **렙 타이:** 골이 선명하게 진 타이를 말하는 렙 타이는 영국의 공립학교 유니폼에 매는 타이로 시작했다. 다양한 색상별로 구비를 해두면 정장이나 셔츠 어디에나 기분에 맞춰 코디할 수 있는 선택의 여지가 많은 타이이다.

159 넥타이를 매는 다양한 방법

셔츠의 깃에 따라 다르다. 넓은 깃에는 윈저 노트나 하프 윈저 노트처럼 두껍게 매는 것이 어울린다. 반면에 끝이 뾰족한 포인티드 톱 깃에는 포 인 핸드 노트 방식이 어울린다.

하지만 너무 규칙에 얽매일 필요는 없다. 넥타이는 매는 방식보다는 셔츠와 타이의 색상이 더욱 중요하기 때문에 다양한 방식을 시도해보고 사람들의 평이 좋은 방식을 자주 하면 된다.

160 하프 윈저 노트를 매는 방식

넥타이를 매는 방식 중에서 윈저 노트보다 한 번 덜 감는다고 해서 하프 윈저 노트라 한다.

일단 그림처럼 얇은 부분을 짧게, 넓은 부분을 길게 위치한다.[a] 다음으로 양쪽 끈을 얇은 부분이 뒤로 가게 해서 교차시킨 후 넓은 부분을 뒤로 돌려 감아준다.[b] 그 후 양쪽 끈이 교차되어 만들어진 목 아래 구멍으로 넓

남자의 기술 | 일

하프 윈저 노트 방식

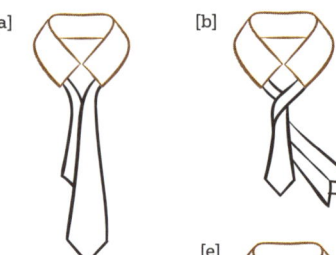
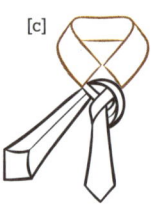
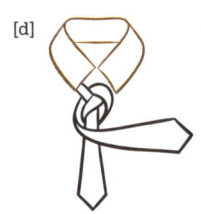

포 인 핸드 노트 방식

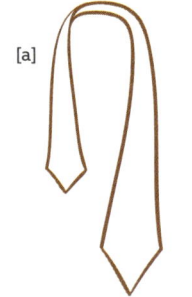
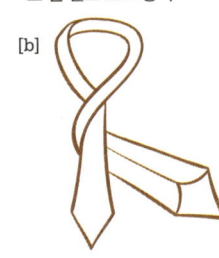

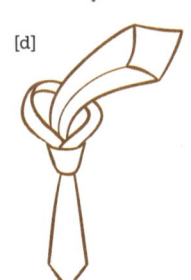

은 부분을 넣어준다.[c] 다음으로 앞쪽에서 한 바퀴를 감는다.[d] 다시 돌려 감은 부분을 목 아래 구멍으로 넣어준다.[e] 길이를 조절하고 주름을 다듬으면 드디어 하프 윈저 노트 방식이 완성.[f]

161 포 인 핸드 노트를 매는 방식은?

플레인 노트라고도 할 정도로 기본적이고 활용도 또한 높은 타이 매듭법이다. 매듭 모양이 가늘고 길어서 산뜻한 인상과 함께 젊고 스타일리시한 멋을 풍긴다. 얇은 부분을 짧게, 넓은 부분을 길게 위치하고,[a] 넓은 부분이 앞쪽으로 오도록 교차시킨 후,[b] 얇은 부분의 뒤쪽으로 돌려서 한 번 감아준다.[c] 그 후 넓은 부분을 목 아래 구멍으로 넣어서,[d] 이미 만들어진 매듭 속으로 집어 넣어주면 된다.[e] 마지막으로 매듭을 손으로 살살 잡아 당겨 매듭과 주름을 정리해준다.

162 나비 넥타이는 언제 착용할까?

나비넥타이, 속칭 보타이는 전통적으로 턱시도나 남성용의 포멀한 재킷인 디너 재킷을 착용할 때 매면 된다. 또한 일반적으로 길게 늘어뜨려 착용하는 넥타이가 업무에 방해가 되는 경우에도 착용한다.(웨이터나 주유소 서비스 직원, 사진사들이 전형적으로 보타이를 착용하는 이유가 그것이다.)

하지만 전체적으로 스타일을 살리기 위해 멋을 아는 남자들이 형식에 아랑곳없이 착용하는 액세서리가 나비넥타이기도 하다. 놀랍게도 나비넥타이는 블레이저 재킷에도 잘 어울린다. 반복해서 말하는 것 같지만 나비넥타이는 클립 방식보다는 수동으로 매는 방식이 완성도를 좌우한다는 사실을 잊지 말자.

163 나비넥타이 매는 방법

사실 나비넥타이는 턱시도 대여점에서 보는 것처럼 완벽하게 맬 필요까지는 없다. 실제로 나비넥타이는 다소 엉성하게 균형이 잡히지 않게 매도 어떤 셔츠에나 잘 어울리는 훌륭한 액세서리 아이템이기 때문이다.

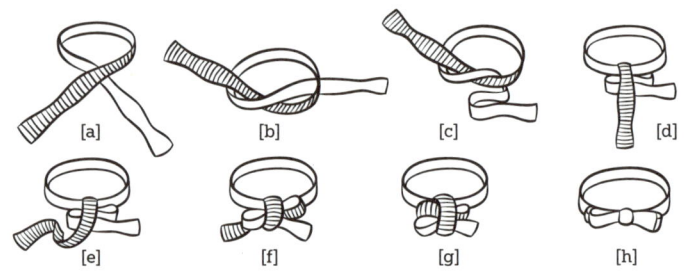

1
타이를 늘어뜨려 왼쪽이 오른쪽보다 살짝 길게 위치하게 자리 잡는다.[a] 구두끈을 묶을 때처럼 긴 쪽을 짧은 쪽 위로 교차시켜 아래로 밀어넣는다.[b] 잠시 긴 쪽은 목 뒤로 넘겨 놓는다.[c]

2
짧은 쪽을 그림[c]처럼 나비넥타이 스냅으로 만 다음, 목 뒤에 넘겨 두었던 긴 쪽을 늘어뜨려 위치시킨다.[d]

3
긴 쪽을 어깨 쪽으로 위치시킨 다음[e], 검지를 가운데에 넣어 반대쪽에 누르고 있던 나비 모양을 감아준다.[f] 구멍을 통과할 때 긴 쪽 끝이 짧은 쪽을 감싸고 있어야 한다.[g]

4
가볍게 나비넥타이를 묶어주고, 타이 모양이 가지런하게 마음에 들 때까지 이리저리 매만진다.[h]

164 금요일의 캐주얼 복장

요즘은 금요일을 캐주얼 데이라고 해서 자유복장을 허용하는 회사가 늘고 있다. 하지만 캐주얼한 복장이라는 게 벗어놓은 수트 정장과 함께 스타일까지 집에 놓고 다니라는 의미는 아니다. 평소에 수트 차림으로 깔끔하게 입고 다니다가 캐주얼 데이에 갑자기 고등학생들이나 즐겨 입는 복장을 하고 나타나면 난감할 것이다. 드레스셔츠를 벗고 진을 입더라도 구두나 벨

> **남자라면 이것만은**
>
> # 남자라면 꼭 읽어야 할 10권의 고전 소설
>
> - **위대한 개츠비**
>   F. 스콧 피츠제럴드(1925)
> - **태양은 또다시 떠오른다**
>   어니스트 헤밍웨이(1926)
> - **몰타의 매**
>   대쉴 해미트(1930)
> - **보이지 않는 인간**
>   랠프 엘리슨(1952)
> - **달려라, 토끼**
>   존 업다이크(1960)
> - **캐치 22**
>   조셉 헬러(1969)
> - **포트노이의 불만**
>   필립 로쓰(1969)
> - **제5도살장**
>   커트 보네것(1969)
> - **스포츠라이터**
>   리쳐드 포드(1986)
> - **그들이 가지고 다닌 것들**
>   팀 오브라이언(1990)

트에 신경을 써야 한다. 편안한 진에 발목까지 올라오는 레이스 부츠를 신는 것도 좋은 방법이다. 운동화를 신더라도 빈티지한 스니커즈보다는 깔끔한 가죽 테니스화나 아니면 안전하게 로퍼로 가는 것을 추천한다.

비즈니스를 유쾌하게 만드는 노하우

165 비즈니스 런치 때 어떻게 행동해야 하나?

비즈니스 런치는 업무의 연장이라고 보면 된다. 비즈니스 런치가 파워 런치라고 불리는 이유는, 짧게 점심을 함께 하면서 비즈니스를 해결하는 시간 절약의 이유 말고도 다른 심리학적 이유가 있다. 바로 함께 식사를 한다는 행위가 긴장감을 해소하고 상대방의 이야기를 쉽게 받아들인다는 연구 결과가 있기 때문이다.

비즈니스 런치의 목적은 맛집 탐방이 아니라 비즈니스를 달성하는 것에 있다. 거창한 한식이나 번잡스럽게 테이블 위에서 요리를 해야 하는 식당보다는 깔끔한 스테이크 하우스 정도가 좋다. 외국인이어서 한식을 접대하고 싶다면 개별 접시에 서빙을 해서 먹는 한정식집을 이용하자. 잊지 말아야 할 사항은 스테이크 하우스나 한정식이든 서로 하나씩 시켜서 나눠 먹는 한국적 방식은 곤란하다는 것이다.

166 여자 팀장이 성적인 관계를 요구할 때 대처법

능력 있고 섹시한 여자 팀장님과의 아찔한 사내 로맨스를 꿈꾸는 남자들이 많이 있다. 하지만 순간의 아찔함이 당신의 평생을 망치는 위험요소가 될 수 있음을 깨달아야 한다. 우연히 두 사람의 관계를 미심쩍어하는 동료가 소문을 내거나 누군가 현장을 발각하여 소문이 신속하게 인터넷으로 퍼지는 시기에는 발을 뺄 수도 없을 것이다. 만약 당신이 팀장과 진실된 사랑의 관계라면 사태가 어중간하게 들통 나기 전에 두 사람의 관계를 확실히 규정해야 한다. 만약 팀장이 자신의 직위를 무기로 관계를 협박하는 것이라면 즉시 윗선에 알리고 당신이 신뢰하는 친한 동료에게 털어놓아서 증인이 되어 달라고 부탁해야 한다. 증언과 정황이 모두 파악되었고 팀장이 막무가내로 나온다면 그때 인사과를 찾아가면 된다.

167 온라인에서 상사를 만났다면?

당신의 온라인 소셜 네트워킹 활용이 프라이버시를 중시하느냐 아니면 인맥 위주의 형식적 활용인지로 구분하면 된다. 전자라면 아무리 친하고 거리낌 없는 관계라고 해도 직장상사는 가능한 접촉을 막아야 한다. 어쩔 수 없이 직장상사가 먼저 온라인 친구관계를 요구해 오면 승낙을 한다고 해도, 프라이버시한 온라인 활동은 직장관계에서 좋은 인상으로 남기가 힘들다. 만약 후자의 활용이 강하다면 먼저 친구 요청을 보내도 무방하다. 단 그 경우 당신은 철저하게 프라이버시를 포기하고 이중생활을 해야 한다는 단점이 있다. 하지만 출세를 위해 온라인 프라이버시 정도를 포기하는 것쯤이야 그다지 나쁘지 않은 거래이다.

168 직장에서 사적인 대화를 나누는 방법

발 없는 말이 천 리를 가는 게 소문이다. 듣는 사람이 있는 장소에서는 절대로 사적인 얘기를 하지 마라. 화장실에서 우연히 엿들은 이야기로 해고를 당한 사람이 부지기수인 게 현실이다. 만약 동료에게 개인적으로 할 말이 있다면, 빈 회의실이나 계단 등의 공간을 이용해야 한다. 적당한 공간이 없다면 밖으로 잠시 외출을 해서 걸으면서 얘기를 하는 것도 좋은 방법이다.

말로 하는 게 안전하다. 비밀스런 얘기나 가십거리를 기록이 남을 수 있는 이메일이나 메신저, 문자로 나누는 것은 좋지 않다. 많은 회사에서 업무 시간에 컴퓨터를 이용해서 발생하는 대화나 기록을 염탐할 권리가 있다. 전화로 얘기를 하거나 가능한 만나서 얼굴을 보고 얘기하는 게 좋다.

169 비즈니스 사교 골프의 원칙은 무엇일까?

골프가 점점 비즈니스맨들의 제2의 사교 수단화 되고 있다. 변호사들이나 은행원, 증권 중개인들이 골프를 영업 실적에 대한 고마움을 표현하는 수단으로 여기는 반면, 세일즈맨들은 골프를 견고한 관계를 유지하는 수단으로 삼는다. 골프를 성공적인 비즈니스 도구로 활용할 수 있는 몇 가지 원칙을 제시한다.

▶ **비즈니스를 우선시하는 것은 금물**: 상대방이 라운딩에 초대된 이유가 단지 계약을 성사시키기 위한 도구에 불과하다는 사실을 깨닫는 순간, 모든 것은 수포로 돌아가게 된다. 인내심을 발휘해서 상대방이 먼저 비즈니스 얘기를 시작하도록 자연스럽게 유도하라. 그런 다음 대답은 간결하게 하

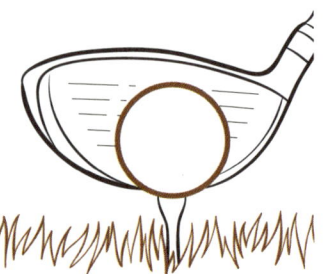

면서 도움이 필요하시면 회사에서 도움을 줄 수 있을 것이라고 정중하게 제안을 하면 된다. 그 후 샷을 즐기거나 재미있는 농담을 건네라. 자세한 대답을 하겠다는 의욕이 넘쳐, 그 홀 내내 주절주절 말을 길게 하는 실수를 저지르면 절대 안 된다. 질문은 상대방이 할 수 있도록 배려를 하는 것도 기본 원칙 중의 하나이다.

▶ **편안한 라운딩 환경 조성은 필수:** 누군가를 골프 라운딩에 초대할 계획이라면 가급적 당신이 자주 이용하는 편한 골프장을 예약하라. 주차 보조원이나 라커룸 직원, 안내 데스크 직원, 골프장 티칭 프로까지는 아니더라도 사람들이 당신의 이름을 친근하게 부르는 상황이 연출되면, 상대방 역시 편안한 분위기 속에서 골프를 즐길 수 있을 것이다.

▶ **비용 부담은 온전히 당신의 몫:** 접대라는 측면에서, 상대방이 주차장에 발을 내딛는 순간부터 떠나는 순간까지 모든 계산은 당신의 몫이다. 개인적으로 기념 모자나 셔츠를 구입하는 것을 제외하면, 그린 피, 팁, 점심 식사 비용에서 음료수까지 모든 비용을 당신이 부담해야 한다.

▶ **상대방의 실력에 맞추는 배려를 잊지 마라:** 라운딩이 끝난 후에 당신이 상대방보다 잘 쳤다는 판단이 서면, 조심스럽게 상대방을 추켜 올려주는 겸손의 자세를 취해야 한다. 할 수만 있다면 공식 핸디캡이 있는지를 사

전에 확인하는 것도 요령이다. 만약 상대방이 당신과 비슷한 수준의 골프 실력이라면 당신의 겸손은 틀에 박힌 아부가 아니라 그날따라 능력치가 높아지고 그저 운이 좋았다는 것을 증명하는 셈이 된다. 상대방 역시 그날의 게임을 좋은 인상으로 기억하게 될 것이고, 당신의 비즈니스 역시 긍정적인 방향으로 흐르게 될 것이다.

154
잡일, 허드렛일,
수리, 수선

165
스포츠, 캠핑 그리고
고속도로

185
남자 노하우

190
게임과 도박

206
몸짱 만들기

214
먹고 마시고 즐기고

233
삶의 질을 높이자!

요령

배우지 않고도 펑크 난 타이어를 가는 방법을 알아서 터득한 사람은 없다. 마찬가지로 포커 실력이 원래부터 좋은 사람 역시 없다. 인생을 살면서 위기 탈출과 업무 편이를 위해 유용한 팁들이 있다. 차근차근 자신의 것으로 만들면 어느 순간 당신도 맥가이버가 되어 있는 것을 발견하고 깜짝 놀랄 것이다.

잡일, 허드렛일, 수리, 수선

170 페인트칠하기

페인트칠도 완벽하게 하려면 시간이 꽤 소요된다. 평균적인 방 하나를 칠하는 데에도 어떤 페인트와 얼마나 꼼꼼하게 칠하느냐에 따라 예산에 많은 차이가 날 수도 있다. 하지만 페인트칠만큼 큰 만족감을 얻을 수 있는 내부 인테리어도 드물다. 지피지기면 백전백승, 확실한 방법을 알고 머릿속에 계획을 세우고 접근한다면 시간과 비용에서 승리를 거둘 수 있다.

▶ **준비 단계**: 모든 가구를 방 가운데로 몰아놓고 투명 비닐로 덮은 후 테이프를 이용해서 틈이 없도록 바닥에 잘 붙여 막아 놓는다. 그 후 마스킹 테이프를 이용해서 창틀이나 몰딩 부분을 막아 놓고, 기존에 페인트가 거칠게 굳어 있는 부분은 칼로 긁어내고, 구멍이 있다면 작은 구멍은 퍼티나 목공용 메꿈이를 이용해서 막아준다. 에어컨 구멍처럼 큰 구멍은 우레탄폼이라는 것을 이용해서 막아야 한다. 구멍을 메꿨으면 마르기를 기다린 후 벽이나 천장이 평평해지도록 샌딩 작업, 즉 사포질을 해야 한다. 샌딩 작업이 많은 경우 전동 샌더기를 이용하면 된다.

▶ **요령**: 페인트칠은 구석에서부터 중앙으로 나아가야 한다. 순서는 천장, 벽 순으로 마무리한다. 우선 붓으로 천장의 전등 주위를 칠하고 롤러를 이용해서 칠해 나간다. 팔이 닿는 곳까지 칠할 수 있는 곳은 한꺼번에 칠하고, 그 다음 사다리를 움직이는 게 좋다. 천장을 다 칠한 후에는 벽의 몰딩이나 콘센트 등 부착물이 있는 곳을 역시 붓으로 칠한 후에 롤러를 이용한다. 벽을 칠할 때 롤러를 W자 모양으로 칠하면 페인트의 낭비도 막고 빠르게 칠을 할 수가 있다. 한 번 다 칠한 후에 완전히 건조할 때까지 기다린 후에 다시 한 번 칠을 해준다. 그 후 마스킹 테이프를 뗀 다음 작은 붓으로 세밀한 마무리를 하면 끝.

171 나무를 절단하기 위한 올바른 재단법

좋은 목수의 자질 중 하나가 바로 정확한 재단이다. 정확한 재단은 다음 두 가지 간단한 기술에 달려 있다. 정확한 측정과 정확한 지점에 표시.

정확한 측정을 위해서는 줄자에 익숙해져야 한다. 인치와 밀리미터 두 가지 단위를 헷갈리지 않도록 주의해야 한다. 손에 연필을 쥐지 않고서는 절대로 측정을 시작하지 말아야 한다. 한 손으로 줄자로 길이를 재고, 연필로 측정 지점에 표시를 해야 한다. 그 후 반대 지점에도 측정을 하는데, 항상 두 번 이상 길이를 확인 체크하는 버릇을 들여야 한다. 연필로 표시를 할 때에는 일자로 선을 긋지 말고, V자로 선을 그어야 한다. 숙련된 목수처럼 연필을 입에 물고 두 손을 자유롭게 측정에 이용하는 방법도 추천한다.

172 톱을 사용하는 바른 방법

톱을 표시된 지점의 바깥쪽에 놓는데, 정확히 표시된 라인을 따라 절단을 하면 톱 두께만큼 길이가 짧게 잘린다는 것을 감안해야 한다.[a] 톱질을 할 때에는 톱의 전체 부위를 다 사용한다는 느낌으로 해야 한다.[b] 너무 힘을 줘서 자르면 절단면이 거칠어지거나 톱날이 망가질 위험이 있기 때문에 적당히 힘의 분배를 해야 한다.[c]

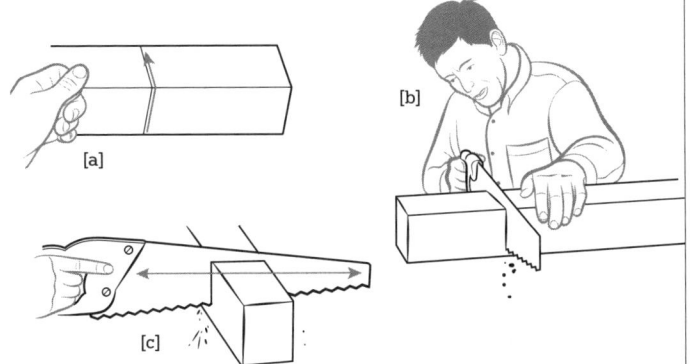

173 완벽하게 정리된 잔디밭의 비밀은?

매주 정기적으로 잔디를 다듬어주면 깔끔하면서도 풍성한 느낌이 산다. 포인트는 패턴을 지키라는 것이다. 직선, 원형, 응원하는 야구팀의 로고 등. 처음에는 거의 밑그림을 그리듯 세밀하고 조심스럽게 잔디밭을 디자인한 후 그 다음부터는 일주일에 한 번씩 패턴을 유지하는 방식으로 다듬어주면 된다. 직선으로 다듬을 때는 한 방향으로만 다듬어야 한다. 이쪽저쪽으로 뒤섞어 다듬으면 잔디결에 따른 모양새가 죽는다.

174 건강한 녹색 잔디를 위한 관리법

메이저리그 구장의 잔디는 사람이 밟고 다녀도 문제가 없고, 병충해에 강하고 성장 속도 또한 빨라 겨울철에도 생생한 색상을 유지하는 것으로 유명하다. 매일 스프링클러 시스템을 이용해서 물을 주고, 영양분을 공급하기 위해 정기적인 토양 샘플 채취를 하고, 기준에 부합되지 못하는 잔디는 떠내어 패치를 해주기 때문이다. 사람으로 치면 최고급 스파에서 토탈 바디 서비스를 받는 격으로 관리된다.

하지만 대부분 가정의 경우 가을이면 지상으로 노출된 부위가 황갈색으로 변하게 된다. 아마추어 원예사가 해야 할 일은 꼼꼼하게 정기적인 예초를 하는 일이다. 정기적인 예초는 잔디에 새 생명을 불어넣는 과정과 다름없다. 또한 죽은 잔디 잎이 말라 있으면 토양이 숨 쉬는 과정에 방해가 되므로 과감하게 없애주어야 한다. 손으로 하기가 힘들다면 플라스틱 갈고리 비슷한 것으로 긁어모아 버리면 된다.

관수와 비료 역시 중요하다. 물을 너무 많이 주면 잎이 풍성해지지만 뿌리가 썩어 발달장애가 올 수 있으므로 물은 맑은 날 30분 정도 스프링클러를 이용하는 게 좋다. 비료 또한 마찬가지 방식이다. 잔디를 푸르게 한다고 비료를 많이 주면 역시 화학작용이 일어나 토양이 안 좋아진다. 규정량을 초과하지 말도록 하자.

175 셔츠에 단추달기

1
바늘 세트와 색색의 실이 들어 있는 반짇고리 세트 하나 정도는 저렴한 제품으로 집에 구비해 놓는 게 좋다. 셔츠 단추를 달 때는 반짇고리에 들어 있는 바늘 세트 중에서 중간 크기로 선택한다.

2
단추 구멍에 바늘을 집어넣어서 바늘이 너무 커서 통과하는데 불편은 없는지를 확인한다.

3
실은 셔츠에 달린 다른 단추와 같은 색깔로 골라야 한다. 같은 색이 없다면 근접한 색으로 선택하고, 근접한 색도 없다면 단추와 같은 색으로 하는 게 가장 좋다.

4
셔츠 단추는 보통 4구멍과 11자 구멍 두 가지가 있는데, 일반적으로 튼튼하고 오래 가는 4구멍 단추로 선택하는 게 좋다.

5
먼저 실은 두 겹으로 모아서 바늘 코에 통과시켜 총 4겹으로 만든 후 끝을 두 번 묶어 고정시킨다. 바늘을 단추 아래에서 위로 통과시켜 십자가 모양으로 묶은 다음, 단추를 달 곳에 바늘을 천에 통과시킨다. 여기서 천을 완전히 관통하면 미관상 좋지 않음을 명심하자. 천에 한 번 뜨고 바늘을 통과시키면 단추가 딸려 옷에 붙게 되고, 이 과정을 두 번 정도만 해주면 된다. 모양은 역시 십자가 모양으로 하면 된다.

6
마지막으로 실기둥을 만들어야 한다. 실기둥은 단추를 두 손가락에 끼워서 살짝 들어 올려주고, 다섯 바퀴 정도 실을 돌려서 기둥을 만든 다음 바늘을 위에서 밑으로 통과시켜 매듭을 지어 완성한다.

176 잔디 심는 방법

본격적인 여름이 시작되는 7월 첫째 주에 잔디를 심을 곳의 돌을 골라내고 풀을 뽑고 흙을 고르는 평탄 작업을 한다. 그 후 약 3센티에서 5센티 정도로 땅을 뒤집어주는 복토 작업을 해야 한다. 물론 땅이 충분히 부드러우면 생략해도 무방하다. 그러고 나서 각종 퇴비를 평당 한 포대 정도로 충분히 뿌리고 삽으로 섞어줘서 잔디가 자라기 충분한 영양상태의 토양을 조성해야 한다. 그 상태로 사나흘 정도 기다린다.

구매한 잔디를 옮겨 심을 때에는 바닥 흙을 한 번 더 호미로 뒤집은 후 잔디를 심는다. 그 후 잔디가 잠길 정도로 충분히 물을 주고, 그 위에 다시 복토를 해준 후, 잔디가 지면과 잘 고정되도록 발로 살살 밟아줘서 완성시킨다. 그 상태에서 빠르면 2주 안에 잔디 싹이 나오기 시작한다. 잡초가 섞이는 게 보이면 뽑아주면서 녹색 잔디가 뒤덮는 즐거운 상상을 하면 된다.

177 정원을 가꾸는 비결이 있다면?

조경회사나 전문가에게 정원의 설계와 관리를 맡기는 것과 직접 꾸민 정원 중 어느 쪽이 애착이 더 갈까? 당연히 후자다. 하지만 애정만 쏟았을 뿐 모양새가 떨어지면 정원으로서의 흡족함이 덜할 수도 있다. 정원을 가꾸는 비결 몇 가지를 공유한다.

먼저 초보자들의 경우 일년생 화초들을 이용해서 화려하고 생기 있는 분위기를 이끌어내는 게 좋다. 나무나 화초에 비해 손이 많이 가지만 애정으로 따지면 그만한 게 없다.

펜스에는 행잉 바스켓을 이용하는 것도 방법이다. 딱딱한 펜스 주변으로는 큰 화분을 배치해서 분위기를 살리는 것도 좋다.

또한 조경의 포인트는 연못이라는 말을 기억하자. 진짜 땅을 포크레인으로 파내는 연못은 아니더라도 항아리나 낡은 분수대를 이용한 미니 연못을 정원의 포인트로 만들면 전문가가 꾸민 정원 못지않은 멋을 보장할 수 있다.

178 각종 빨래를 간단하게 처리하는 방법

어떤 것은 울 세탁, 어떤 것은 드라이클리닝을 해야 한다. 게다가 색이 바라지 않을까, 물이 빠지지 않을까 걱정이 태산이지만 그렇다고 미루기만 하면 말 그대로 빨래가 태산이 되어 발 디딜 곳도 없게 된다. 여기 몇 가지 빨래의 원칙과 요령이 있다.

▶ **분류**: 방 안의 쓰레기는 다른 곳으로 모아 놓고, 빨래를 색깔별로 모은다. 녹색이나 검정, 청색 등의 진한 색, 레드와 핑크를 묶고, 하늘색이나 카키색 등 밝은 색을 따로 분류하고 마지막으로 하얀색 옷을 하나로 모은다. 분류된 옷더미를 꼭 넘치도록 세탁기에 한 번에 돌릴 필요는 없다. 두 팔로 들 수 없다면 나눠서 빠는 게 좋다.

▶ **읽기**: 생산자는 의류에 대한 특정 세탁법이 필요하다면 기록한다. 새 옷을 구입했을 경우 옷에 붙어 있는 태그를 읽어서 세탁법을 확인하도록 하자. 태그가 어디에 숨어 있든, 드라이클리닝이나  손빨래, 냉수, 온수 등 분류가 되어 있을 것이다. 드라이클리닝은 당연히 세탁소에 보내라는 의미고, 손빨래는 옷감이 상하지 않도록 손으로 조심해서 빨라는 의미, 냉수와 온수는 세탁기에서 선택해서 작동시키면 된다.

▶ **세탁**: 세탁기는 세 가지 기본 옵션이 있다. 온도와 냉·온수 선택, 적재 용량, 물의 세기와 세탁 시간. 세탁기 작동법에 맞춰 선택하면 되지만 급한 빨래라서 시간을 절약해야 할 경우에는 헹굼 코스 횟수를 줄이면 된다.

세탁 전에 반드시 세제를 넣어야 하는데, 세제와 섬유중화제 넣은 곳을 구분해서 넣을 수 있도록 하자. 세제를 너무 많이 넣은 상태에서 세탁 시간이 짧게 끝나면 세제가 전부 용해되지 않고 그대로 남아 있을 수 있기 때문에 적당량을 준수한다.

▶ **건조:** 건조 기능이 있는 세탁기의 경우 건조까지 한 번에 끝마칠 수 있다. 특히 여름철 장마 기간이나 급하게 입어야 하는 빨래에 용이한데, 열에 약한 울 소재 의류의 경우를 제외하고는 그냥 일반 건조를 선택하면 된다. 울은 역시 세탁소에서 드라이클리닝을 하거나 세탁을 했다면, 건조 과정 없이 탈수 후 빨래대에 넣어서 양지바른 곳에서 말리도록 하자.

▶ **개기:** 주름을 방지하기 위해서는 건조가 된 빨래는 바로 개는 게 좋다. 세탁 완료!

179 셔츠 다림질하기

대부분의 다리미에는 옷감에 따른 적정 온도가 설정되어 있다. 면에는 면, 모직에는 모직, 실크에는 실크에 간단하게 맞추면 된다. 자체적으로 스프레이 기능이 있는 다리미라면 문제가 없겠지만, 다림질 할 때에는 스프레

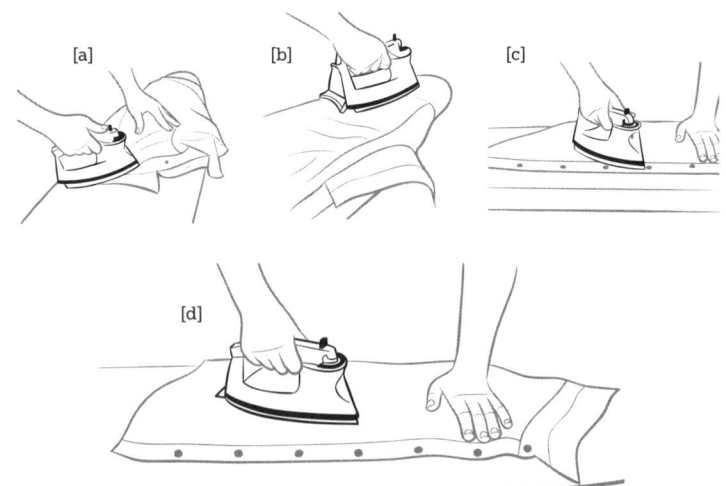

이 통에 물을 담아 뿌려주어야 한다.

셔츠를 보호하기 위해서는 안쪽에서 바깥쪽으로 다림질을 해야 한다. 널찍한 등판을 지그재그 방향으로 주름을 없애주고, 옷깃은 앞뒤로 뒤집어서 빳빳하고 기분 좋게 주름을 펴주어야 한다.[a]

그 다음은 어깨와 목 아래 등 부분을 다림질하고 단추가 있는 부분을 다림질한다.[b] 단추는 플라스틱으로 되어 있기 때문에 다리미의 고열에 단추가 녹지 않도록 다리미의 끝부분을 이용해서 조심스럽게 작업을 해야 한다.[c] 셔츠 종류에 따라 단추 부위나 가슴 주머니 부분에 덮개 형식으로 천이 겹친 부분이 있는 셔츠가 있다. 이런 셔츠의 경우 밖으로 보이는 부분이 포인트이기 때문에 특히 주름에 신경을 쓰고 다림질을 해야 한다.[d]

당연히 넥타이도 다림질할 수 있다. 하지만 조심해야 한다. 넥타이의 경우에는 다리미의 가장 낮은 온도에 맞춰서 수건으로 한 번 넥타이를 덮은 상태에서 다림질하는 게 좋다.

180 집을 봐달라는데 어떻게 해야 할까?

지인이 휴가를 떠나면서 애완동물이나 화초, 아니면 도둑이 들지 않도록 집을 봐달라는 부탁을 한다면? 이 경우 예의바른 손님처럼 행동해야 한다. 빵빵한 사운드를 갖춘 대형 TV나 킹사이즈 침대가 욕심이 난다면, 사전에 조심해서 잘 이용하겠다는 허락을 받아야 한다. 깔끔한 서재나 각종 목욕용품이 잘 갖춰진 욕실이 있다면, 독서와 휴식을 취하면서 깨끗하게 이용하겠다고 양해를 구해야 한다. 허락과 양해를 구하는 과정에서 복잡한 전자제품이나 특별한 주의사항 등은 노트에 적어놓는 꼼꼼함도 필요하다.

가능하면 주인에게 양해를 구하고, 하루 정도 먼저 집에 들러 여러 가지 상황을 체크하는 것이 좋다. 열쇠는 하나도 빠짐없이 받아야 하고, 혹시 당신이 집을 비우는 동안 믿고 부탁할 수 있는 이웃을 한 명 정도 소개받는 게 좋고, 비상시 연락처를 받아두는 것도 잊지 말아야 한다.

집을 봐 주는 동안에는 자기 집보다도 더 깔끔하게 유지하는 게 좋다. 부득이 친구를 불러야 할 경우 한 번에 두 명 이상은 부르지 않는 게 좋다. 책상이나 가구 등 일을 하기 위해 위치를 변경하는 것은 무방하나 반드시 확인사항에 적어 놓고 원위치로 돌려놓아야 한다.

주인이 돌아오는 날에 맞춰 해야 할 일은 다음과 같다. 먼저 침대 시트를 갈아놓아야 하고, 어지럽힌 냉장고를 정리하고, 화초에 물을 주고, 깔끔하고 청결하게 주변을 정리해야 한다. 그래야 추후에 다시 정중하게 손님으로 초대받을 수 있을뿐더러 믿고 집을 맡긴 사람에게 신뢰를 보여주게 된다.

181 아기 봐주기

아이를 돌보는 행위는 세상에서 가장 막중한 책무이자 용감한 행동이다. 갓난아기만 아니라면 영화관에 데려가거나 피자나 치즈버거에 치킨이라도 한보따리 안기면 당신은 바로 영웅이 된다.(그전에 아이 부모에게 아이가 알레르기는 없는지를 확인해야 한다.) 바깥출입이 허락되지 않는다고 해도 겁낼 필요 없다. 건전하게 보드게임을 해도 되고, 그도 아니면 비디오 게임이면 게임 오버다.

하지만 잘해줄 때는 잘해주더라도 아이들이 잘못했을 때는 엄격하게 대해야 한다. 당신이 임시 부모일지라도 부모로서 엄격하게 규율을 가르칠 수 있어야 한다. 아이가 자해를 한다거나 위험에 처하는 경우가 아니라면 체벌을 해서는 안 된다. 갓난아기나 이제 막 걸음마를 시작한 아이들은 걸려 넘어질 위험이 있기 때문에 다치지 않도록 늘 두 손으로 잡아주는 것을 잊지 말아야 한다.

182 자상한 훈남처럼 섹시하게 아기를 안기

아기를 안아본 적이 한 번도 없다면 앉은 자세가 가장 좋은 방법이다. 양 팔은 편안하게 앞으로 늘어뜨린 상태로 포개고, 한쪽 팔꿈치를 몸에서 살짝 떨어지게 한 후, 나머지 팔 한쪽을 그 아래로 미끄러뜨리듯 슬며시 넣어주면 된다. 아기를 눕힐 때는 머리가 팔꿈치 안쪽에 위치하게 하고 팔로 등을 받쳐주면 된다. 그 상태에서 편안한 자세가 만들어졌다고 판단이 되면, 두려워하지 말고 자리에서 일어서서 아이를 안고 살살 걸어보라.

183 컴퓨터를 직접 고쳐보자

컴퓨터에 문제가 발생할 경우 혼자서 해결하려는 시도를 해보자. 전문가에게 가져가기 전에 검색 엔진에 증상을 물어보라.(컴퓨터가 고장 났어도 스마트폰으로 질문 정도는 충분히 할 수 있다.) 또한 컴퓨터 하드웨어 문제는 아주 기본적인 부분에서 증상이 발생할 수 있다.

예를 들면 모니터가 안 나오면 모니터 전원선이 빠져 있지 않나, 모니터 버튼을 잘못 누른 건 아닐까 여부 등을 먼저 확인해야 한다. 하드웨어 이상이 아니라면 소프트웨어 이상이다. 그 경우 어지간한 운영체제는 포맷이나 복원을 해주면 해결되는 경우가 허다하다. 윈도우즈나 맥 컴퓨터의 복원이나 타임머신 기능을 이용해보자. 그래도 같은 문제가 발생할 경우 전문가를 찾아 해결한다.

> 전문가 조언
> # 184 서류가 잔뜩 쌓이는 사태를 방지하는 법
> **칼라 코엘**
> 디자인 컴퍼니 플랜 A 설립자
>
> 서류 뭉치를 크게 두 분류로 나눠라. 보관용 파일과 작업용 파일. 보관용 파일은 다시 한 번 보관해야 할 파일을 분류해내고, 굳이 보관할 필요가 없는 것은 모두 버린다. 그 외 작업용 파일은 날짜에 따라 분류한다. 특정한 데드라인이 없으면, 데드라인을 정해서 분류를 해야 한다. 데드라인을 결정하지 못하겠다면, 분류를 해서 한 시간 정도 후에 다시 결정하면 된다. 그리고 설정된 데드라인에 따라 달력에서 서류를 하나씩 없애 나가면 된다.

185 컴퓨터 암호는 몇 가지 종류가 있어야 하나?

이상적으로는 컴퓨터 암호는 많을수록 좋다. 하지만 그랬다가는 암기에 혼동이 올 수도 있다. 추천하는 방법은 크게 서너 개의 복잡한 암호를 설정하고, 같은 분류의 두 사이트에 같은 암호를 설정하지 않는다. 온라인 뱅킹이나 신용카드, 그 외 금융수단 접속 암호는 서로 다르게 설정한다. 같은 방식으로 소셜 네트워크 암호는 모두 다르게, 집 컴퓨터와 회사 컴퓨터는 서로 다르게 설정한다. 단 하나의 암호만을 사용하도록 암호를 클라우드 서비스에 모아주는 원패스워드와 같은 프로그램도 있다. 하지만 가능하면 외우는 방식을 추천한다.

스포츠, 캠핑 그리고 고속도로

186 완벽한 나선형을 이루도록 미식축구 공을 던지는 법은?

NFL의 쿼터백처럼 회전과 장거리 패스가 가능해지려면, 공의 끝부분을 쥐고 던질 수 있어야 한다. 공을 잘 보면 흰색 줄이 일곱 개로 나뉘어져 있다. 이는 곧 손가락의 위치는 손의 크기에 따라 다르기 때문에 편한 대로 잡고, 중요한 것은 손목의 스냅을 이용하라는 것이다. 골프에서처럼 소위 코킹이라는 것인데, 손목을 뻣뻣하게 유지한 상태에서 망치질을 하는 것과 손목의 스냅을 이용해서 망치질을 하는 것의 힘의 차이를 생각하면 된다. 그 후 오른쪽 팔꿈치를 뒤로 빼고, 그 상태에서 공을 귀 위치 정도로 위로 올린 후, 팔을 뒤로 뺏다가 공을 앞으로 던진다. 팔을 릴리즈 후에 반원을 그린다는 기분으로 펴주면 공이 더 멀리 나가게 된다.

187 야구공 빠르게 던지는 방법

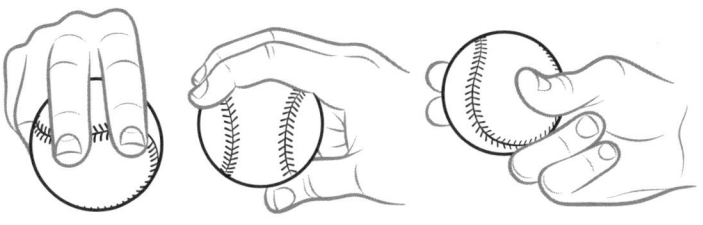

실밥에 따른 손가락의 위치

야구공을 빠르게 던지기 위해서는 투구폼의 메커니즘을 이해해야 한다. 투구라는 것은 다리를 들어 올려서 몸을 꼬고 팔을 움직여서 공을 던지고 착지를 하는 모든 과정이 자연스럽게 유지되어야 좋은 공이 나오는 법이다. 몇 가지 기본적인 요령을 적어본다.

먼저 공이 손에서 떠날 때 몸통이 포수 쪽 정면을 향해야 한다. 발을 들어 올리는 키킹 모션은 초보자의 경우 짧을수록 좋다. 그래야 중심을 잃지 않고 체중을 공에 실어 빠른 공이 가능해진다. 어깨보다는 손목의 스냅을 이용한다.

188 마라톤 풀코스 완주를 위한 훈련 계획

첫 번째 참가하는 마라톤이 중요하다. 만 명에서 4만 명 사이의 중대형 규모의 경치가 아름다운 코스에 참가해서 잊지 못할 기억을 남기는 게 좋다. 가장 중요한 것은 목표이다. 마라톤은 그 어떤 스포츠보다도 정신적인 측면이 강해서 마지막 10킬로를 남겨 놓은 상황에서는 당신이 왜 뛰는지에 대한 생각만을 해야 한다. 자선기금 마련을 위해 뛰는 사람, 사랑하는 존재를 기억하기 위해 뛰는 사람 등 풀코스 마라톤에 참여한 목표 달성만을 기억해야 한다.

훈련 프로그램은 남자의 경우 풀코스를 4시간 안에 완주하는 것을 목표로 하자. 달력에 날짜를 기입하고 대략 16주 완주 프로그램을 세우는 게 좋다. 일단 처음 몇 주간은 편안하게 가볍게 달리는 것으로 시작한다. 최소 30분 이상을 달릴 수 있는 최적의 페이스를 찾아낸 다음, 다음 도표에 따라 훈련을 해나간다. 마라톤 경기 전 마지막 날은 훈련으로부터 다리가 휴식을 취할 수 있도록 배려해야 한다. 5킬로 미만을 천천히 걷는 것으로 훈련을 종료하고 휴식을 취한다.

마라톤 거리별(MILE) 훈련 프로그램

주	1일	2일	3일	4일	TOTAL
1	3	4	3	5	**15**
2	3	4	3	6	**16**
3	3	4	3	7	**17**
4	3	5	3	8	**19**
5	3	5	3	10	**21**
6	4	5	4	11	**24**
7	4	6	4	12	**26**
8	4	6	4	14	**28**
9	4	7	4	16	**31**
10	5	8	5	16	**34**
11	5	8	5	17	**35**
12	5	8	5	18	**36**
13	5	8	5	20	**38**
14	5	8	5	9	**27**
15	3	5	3	8	**19**

189 훈련 중 적당한 수분 섭취는?

훈련을 시작하기 전에 수분섭취를 해두는 게 좋다. 물은 차가운 것일수록 좋고, 10킬로를 뛰기 1~2시간 전에 500밀리리터 정도의 물을 마시면 된다. 스포츠 드링크나 보충제도 같은 량으로 섭취하면 되지만, 날씨가 덥다고 무작정 많은 양을 섭취하면 안 된다. 훈련이나 경기 후반에 물을 마시는 것은 그다지 도움이 되지 않는다. 단 입가심 후 물을 뱉는다거나 더위를 식히기 위해 머리에 붓는 행동은 권장한다.

190 빠르게 달리기 위한 방법은?

내리막길에서는 평지나 오르막보다 더 빨리 달릴 수 있는 게 당연하다. 먼저 평지에서 30초 동안에 몇 걸음을 내딛을 수 있는지를 측정한다. 그 후 내리막길에서 같은 시간 동안 평지와 같은 페이스로 몇 걸음을 더 내딛을 수 있는지를 측정한다. 내리막에서 달리는 페이스와 속도를 기억한다. 내리막에서의 당신이 바로 당신의 레이스 경쟁 상대이다. 그 경쟁 상대를 따라잡을 수 있도록 노력을 하는 심플한 방법을 추천한다.

191 100미터 달리기에서 이기는 법

단거리는 무엇보다도 숨을 참고 달리는 법을 배워야 한다. 세 번에서 네 번 정도로 숨을 최소화하고, 가능한 잔발로 많이 뛰기보다는 보폭을 강제로 넓힌다는 느낌으로 팔을 눈썹까지 가볍게 흔들어서 뛰면 된다. 넘어지지 않도록 평소에 다리 근육을 강화시켜주는 운동을 병행하는 것도 추천한다.

192 가벼운 등산에 어울리는 복장은?

둘레길이나 오름 정도의 가벼운 등산에 어울리는 복장은 천연섬유를 추천한다. 가공섬유가 기능성은 더 뛰어나지만, 피부에 닿는 감촉이 떨어지기 때문에 전문적인 장거리 등산이 아니라면 천연섬유가 오히려 더 낫다. 하지만 청바지는 반드시 피해야만 한다. 청바지는 신축성이 없을뿐더러 땀이 차면 뻣뻣해져 다리를 압박하므로 최악의 복장이다.

193 반나절 이상의 등산에 챙겨야 할 물품은?

가능한 다량의 생수와 땅콩, 초콜릿, 건포도 등이 혼합된 고탄수화물 저지방 스낵바, 합성섬유로 만들어진 물기를 막을 수 있는 재킷, 비상용 담요와 소형 손전등 정도가 필수.

194 등산을 떠나기 전에 챙겨야 할 것은?

등산 첫날 10킬로미터 이상을 걸어야 할 경우라면 20킬로 이상 나가는 무게의 짐을 메고 가는 것은 무리다. 등산용 배낭은 몇 주 전에 미리 챙겨 놓는 게 좋다. 미리 등산용 배낭을 메고 인근 동네를 몇 킬로씩 거리를 조금씩 늘려가며 사전 예행으로 걸어보아야 한다. 아무리 연습이래도 배낭을 메고 걷기 전에는 반드시 스트레칭을 통해 몸을 풀어주어야 한다.

195 성냥이나 라이터 없이 불 피우기

물론 돋보기를 사용하는 방법은 알고 있을 것이다. 하지만 돋보기나 그 외 유리 제품으로 빛을 모을 수 있는 제품이 전혀 없을 때는 어쩔 수 없이 원시적인 방법을 사용해야 한다. 우선 건조한 잔 풀잎을 모아야 한다. 죽은 잎사귀들이 가장 좋다. 칼을 이용해서 나무줄기를 그림처럼 반으로 자른다.[a] 그 후 다른 얇은 나무줄기를 연필처럼 깎아서 두 손으로 강하게 반복적으로 문지른다. 꽤 힘이 들어가는 작업이겠지만 성공적으로 반복했다면 곧 마찰면이 꽤 뜨거워질 것이다. 그때 마른 나뭇잎을 가져다대고 계속해서 반복적으로 문지른다. 연기와 함께 불이 붙기 시작하면, 후후 입김을 불어넣어서

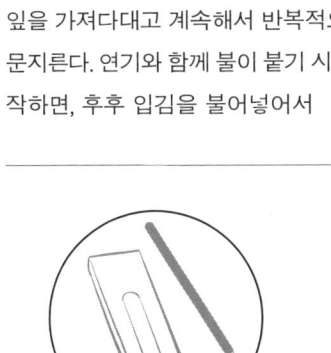
[a]

[b]

불길을 만들어야 한다. 이 방법은 설령 성냥이나 라이터를 구비하고 있다고 해도, 시험 삼아 정말로 불이 붙을지 동행인과 시연을 해봄 직하다. 아마 캠핑의 좋은 추억이 될 것이다.

196 대낮에 북쪽을 확인할 수 있는 방법

반듯한 나뭇가지를 하나 구해서 땅에 일자로 꽂아 놓는다.[a] 그림자의 끝부분에 표시를 한다. 그 후 10분에서 15분 후에 다시 한 번 같은 표시를 한다.[b] 두 지점을 잊는 직선을 긋는다. 대략 이 선이 두 번째 지점이 동쪽이 되는 동서 방향이 된다. 여기서 당신의 왼쪽이 서쪽 지점, 오른쪽이 동쪽 지점으로 향하도록 서면, 당신은 대략 북쪽과 마주보고 서게 된다.[c]

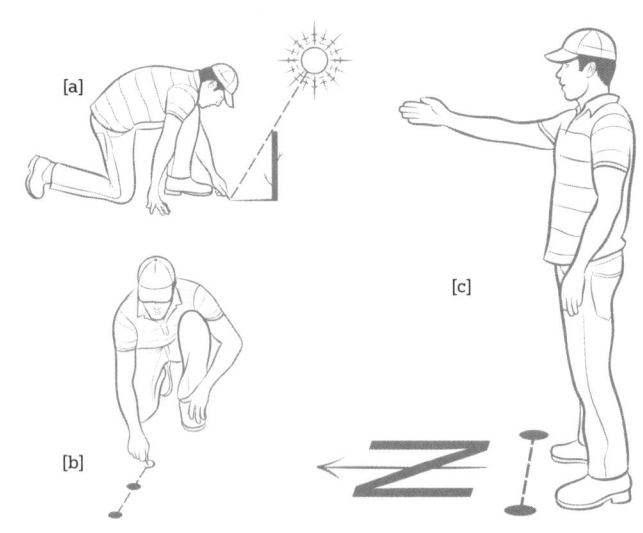

197 그렇다면 밤에 북쪽을 찾는 방법은?

특별히 밝게 빛나는 별을 하나 찾아서 막대기를 들고 땅에 앉는다. 막대기가 그 별의 연장선상에 있는 것처럼 들어 올린다. 손목을 가슴에 대서 안정감을 확보한 후 몇 분을 버틴다. 그 상태에서 별이 막대기의 왼쪽으로 움직였다면, 당신은 북쪽을 향하고 있는 것이다. 별이 막대기의 오른쪽으로 움직였다면, 당연히 당신은 남쪽을 마주보고 있는 것이다. 같은 이치로 위를 향하고 있다면 동쪽, 아래를 향하고 있다면 서쪽을 보고 있는 것이다.

198 야외취침을 위해서 필요한 것은?

날씨가 흐리거나 추위를 피해야 한다면 문이 달려 있는 텐트가 필요하다. 하지만 텐트는 아주 기본적인 장비에 불과하다. 그 외에도 보온성이 뛰어나고 습기에 강한 침낭과 딱딱한 바닥에 완충효과와 함께 바닥의 습기를 막아줄 패드도 필요하다. 물론 날씨가 좋다면 침낭 속에 들어갈 필요 없이, 침낭을 밑에 깔고 간단한 방수포로 지붕을 만들어서 별을 감상하며 잠을 청할 수도 있다. 선택은 당신의 몫이다.

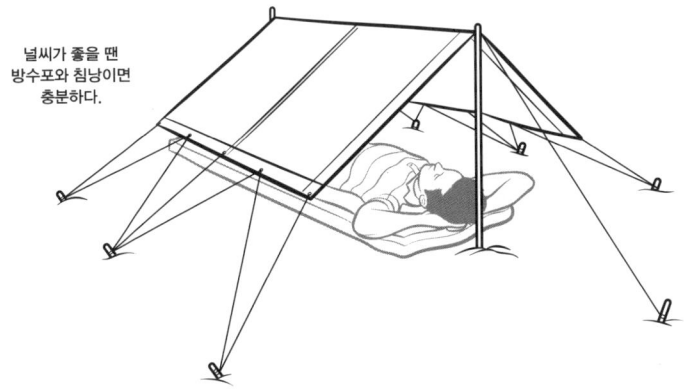

날씨가 좋을 땐 방수포와 침낭이면 충분하다.

남자의 기술 | 요령

199 운동 시합을 앞두고 먹는 음식은?

전날 저녁으로 탄수화물, 지방, 단백질이 풍부한 제대로 된 식사를 해야 한다. 또한 수분을 충분히 공급받을 수 있도록 물을 마시고 맥주 몇 잔 정도를 곁들이는 것도 나쁠 것은 없다. 아침에는 가볍게 식사를 한다. 땅콩 오트밀과 소시지 치즈 오믈렛이나 베이컨을 곁들인 팬케이크 정도가 좋다. 느리게 연소되는 칼로리를 섭취해야 긴 시간 동안 힘을 쓸 수 있기 때문이다.

200 등산에서 먹는 음식은?

1박을 하는 등산이라면 고민할 이유라고는 전혀 없다. 와인과 감자를 곁들

201 즉석 버너를 만드는 방법

등산 전문가들은 비싸고 무거운 버너를 선호하지 않는다. 소독용 알코올과 빈 캔, 깡통을 이용해서 즉석으로 버너를 만들 수 있기 때문이다. 여기 그 공정을 소개한다.

1

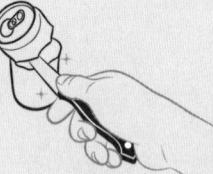

빈 음료수 캔을 찾아서 칼로 반을 자른다.

2

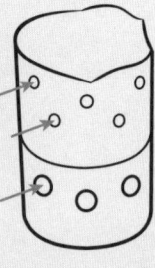

0.5센티미터 정도의 작은 구멍을 여기저기 뚫어 놓는다. 단 캔 아래쪽은 알코올이 담길 수 있도록 3센티미터 정도 높이를 구멍이 뚫리지 않은 상태로 유지해야 한다.

인 스테이크가 정답이다. 하지만 혼자 떠나는 등산이거나 며칠을 자야 하는 등산이라면 가벼운 영양식을 준비해야 한다. 베이글이나 땅콩, 해바라기씨, 건포도 같은 견과류, 참치캔, 으깨 먹을 수 있는 라면, 쌀이나 마른 콩 등을 준비할 것을 권한다.

▶ **베이글**: 100% 통밀 베이글은 식빵처럼 뭉개지거나 부스러지지 않기 때문에 휴대에 용이하면서도 단백질은 더 풍부하게 섭취할 수 있다.

▶ **땅콩, 마른 과일, 해바라기씨**: 물이 필요 없는 휴대용 음식은 급격한 에너지 소모로 인한 탈진을 사전에 예방해준다.

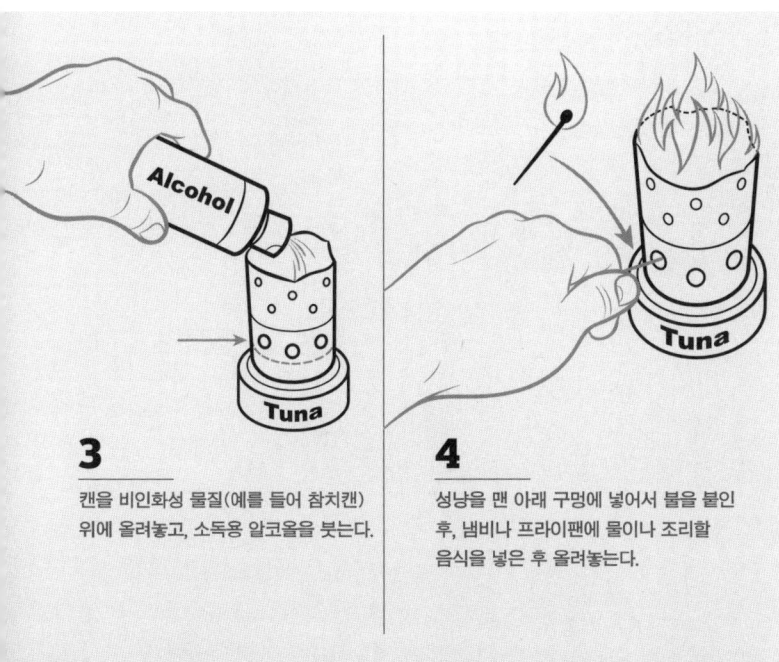

3
캔을 비인화성 물질(예를 들어 참치캔) 위에 올려놓고, 소독용 알코올을 붓는다.

4
성냥을 맨 아래 구멍에 넣어서 불을 붙인 후, 냄비나 프라이팬에 물이나 조리할 음식을 넣은 후 올려놓는다.

▶ **참치 캔**: 참치는 단백질과 지방 섭취가 가능한 담백하면서도 먹기 편한 최고의 휴대용 음식 중의 하나이다.

▶ **라면**: 번잡스럽게 끓여먹지 않고 과자처럼 먹을 수도 있으며, 무엇보다도 빵보다 가볍고 휴대가 용이하다.

▶ **쌀과 마른 콩**: 간단히 단백질과 탄수화물을 섭취할 수 있고 휴대성과 보관성도 최고이다. 하루 분량을 지퍼 백에 넣어 따로 보관해서 조금씩 섭취하는 방식을 권한다.

202 야생동물로부터 음식을 숨기는 방법

곰(또는 다른 야생동물)은 생긴 것은 둔하고 미련해 보이지만 후각이 최고급 사냥개의 몇 갑절에 달할 정도로 발달되어 있다. 곰의 습격으로부터 음식을 보호하기 위한 방법은 여러 가지 있다. 곰의 손이 닿지 않는 나무 위에 매다는 방법도 있고, 곰의 후각으로부터 멀어지는 땅 깊숙한 곳에 파묻는 방법도 있다. 하지만 둘 다 엔간한 성인 남성도 벅찰 정도의 노동력을 요구한다.

이런 문제를 해결하기 위해 베어 캐니스터라는 해결책이 등장했다. 베어 캐니스터에 음식을 담아서 뚜껑을 닫아 밀봉한 후 파묻는 방법도 있지만, 귀찮다면 파묻지 않고 그냥 잘 숨겨놓아도 된다. 야생동물이 베어 캐니스터를 찾았다고 해도 뚜껑을 따고 음식을 꺼낼 수는 없다.

203 캠핑에서 요긴한 몇 가지 매듭법

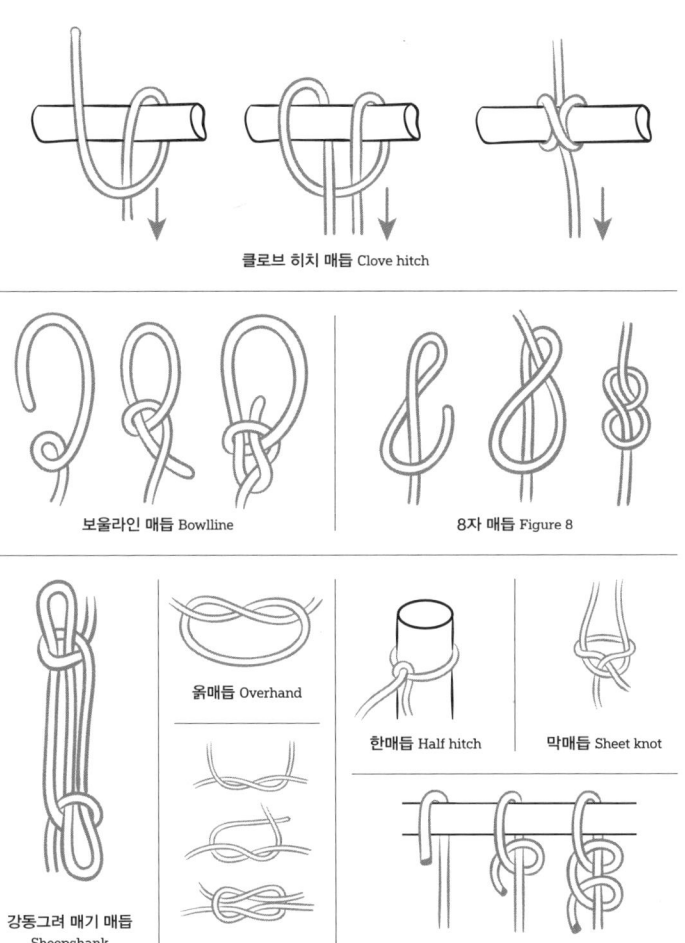

남자의 기술 | 요령

전문가 조언
204 영화 '패스트 앤 퓨리어스'처럼 드리프트하는 방법?

사무엘 휴비넷
영화 '패스트 앤 퓨리어스-도쿄 드리프트' 스턴트 드라이버

드리프트는 운전자가 의도적으로 뒷바퀴를 미끄러지게 해서 속도를 유지하며 코너를 도는 방법을 말한다. 굳이 문장으로 설명하지 않아도 만화 '이니셜 D'나 케이블 채널의 '탑 기어', 그도 아니면 게임 '카트라이더'에서 익히 접한 전혀 낯설지 않은 용어일 것이다.

드리프트에는 사이드 브레이크, 액셀러레이터를 이용한 파워 오버 드리프트, 브레이크를 이용한 드리프트, 클러치를 이용한 드리프트 등의 방법이 있는데, 이 중에서 초보자가 가장 쉽게 접근할 수 있는 드리프트 기술은 사이드 브레이크를 이용하는 방법이다.

일단 코너로 진입하면 속도를 70킬로 정도로 감속한 후 코너 방향으로 핸들을 살짝 틀고, 클러치를 밟은 상태에서 사이드 브레이크를 그대로 잡아당기면 전면부가 코너 방향을 향하면서 미끄러지게 된다. 이때 상황에 따라 액셀러레이터를 밟으면서 핸들을 반대 방향으로 돌리는 카운터 스티어를 적절하게 병행하면 미끄러지듯 유턴을 하면서 드리프트가 가능해진다.

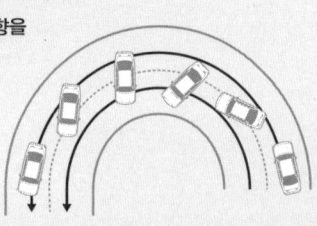

하지만 자동차 레이싱 트랙을 이용할 수 있다면 모르겠지만, 일상적인 공간에서 드리프트를 연습할 공간은 거의 없다. 그뿐 아니라 드리프트를 하다 보면 타이어 마모와 멀쩡했던 휠 얼라인먼트가 틀어져 차량 유지비용이 만만치 않게 추가되는 게 사실이다. 좁은 도로에서 유턴을 할 때 편하기야 하겠지만, 일상적인 운전에서는 절대로 추천할 수 없는 선망의 기술임은 분명하다.

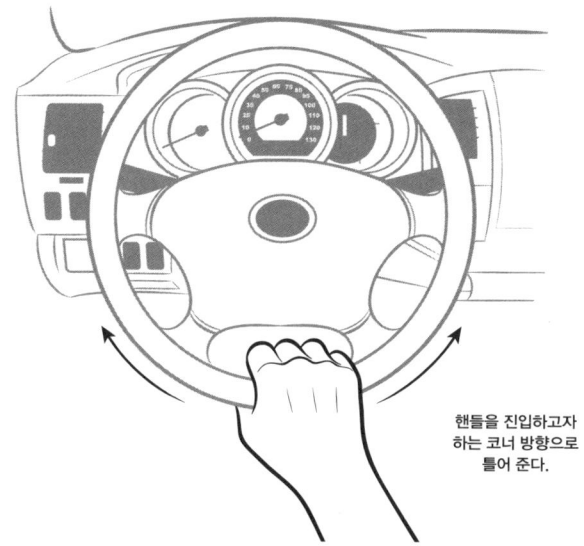

핸들을 진입하고자 하는 코너 방향으로 틀어 준다.

205 트레일러 달고 운전하기

후진하는 것만 해도 핸들을 움직이는 방향을 거꾸로 생각하는 두뇌작용을 요구하는데, 거기에 바퀴 달린 트레일러를 하나 더 달고 후진을 해야 한다. 정말 생각만 해도 앞이 캄캄한 과정이다. 하지만 아주 간단한 요령이 있다. 손만 운전대의 하단부에 고정하면 된다. 트레일러를 달고 후진할 때는 트레일러가 나아가고자 하는 방향으로 운전대를 돌려주어야 한다. 트레일러가 도로에서 왼쪽으로 나아가야 한다면 왼쪽으로 운전대를 돌려주고, 트레일러가 오른쪽으로 나아가야 한다면 오른쪽으로 돌려주면 그만이다. 오히려 트레일러 없이 그냥 후진하는 것보다 더 쉽게 느껴질지도 모른다.

206 멋지게 후진 주차하기

남자의 가장 섹시한 모습이 주차증을 입에 물고 오른손은 조수석 암레스트를 딛고, 왼손 하나로만 후진하는 모습이라는 우스갯소리도 있다. 후진 주차에는 간편한 공식이 있다. 이 공식을 외워서 숙달이 되면 아주 빠른 속도로 단 한 번에 원하는 곳에 차를 뒤로 밀어 넣는 카리스마적인 모습을 연출할 수 있다. 후진 주차의 공식은 다음과 같다.

1. 중형차 기준으로 차량을 도로 중앙으로 몰다가 운전자의 어깨가 주차해야 할 공간 두 구역을 거의 넘어설 때에 멈춘다.
2. 핸들을 오른쪽으로 모두 돌리고 후진한다.
3. 차량이 주차공간과 나란하게 되면 차를 멈춘 후에 핸들을 왼쪽으로 1.5바퀴 돌리고 후진한다.
4. 전후좌우 공간을 보면서 주차를 마무리한다.

207 하이드로플레이닝을 막는 방법

타이어와 노면이 접지가 되는 부분에 배수가 되지 않는 현상을 하이드로플레이닝, 즉 물로 이루어진 얇은 막이 생긴다고 해서 수막현상이라고 부른다. 당연히 이 경우 차량은 물위를 떠가는 것처럼 미끄러지게 되는데, 핸들이나 브레이크, 액셀러레이터를 제어할 수 없게 된다. 하이드로플레이닝 상황에서는 당황해서 급브레이크를 밟으면 안 된다. 반드시 핸들을 두 손으로 꽉 잡은 상태에서 액셀러레이터에서 발을 떼어 속도를 줄여야 한다.

속도가 너무 빠르다 생각될 때는 브레이크 페달을 살짝 여러 번에 나눠 밟아 타이어와 노면의 마찰력을 회복시켜야 한다. 하지만 무엇보다도 하이드로플레이닝은 예방이 최선이다. 비가 많이 오는 장마철에는 타이어 공기압을 10% 정도 높이는 게 좋다. 공기압이 높아지면 제동능력은 떨어지나 하이드로플레이닝에는 효과적이다.

208 눈보라를 뚫고 터프하게 운전하는 방법은?

눈보라가 날리는 도로로 진입하기 전에 앞 유리 와이퍼 상태를 점검하고, 뒤 유리에는 열선을 켜놓는다. 그 후 차 밖으로 나와 유리창이나 후드에 묻어 있는 눈을 모두 치워 운전하기에 좋은 최적의 시야각을 확보해야 한다. 앞 유리창에 와이퍼 동작 상태를 방해할 만한 얼음 조각 같은 요소가 없는지도 점검해야 한다. 가능하다면 언덕길을 피할 수 있는 우회도로를 선택할 수 있도록 계획을 세워야 한다. 눈보라가 몰아치는 날씨에 오르막이나 내리막길을 통과하는 것은 당신뿐 아니라 다른 운전자에게도 골칫거리가 될 수 있기 때문이다.

일단 도로에 나섰으면 중앙선과 가까운 곳에서 운전을 한다. 도로는 바깥쪽으로 갈수록 미세하게 내리막을 형성하고 있기 때문이다. 도로에서 가장 평평한 곳은 중앙선이고, 그곳이 갓길이나 도랑으로 차가 밀리는 확률이 가장 적기 때문이다. 아주 조심스럽게 중앙선을 끼고 운전하는 것도 미끄러짐을 방지할 수 있는 좋은 방법이다. 절대 잊지 말아야 할 사항은 저속 운전을 하고 브레이크는 꼭 필요한 때가 아니면 밟지 말고, 앞 차량과 충분한 안전거리를 확보해야 한다.

209 오토 운전에서 엔진 브레이크 사용법

엔진 브레이크는 긴 내리막길에서 과도하게 풋브레이크를 사용해서 브레이크가 과열되는 현상을 막는 기술이다. 보통 변속 레버 아래에 버튼이 하나 있는데 그게 바로 오버드라이브 오프 버튼이다. 긴 내리막이나 눈길에서는 충분히 속도를 감속시킨 다음에 오버드라이브 오프 버튼을 눌러주면 엔진 브레이크가 걸리게 된다. 수동 기어에 비해 훨씬 쉬운 방식이고, 엔진 브레이크를 사용한다고 해서 엔진에 무리가 간다거나 하는 일은 발생하지 않기 때문에 적절하게 사용하면 브레이크 과열을 막을 수 있는 좋은 방법이다.

210 과속 딱지를 안 떼고 스피드를 즐기는 방법

보통 차량용 내비게이션은 따로 경로 안내 설정을 하지 않아도 자동으로 안전운행에 관련된 과속 카메라를 잡아준다. 내비게이션을 적절하게 활용하면 원하는 구간에서는 딱지를 떼일 위험 없이 어느 정도 스피드를 즐길 수 있다. 또한 일반적으로 단속용 무인 카메라의 경우 자동차 속도계와 측정장비 오차 등을 감안해 제한속도에서 시속 10킬로 이상을 초과할 때만 촬영을 하게 되어 있다. 이 점을 잘 활용하면 단속 카메라가 있다고 하더라도 10킬로 이내에서는 감속과 과속을 조절해서 어느 정도 스피드를 즐기는 게 가능해진다. 하지만 내비게이션에 대한 과도한 신뢰는 금물이다. 특히나 업데이트를 제대로 하지 않은 상태에서의 내비게이션은 길 찾기 용도로만 사용하기를 권한다.

211 오토바이 운전법

직접 핸들을 잡기 전에 뒷좌석에 시승을 해서 오토바이를 타는 기분을 느껴보는 것을 우선 추천한다. 스쿠터가 아닌 오토바이를 운전하는 경우 기어 조작법을 먼저 배워야 한다. 가장 처음 할 일은 오토바이에 열쇠를 꽂는 것이다. 시동을 걸기 위해서 온 위치로 열쇠를 돌리면 보통 초록불이 들어

오면서 계기판에 불이 켜진다. 기어는 중립상태를 유지하고 있을 텐데, 이 상태에서 우측 핸들의 스타트 버튼을 누르면 시동이 걸린다. 메인 브레이크와 액셀레이터는 오른쪽 손잡이에 있고, 클러치는 왼쪽 손잡이에 있다. 기어 조작 레버는 왼쪽 발판 앞에 달려 있고, 오른쪽 발판 앞에는 뒤 브레이크 레버가 달려 있다. 시동이 걸린 오토바이는 왼쪽 핸들의 클러치 레버를 꽉 잡고, 왼쪽 발판 앞의 기어 조작 레버를 밟는다. 그러면 기어가 1단으로 들어간다. 이때 오른쪽 스로틀을 조금씩 돌리면서 동시에 왼쪽의 클러치 레버를 놓아주면 출발이 가능해진다. 출발한 상태에서 오른쪽 스로틀을 돌려주면 속도가 붙게 된다.

명심할 것은 스쿠터의 경우 자전거나 거의 진배없을 만큼 조작이 간편하지만, 기어 조작이 필요한 오토바이의 경우 자동차에 비해 안전도가 급격하게 떨어지기 때문에 반드시 숙련된 경험자에게 배워야 한다.

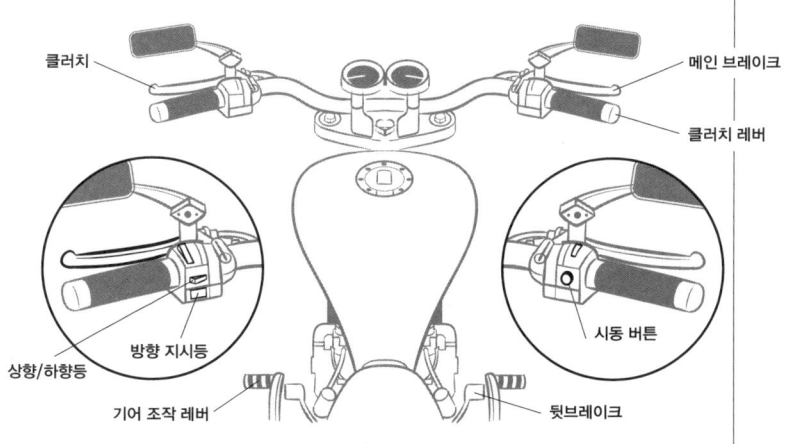

간혹 독일산이나 이탈리아, 영국산 오토바이의 경우 컨트롤 방식이 반대 방향에 위치한 경우도 있으니 착오 없기를 바란다.

■ 남자의 기술

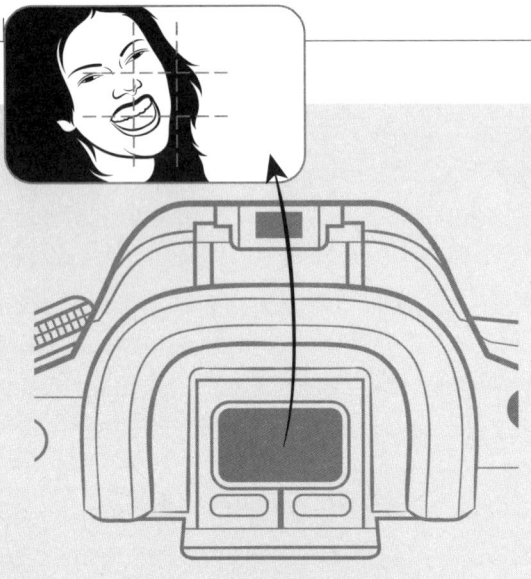

전문가 조언
212 사진 찍기

스티븐 세퍼드
사진가

단순하게 생각하라. 불필요한 플래시 사용은 일을 복잡하게 만들게 되므로 가능하다면 자연광을 이용하라. 꼭 필요한 상황이 아니면 삼각대도 사용하지 마라. 좋은 인물 사진의 첫번째 원칙은 포커스를 인물에 맞추는 것이다.

인물 사진에서 인물을 부각시키기 가장 좋은 방법은 밝은 조리개값을 가진 단렌즈를 사용하는 것이다. 카메라에 따라 상반신에 가장 적합한 렌즈, 얼굴 위주의 인물 사진에 가장 적합한 렌즈가 있다. 초점은 인물의 눈에 맞춘다.

인물 사진에서 대상이 한 명일 때는 카메라를 세로로, 여러 명일 때는 가로로 잡는다. 처음에는 인물을 가운데 놓은 상태에서 초점을 맞추고, 반 셔터 상태에서 카메라를 이동해서 인물을 적당한 지점으로 이동시켜야 한다. 아웃포커스를 사용해서 인물만을 부각시키는 사진이라면 인물을 중앙에 위치해도 무방하다. 하지만 배경 속에 인물이 자연스럽게 녹아들어가야 하는 사진이라면 인물을 정중앙에 위치하면 인물 사진의 분위기가 급격하게 촌스러워진다. 여백과 앵글을 고려해서 인물을 좌우로 이동시켜서 세련된 구도를 창출할 줄 알아야 한다.

남자라면 이것만은

남자라면 꼭 담고 다녀야 할 음악 10가지

1. **"RING OF FIRE"**
   조니 캐시(1963)

2. **"(I CAN'T GET NO) SATISFACTION"**
   롤링 스톤즈(1965)

3. **"TRY A LITTLE TENDERNESS"**
   오티스 레딩(1967)

4. **"A DAY IN THE LIFE"**
   비틀즈(1967)

5. **"SEX MACHINE"**
   제임스 브라운(1970)

6. **"THUNDER ROAD"**
   브루스 스프링스틴(1975)

7. **"I WANNA BE SEDATED"**
   라몬즈(1975)

8. **"LONDON CALLING"**
   클래시(1979)

9. **"LOSING MY RELIGION"**
   R.E.M.(1991)

10. **"SMELLS LIKE TEEN SPIRIT"**
    너바나(1991)

213 전국 일주 자동차 여행을 위해 필요한 것

남자라면 적어도 자동차로 국토를 횡단하는 여행을 한 번쯤은 꿈꿀 것이다. 종단이 목적이든, 구경이 목적이든 어찌됐든 원만한 여행을 위해서는 다음과 같은 몇 가지 사항을 고려하자.

▶ **차량의 안전 점검**: 개인 소유의 차량을 이용할 계획이라면 타이어나 엔진 오일, 냉각 장치 등 전문가를 통한 전면적인 점검이 요구된다. 그중에서도 타이밍 벨트나 브레이크에 대한 점검은 필수다.

차량을 소유하고 있지 않는데 전국 일주 여행을 계획하고 있다면, 차량을 렌트하는 것도 한 방법일 것이다. 미국의 렌트카 회사에서는 동서횡단에 따른 각종 여행상품이 풍부하게 마련되어 있다. 기본적으로는 본인 소유의 차량을 이용하는 것보다는 저렴한 가격에 이용이 가능하므로 옵션이나 보험 종류에 따라 선택을 하면 된다.

▶ **여행 코스 구상**: 미국에서라면 주와 주 사이를 관통하는 인터스테이트 고속도로를 이용하는 게 좋다. 하지만 시간에 쫓겨 그다지 서두를 이유가 없다면 미국의 유명한 도로를 경유하며 풍광을 즐기는 것도 나쁘지는 않을 것이다. 여행은 초보자나 고수나 공히 주제를 가지고 접근하는 게 좋다. 미시시피에서 시카고를 거쳐 뉴욕까지 블루스 음악 여행을 해본다거나 남부 바비큐 여행을 꿈꾼다거나 요세미티 국립공원에서부터 그레이트 스모키 산맥까지 국립공원 테마 여행을 계획하는 것도 좋은 생각이다.

우리나라의 경우 동해안 국도를 달리며 빼어난 경관을 감상할 수도 있다. 중요한 것은 가능한 그날 머물 숙영지점에 맞춰 여행의 주요 거점을 계획하는 것이다.

▶ **좋은 여행은 좋은 계획에서부터**: 여럿이서 여행을 할 때는 운전 분담에 대한 약속도 사전에 합의가 되어야 한다. 2시간에 한 번씩 교대하는 게 안전운전에 도움이 될뿐더러 소변을 보기 위해 멈추는 시간도 절약이 된다. 혼자서 여행을 할 때는 계획이 더욱 중요하다. 운전은 정확히 시간을 정해서 하고, 관광이 목적이 아니라면 가능한 막히는 시간을 피하는 게 좋다. 수면은 강한 도수의 술을 한두 잔 마시고 자정 전에는 눈을 붙이는 게 좋다. 사막의 뜨거운 열기나 트래픽 잼을 피하기 위해서라도 가능한 저녁을 먹고 난 후에 여행을 재개하는 게 좋다. 매일 출발하기 전에 기름을 체크하는 것 역시 잊지 말아야 한다.

214 긴 여행길에 챙겨야 할 것은?

▶ **음악**: 음악은 여행길의 동반자이다. 휴대폰이나 MP3 플레이어를 충전할 수 있는 차량용 어댑터를 구입하도록 하자. 그게 아니라면 옛날 방식으로 CD에 음악을 넣어도 좋다. 라디오를 좋아한다면 각 지역별로 라디오 채

널을 검색해서 어떤 스테이션이 좋은 음악을 선곡하는지를 사전에 알아둔다. 특별한 장르의 음악을 좋아하는 사람이라면 지역의 레코드점을 들러서 운전 중의 피로도 풀고, 희귀 LP를 발견하는 기쁨을 누려보는 것도 좋다.

▶ **음식**: 음악과 마찬가지로 차 안에서 입을 즐겁게 하는 음식도 여행의 좋은 동반자이다. 고속으로 달릴 때는 프레첼이나 감자칩이나 땅콩 등이 아무래도 운전자 손의 자유를 확보해주기 때문에 샌드위치보다는 훨씬 좋은 선택이 될 것이다.

▶ **그 외 편의장비**: 당신이 탐험가 수준으로 지도를 활용할 수 있는 게 아니라면, 내비게이션 없이 길을 떠난다는 것을 상상도 하지 마라. 또한 노트북을 사용하기 위해서라도 차량용 전원 어댑터 역시 필수다.

남자 노하우

215 택시 쉽게 잡는 법

택시를 잡는 방법은 콜택시를 부르는 방법, 지정된 정류장에서 타는 방법, 거리에서 무작위로 잡는 방법 등이 있다. 그중 길거리에서 무작위로 택시를 잡는 방법이 가장 힘들다. 비나 눈이 오는 궂은 날씨, 러시아워, 스포츠 경기나 록 공연이라도 끝난 직후의 인파와 경쟁하며 택시를 잡기란 쉬운 일이 아니다. 택시를 쉽게 잡기 위해서는 수요와 공급의 원리를 잘 파악하는 것, 즉 거점 확보가 가장 중요하다. 첫째, 택시는 이왕이면 거스름돈도 팁으로 후하게 줄 것 같은 말끔하고 단정한 승객을 태우기를 원한다. 셔츠는 바지 속으로 집어넣고, 어린놈으로 오해 받을 수 있는 스포츠 점퍼나 거꾸로 쓴 야구 모자 같은 것은 잠시 벗는 게 좋다. 다시 말하지만 관건은 거점 확보이다. 가장 좋은 거점은 사거리의 모든 차량과 커뮤니케이션이 가능한 코너이다. 코너에 자리를 잡았으면 끊임없이 수신호를 보내야 한다.

택시는 사람이 타고 있는지, 비번인지 등의 신호를 표시한다. 이 표시를 보고 택시를 불러야지, 무조건 '택시, 택시' 고함만 질러댔다가는 오히려 취객으로 오해받을 수도 있다. 정작 고함을 쳐야 할 때는 따로 있다. 바로 택시가 손님을 내려주는 것을 발견했을 때이다. 그때는 큰 소리로 '택시'를 외치며 뛰어가야 한다. 지체했다가는 얌체 손님에게 택시를 뺏기고 원점에서 다시 시작을 해야 하는 어이없는 상황이 벌어질지도 모른다.

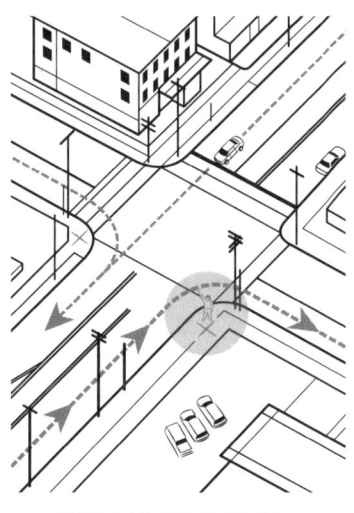

사거리 코너에 자리를 잡아야 한다.

216 손가락으로 휘파람 불기

엄지와 검지 끝을 맞닿게 하여 원을 만든다. 그렇게 만들어진 손가락 두 개로 살짝 원을 그리며 굽힌 상태로 혀 밑으로 넣으면서 혀를 위로 반을 접히도록 눌러 접는다. 입 양쪽에서 공기가 새지 않도록 약간의 힘을 주면서 손가락 사이 공간으로 힘껏 숨을 내뱉는다.

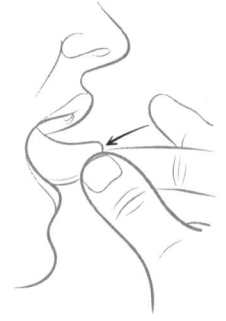

처음에는 헛바람 소리만 나겠지만 지속적으로 반복해서 연습하면 시원한 휘파람 소리를 만들어낼 수 있을 것이다. 여성에게나 다 큰 어른에게는 절대로 하지 마라. 하지만 강아지나 지나가는 배, 택시를 부를 때는 머뭇거릴 필요 없다.

217 자연스러운 모습 사진에 담기

다큐멘터리 사진이나 북적대는 행사장을 찍은 사진에서는 종종 버리는 사진에서 좋은 사진을 만나기도 한다. 일단 찍고 분류하는 과정에서 사진을 고른다. 록 콘서트나 대형 집회 같은 곳에서는 머리 위로 사진기를 올려서 찍는다. 사람들이 전혀 의식을 하고 있지 않을 때나 바삐 움직일 때 사진을 찍어라. 찍을 때 '스마일'이라는 진부한 표현은 이제 내뱉지 말자. 연예인처럼 카메라에 노출된 삶을 살지 않는 이상 자연스러운 미소를 지을 수 있는 사람은 생각보다 적다. 피사체에게서 미소를 강제하지 말고, 사진을 찍는 사람이 미소를 놓치지 않으려는 자세가 중요함을 꼭 인지하도록 하자.

218 카메라를 단단히 고정하는 법

팔이 삼각대 역할을 한다고 생각하면 된다. 카메라를 들지 않는 손의 손바닥은 삼각대의 고정부이고 팔은 삼각대 다리이다. 팔을 옆구리 갈비뼈에 착 붙이듯 고정시킨다. 사진을 찍기 전에 숨을 들이쉬고 찍는 순간에는 숨을 참는다. 반 셔터로 초점을 맞추고 구도가 완성되었다면 클릭하면 된다.

219 어떤 카메라를 사야 할까?

첫 번째 고려해야 할 부분은 픽셀, 즉 화소이다. 요즈음의 디지털 카메라는 아무리 구닥다리라고 해도 500만 화소 이상을 제공하는데, 이 정도면 일상생활에서의 스냅 사진을 찍는데 아무 지장이 없다. 생각해보라. 최신형 스마트폰 카메라 화소가 800만 화소이다.

휴가나 생일 같은 기념일을 기록할 용도라면 오토포커스가 지원되는 똑딱이 카메라를 사면 된다. 그 외 렌즈 교환식 DSLR 카메라는 사진을 배워보고 싶다거나 아웃포커스가 멋지게 들어간 인물 사진을 집중적으로 원할 때 고려대상이다. 또한 요즘의 DSLR 카메라의 동영상 기능은 영화 카메라

못지않은 고성능의 화면을 연출할 수 있다. 아이들이나 애완동물이 커가는 모습을 영화처럼 영상으로 남기고 싶을 경우 평생을 쓸 물건으로 지른다는 기분으로 고려해보는 것도 나쁘지는 않을 것이다.

220 차가운 맥주를 즐기는 최고의 방법

양철통에 얼음과 물을 8대2의 비율로 섞는다. 맥주는 병마개가 있는 부분이 위로 올라오도록 해야 더 빨리 차가워지고 냉기가 오래 지속되며, 사람들이 라벨을 알아보고 자기가 원하는 맥주를 골라서 먹기도 용이하다.

아주 빠른 시간 안에 맥주를 차갑게 만들어야 한다면, 5분에 한 번 정도 맥주를 빠르게 회오리바람이 일 듯 돌려주면 된다. 절대로 샴페인 흔들듯 아래위로 흔들면 안 된다. 맥주병 안에서 회오리바람이 형성되면 성공이다.

221 휴대용 생맥주를 맛있게 따르는 방법

생맥주 맛의 맥주를 가정에서도 즐길 수 있는 케그도 업소에서와 마찬가지로 따르는 방식에 따라 맛의 차이가 일어난다. 우선 케그가 평평한 곳에 놓여 있어야 한다. 통 얼음이 있다면 그 위에 올려놓는 게 가장 좋긴 하다. 컵은 깨끗하게 씻어 놓아야 한다. 컵이 더러우면 기포가 컵 벽면에 달라붙어 맛의 오염을 불러일으킬 수 있다. 브랜드별 케그의 설명서에 맞춰 케그를 개봉한 후, 손잡이를 당기면 맥주가 나오게 된다. 맛있는 맥주를 따르기 위해서는 컵을 최대한 눕히고, 맥주가 직접 컵에 닿지 않게 따르는 게 요령이다. 그 후 거품만 가득되지 않도록 천천히 맥주를 따라서 맥주기 넘치기 직전에 컵을 세워 거품을 풍성하게 만들어야 한다. 맥주잔의 거품은 손가락 두 개 높이가 형성되면 가장 맛있는 맥주가 준비된다는 전문가들의 의견이 있다. 명심하자, 손가락 두 개 높이!

222 병따개 없이 맥주 병마개를 따는 방법

몇 가지 도구가 병따개를 대체할 수 있다. 개별 도구에 따라 병마개를 한 번에 딸 수도 있고, 몇 번에 걸쳐 나눠서 딸 수도 있고, 뻥 하는 소리와 함께 일거에 날려보낼 수도 있다. 모두 연습하기에 달려 있다.

▶ **종이**: 일반적인 A4 용지를 가로 2센티, 세로 4센티 정도가 될 때까지 접는다. 딱딱하게 접힌 종이를 세워서 오른손으로 꽉 쥐고, 왼손 검지를 지렛대 삼아 뚜껑을 딴다.

▶ **다른 맥주병**: 또 다른 맥주병 하나를 거꾸로 세워서 병뚜껑이 서로 맞물리도록 만든다. 아래 맥주병 뚜껑이 느슨해져서 열릴 때까지 힘을 가한다.

▶ **치아**: 술꾼들 사이에서는 자주 목격되는 기술이지만 치아가 상할 수 있기 때문에 금해야 할 기술이다. 어금니를 이용해서 병뚜껑을 깨물듯 당겨서 느슨하게 만들고 손으로 마무리하는 방식이 그나마 나을 것이다. 이 분야 세계 신기록은 1분에 50개라고 한다.

▶ **숟가락**: 제대로만 하면 뻥 하는 소리와 함께 이목을 집중시키기 딱 좋은 방식이다. 왼손으로 병을 꽉 쥐고 검지를 지렛대 삼아 숟가락으로 따는 방식인데, 스냅을 이용해서 한 번에 튕겨내면 뻥 하는 소리와 함께 병마개가 개봉된다. 단 엄지로 병따개를 살짝 누르지 않으면 병마개가 개봉과 함께 몇 미터 정도 날아가서 사고를 유발할 수도 있기 때문에 주의를 기울인다.

남자의 기술 | 요령

전문가 조언
223 남자라면 이런 게임 정도는 할 줄 알아야 한다

크리스 베이커
와이어드 매거진 게임 에디터

▶ **슈퍼 마리오 브러더스**: 문학으로 치면 〈일리아드〉나 〈오디세이〉에 버금가는 클래식 게임. 오리지널 1편은 주인공인 마리오가 공주를 납치해간 악당 쿠퍼에게서 공주를 구출하는 내용이고, 그 후 변주에 발전을 거듭해서 3D 게임까지 다양한 시나리오로 출시되어 있다.

▶ **팩맨**: 클래식 아케이드 게임을 하나 정도 능숙하게 플레이할 수 있다면 역시 팩맨이다. 90년대 인기 시트콤 '프렌즈'에서 조이와 챈들러가 팩맨을 즐기는 모습은 정겨움 그 자체이지 않는가.

▶ **그랜드 테프트 오토**: 경찰관이 폭도를 소탕한다는 선악구도를 전복시켜버린 악당이 주인공이 되어 선량한 시민과 경찰을 이유 없이 무차별 폭력하는 게임으로 명성과 오명을 동시에 안고 있는 명작이다. 게임상에서라도 맘껏 폭력을 휘둘러 스트레스를 풀 수 있기 때문에 시리즈를 거듭하며 남자들에게는 여전한 매력으로 남아 있다.

▶ **디아블로 3**: 인기 액션 롤플레잉 게임. 디아블로 시리즈의 최신작으로 고성능의 콘솔 게임과 간편한 휴대성이 돋보이는 스마트폰 게임의 위세를 PC방의 부활로 돌려세운 대작.

▶ **던전 앤 드래곤**: 디지털 게임이 아니라 보드 게임을 말하는 것이다. 수많은 판타지 소설과 컴퓨터 롤플레잉 게임이 이 게임의 설정과 규칙을 차용해서 만들어진 최고의 보드 게임이다. 친구들은 물론이고 가족과 함께 즐길 수도 있는 흥미진진한 게임성 보장.

게임과 도박

224 어떤 카드 게임을 배워둘까?

다른 변종 카드 게임이 아무리 재미가 있어도 결국 카드 게임의 정수는 포커이다. 오죽하면 세계 타이틀에 텔레비전 중계까지 생겼을까 싶다. 남자라면 꼭 알아야 팔 포커의 세계가 여기 있다.

▶ **텍사스 홀덤**: 가장 대중적이면서도 가장 변화무쌍한 게임, 가장 쉽게 배울 수 있으면서도 가장 복잡한 게임이 텍사스 홀덤이다. 각각의 플레이어는 2장의 홀 카드를 손에 쥐고, 테이블에 놓인 5장의 카드를 이용하여 최상의 패를 완성하면 된다.

게임의 시작은 딜러의 왼쪽에 앉은 2명의 플레이어가 미리 정해진 금액을 베팅한다. 첫 번째 플레이어는 스몰 블라인드, 두 번째 플레이어는 두 배의 금액에 해당하는 빅 블라인드를 배팅하게 된다. 그러면 딜러가 각각의 플레이어에게 2장의 카드를 뒤집어서 보여주고 내려놓는다. 보통 커뮤니티 카드라 불리는 3장의 카드가 테이블 위에 세팅되고, 모든 플레이어는 5장 최상의 카드를 만들기 위해 노력한다. 다섯 번째 카드가 딜링되면 마지막 베팅을 하고 그 후 패를 보이게 된다.

▶ **오마하**: 텍사스 홀덤이 2장의 카드를 쥐고 게임을 시작하는 반면 오마하는 4장의 카드를 나눠주고, 5장의 커뮤니티 카드를 판에 깔아주는 방식이다. 자신이 가지고 있는 4장의 카드 중 2장과 커뮤니티 카드 3장을 더해서 최상의 패를 만들면 된다. 오마하 역시 텍사스 홀덤과 마찬가지로 총 네 차례의 배팅 차례가 돌아온다.

▶ **스터드**: 세븐 카드 스터드라고도 불리는 일반적으로 가장 널리 알려진 포커 게임이다. 굳이 진행방식을 설명할 필요도 없이 국내에서 보통 친교목적으로 가볍게 즐기는 포커가 바로 이 세븐 카드 스터드이다.

▶ **레즈**: 세븐 카드 스터드와 플레이 방식은 동일하지만 최종적으로 높은 패를 가진 플레이어가 아닌 가장 낮은 패를 가진 플레이어가 승리를 거두는 방식.

▶ **호스:** 텍사스 홀덤, 오마하, 레즈, 스터드를 돌아가면서 하는 게임으로서 한 자리에 앉아서 하는 것이 아니라, 플레이어를 바꿔가면서 하는 대표적인 게임이다.

전문가 조언

225 포커페이스를 유지하는 방법

알렉스 오스레드
프로 포커 플레이어

포커페이스란 포커 게임 도중에 자신의 속마음을 상대방에게 들키지 않은 얼굴 표정을 의미하는 용어이다. 포커페이스를 유지하고, 상대방의 포커페이스를 읽기 위해서는 공기의 움직임까지 포함해서 모든 행동을 예의 주시해야 한다. 손톱을 깨문다거나 머리카락을 꼬는 행위, 팔을 비빈다거나 얼굴을 만지는 등의 신경질적인 행동은 특히 주의해야 한다. 본능적인 행동이라 어쩔 수가 없다면 감출 수 있도록 노력한다. 나의 경우 입술을 앙다무는 행동을 통해서 손이나 입에서 드러나는 행동 변화를 커버한다. 당신의 행동을 컨트롤하는 가장 좋은 방법은 반복되는 규칙을 만드는 것이다. 나쁜 패가 들어왔을 경우에만 입술을 앙다물면 포커페이스 유지가 어렵다. 가능한 모든 경우에 입술을 앙다물어서 판단을 흐리게 해야 한다. 농구선수가 프리 드로를 던질 때나 타자 박스에 들어선 야구선수의 움직임을 떠올려보자. 무표정이 안 된다면, 좋은 패일 때나 나쁜 패일 때나 같은 표정을 지으면 된다. 그게 바로 포커페이스다.

> ▶ **드로**: 파이브 카드 드로라고도 불리며, 처음 카드 5장을 모두 히든으로 주고, 카드를 단 한 번만 바꾸는 기회가 주어지는 게임이다.

226 포커의 규칙은?

먼저 포커패의 서열을 알아야 한다. 어떤 패가 어떤 패를 이기는지에 대한 기본적인 서열을 모르는 상태에서는 절대로 포커 테이블에 앉지 마라. 통상적인 세븐 포커의 서열은 다음과 같다.

> ▶ **원 페어**: 2장의 카드가 같은 숫자로 페어를 이루는 것.
> ▶ **투 페어**: 2장의 카드가 같은 숫자로 2개의 페어를 이루는 것.
> ▶ **트리플**: 3장의 카드가 같은 숫자를 이루는 것.
> ▶ **스트레이트**: 5장의 카드가 연속적인 숫자를 이루는 것. 에이스 카드는 가장 낮은 1이 될 수도 있고, 킹(K) 위의 가장 높은 카드가 될 수도 있다.
> ▶ **플러시**: 5장의 카드가 숫자와는 관계없이 같은 모양으로 이루어진 것.
> ▶ **풀하우스**: 3장의 카드 숫자가 같고, 2장의 카드 숫자가 같을 경우.
> ▶ **포카드**: 4장의 카드가 같은 숫자로 나열된 경우.
> ▶ **스트레이트 플러시**: 5장의 카드가 같은 문양과 함께 A보다 낮은 순서로 나열되는 것.
> ▶ **로열 스트레이트 플러시**: 5장의 카드가 같은 문양과 함께 A부터 순서대로 나열되는 것.

일반적인 포커 게임에서는 높은 패가 낮은 패를 이기게 된다. 예를 들어 퀸 투 페어는 5 투 페어를 이기고, 로열 스트레이트 플러시를 이길 수 있는 패는 없다. 단 같은 종류의 패를 가진 경우 숫자와 무늬의 높고 낮음으로 승패를 가린다. 무늬와 순서의 숫자는 '스페이드-다이아몬드-하트-클로버' 순서이고, 숫자는 'A-K-Q-J-10-9……' 순서이다.

남자의 기술 | 요령

원 페어

투 페어

트리플

스트레이트

플러시

풀하우스

포카드

스트레이트 플러시

로열 스트레이트 플러시

227 카드 게임에서의 에티켓

카드 테이블에서 불쾌한 행동의 종류는 수도 없이 많다. 예를 들어 폴 뉴먼 주연의 1973년도 영화 '스팅'을 보자. 욕설은 기본이고, 술에 취해서 트림을 하고, 기차에서 포커 테이블을 엎어버리기도 한다. 카드 게임에서 갖춰야 할 에티켓 중 몇 가지를 골라보았다.

- ▶ 카드를 땅에 떨어뜨린다거나 테이블 아래로 가져가서는 안 된다. 이론적으로 카드패를 바꿔치기 한다는 의심을 살 수 있기 때문이다.
- ▶ 다른 사람 카드를 만진다거나 딜러의 카드에 손을 대서도 안 된다. 또한 관례적으로 다른 사람들이 모두 카드패를 받을 때까지 자기 패를 봐서도 안 된다.
- ▶ 그냥 재미로 하는 게임을 제외하고는 절대 다른 사람 몸에 터치를 해서는 안 된다.
- ▶ 다른 사람의 플레이에 대해 이러쿵저러쿵 말을 해서는 안 된다. 게임을 하지 않는 사람은 카드를 볼 수 없는 곳에 앉아서 원천적으로 훈수를 차단할 수 있어야 한다.

228 블러핑, 즉 뻥카(?)를 치는 방법

카드 게임에서 승리를 거두는 방법은 두 가지가 있다. 하나는 좋은 패를 가지는 것, 또 하나는 좋은 패를 가지고 있다고 상대방에게 믿게 하는 것, 즉 뻥카이다.

뻥카를 잘 치기 위해서는 먼저 서두르지 말아야 한다. 다른 사람들이 베팅을 하지도 않았는데, 돈이나 칩을 만지작거린다거나 해서는 안 된다. 내가 좋은 패를 가지고 있다고 광고를 하는 것과 마찬가지다. 평소 속도대로, 혹은 평소 속도보다 느리게 베팅을 해서 다른 사람들이 죽을 수 있도록 시간을 줘야 한다. 뻥카는 여러 사람이 남아 있을 때보다는 한 사람을 상대할 때가 가장 용이하다.

하지만 뻥카도 밀고 나아갈 게 있고, 그냥 죽을 게 있다. 상대방의 패를 예상해보지도 않고 무작정 밀고 나가면 역시 속임수가 들통날 게 뻔하다.

마지막으로 뻥카는 아껴 쳐야 한다. 상대방이 나를 뻥카를 절대 안 치는 사람으로 믿게 해야지, '저 사람은 뻥카쟁이'라고 믿는다면 그 순간부터 당신의 뻥카는 효력을 상실하기 때문이다.

229 베팅하는 시점을 어떻게 확신할까?

모든 종류의 포커 게임에는 베팅의 시점이 따로 있다. 포커에서 가장 중요한 능력은 바로 기다림이다. 당신의 패로 상대방을 제압할 수 있다는 확신이 들 때까지 베팅을 미루며 기다려야 한다. 한 가지 힌트를 내놓자면 상당수의 이기는 패란 확률적으로 플러시나 풀하우스 같은 패보다도 투페어나 트리플 같은 낮은 패에서 형성된다는 것이다. 그 정도에서 확신이 서면 베팅을 질러도 무방하다. 또한 조기에 좋은 패가 들어왔는데 베팅을 너무 서둘러서 상대방이 다 떨어져나가지 않도록 연출에 신경을 써야 한다. 명심하자. 좋은 패라는 것은 상대적이지 결코 절대적이지 않다는 사실을.

230 올인을 행사하는 최적의 시기는?

'올인'이란 게임상에서 가지고 있는 모든 것을 건다는 최고의 파워 게임이다. 하지만 그 힘을 행사하는 시기는 역설적으로 당신이 파워를 잃어가고 있을 때이다. 그때 단 한 번의 베팅이 바로 올인의 최적의 시기이다. 칩이나 돈이 다음 몇 라운드를 제대로 견디지 못할 것 같은 판단이 들면 올인을 고민하자. 물러설 곳이 없이 이 한 방에 모든 것을 걸었다는 확신을 상대방에게 심어주자. 올인은 플레이어가 행사할 수 있는 마지막 수단이다. 아주 절박한 순간에도 최고의 확신과 함께 행사되어야만 한다.

231 도박판이 커지는 것을 차단하는 방법은?

베팅 금액의 상한선이 없는 노 리미트 게임을 삼가자. 금액 제한이 있는 팟 리미트나 스프레드 리미트 게임이 적당하다. 팟 리미트는 레이스한 금액까지 포함하여 전체 판돈의 100%의 금액을 언제든 베팅할 수 있는 방식이고, 스프레드 리미트는 각 베팅 순서에서 베팅할 수 있는 금액이 정해져 있는 방식이다. 단 스프레드 리미트의 경우 상대방이 앞에서 베팅했던 금액보다 적은 금액을 레이즈해서는 안 된다는 규칙이 있다. 외국 카지노의 경우 우리나라에서 흔히 하는 하프 베팅 규칙은 거의 사용되지 않는다는 것도 알아두자.

232 온라인 카지노 게임을 하는 방법

온라인 카지노는 컴퓨터만 한 대 있으면 쉽게 접할 수 있지만, 돈을 걸고 하는 모든 온라인 게임은 이미 불법이라는 사실을 알아야 한다. 하지만 그래도 포커 게임을 즐기고 싶다면 수소문해서 온라인 카지노에 접속하면 된다. 온라인 카지노 게임도 회사와 플레이어가 하는 게임이 있고, 플레이어와 플레이어가 하는 게임이 있다. 전자의 경우 흔히 라스베이거스에서 잭폿을 기다리며 담배를 물고 게임기 앞에 앉아 있는 사람들을 떠올리면 된다. 후자의 플레이어 간 게임은 채팅방을 개설하듯 만들어진 방에서 플레이어들이 입장해서 게임을 하는 곳이다. 최소 배팅 금액에 따라 몇 만 원에서부터 몇 천만 원까지 오가기도 하는, 스릴이 넘치지만 패가망신을 경험할 수 있는 곳이기도 하다.

233 블랙잭의 규칙은?

라스베이거스의 초보자는 대부분 블랙잭 테이블 앞으로 향한다. 변수가 거의 없고, 이기는 경우의 수가 간단하면서도 상대해야 할 적수는 딜러 한 명뿐이기 때문이다. 블랙잭의 기본적인 규칙은 아주 간단하다. 플레이어와 딜러가 겨루어서 숫자 21에 가까운 패를 가진 사람이 이기는 게임이다. 플레이어는 초반에 2장의 카드를 받고, 추가 카드를 받아서 21을 초과하면 버스트라고 해서 죽게 되고 딜러가 판돈을 가지며 경기가 끝나게 되는 규칙이다.

234 영화에서처럼 카드 카운팅이 가능한가?

블랙잭을 소재로 한 영화 '21'에서는 MIT 천재들이 라스베이거스 카지노를 무너뜨리기 위해서 두뇌회전을 이용해서 카드를 세는 카드 카운팅 기술이 등장한다. 확률을 기초로 한 빠른 계산 능력으로 펼쳐진 카드를 기억해서 다음 카드를 예측하는 기술을 천재적인 두뇌들이 실제로 구현한다는 내용이다. 그렇다면 보통 사람들도 노력을 하면 카드 카운팅이 가능할까? 물론이다.

카드 카운팅의 기본 원리는 카드통에 7 이하의 낮은 숫자의 패가 많이 남아 있으면 딜러에게 유리하고, 9, 10, J, Q, K, A 같은 높은 패가 많이 남아 있으면 플레이어에게 유리하다는 것이다. 이 간단한 원리만 적용해서 적절하게 베팅을 하면 카지노를 이기는 것이 불가능은 아니다. 기본적으로 블랙잭은 카지노보다는 플레이어가 단 0.1퍼센트라도 더 유리하도록 만들어진 유일한 게임이기 때문이다.

235 룰렛의 규칙은 무엇인가?

0/00	1st 12				2nd 12				3rd 12				
	3	6	9	12	15	18	21	24	27	30	33	36	2 to 1
	2	5	8	11	14	17	20	23	26	29	32	35	2 to 1
	1	4	7	10	13	16	19	22	25	28	31	34	2 to 1
	1to18		EVEN		RED		BLACK		ODD		19 to 36		

17세기에 최초로 발명된 룰렛 게임은 많은 시간에 걸쳐 규칙이 개선되고 발전되었다. 가장 오래된 게임답게 배우기도 쉽고 베팅 방법도 다양해서 좋아하는 사람이 많은 게임이기도 하다.

룰렛의 기본 규칙은 휠이 돌아갈 때 작은 공을 휠이 회전하는 반대쪽으로 던져서 휠이 멈췄을 때 그 공이 어느 숫자에 안착했는지를 맞추는 게임이다. 딜러가 '노 모어 베트'라는 말을 하기 전까지는 베팅이 가능하다. 볼이 숫자 위에 떨어지면 딜러는 숫자를 얘기하고 그 위에 표시를 하게 되는데, 이때 진 판돈은 모두 카지노가 가져가며, 이긴 돈은 몇 가지의 다양한 배당률에 따라 지불된다.

236 크랩스를 즐기는 방법

카지노에서 가장 빠르게 진행되는 게임 중의 하나인 크랩스 게임은 오직 두 개의 주사위와 작은 공간만 요구되는 간단한 게임이다. 카지노 내에서 가장 활기가 넘치고 구경꾼이 몰리는 테이블을 찾는다면 바로 크랩스 테이블일 것이다.

기본적인 게임 방법은 주사위의 합이 7이 되어 게임이 끝날 때까지 계

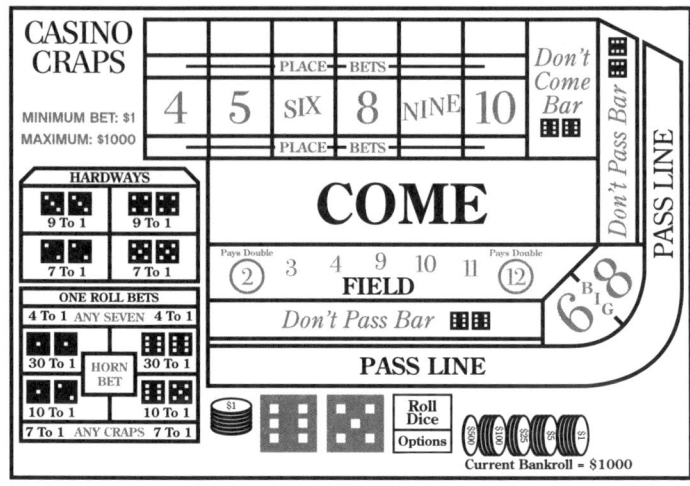

속해서 주사위를 던지는 것이다. 슈터가 주사위를 굴리기 전에 패스라인이라는 곳에서 베팅이 가능한데, 주사위의 합이 7이나 11이 나오면 플레이어는 이븐 머니를 지급받고, 만약 주사위가 2, 3 또는 12가 나오면 베팅에서 지고 그 외의 모든 다른 숫자가 포인트가 된다. 슈터가 주사위를 다시 던져서 7이 나오기 전에 포인트가 나오면 패스라인에서 베팅을 한 모든 사람들이 이븐 머니를 지불받는 방식이다. 아주 다양한 지불방식과 게임방식이 존재하지만, 규칙이 생각보다는 단순해서 몇 차례 게임을 지켜보면 쉽게 규칙이 머리에 들어오게 될 것이다.

237 경마에서 베팅을 하는 방법

경마장의 베팅 윈도는 초보자들에게는 다소 까다로운 장소처럼 보이는 게 사실이다. 기본 규칙은 다음 순서와 같다. 잘 기억해서 승리하는 베팅이 될 수 있도록 능숙해지자.

- 말이 뛰는 레이스 트랙 번호를 기억한다.
- 베팅하고자 하는 레이스의 번호를 기억한다.
- 베팅하고자 하는 금액
- 베팅의 형태를 얘기한다.
- 말을 지칭할 때는 이름이나 별명이 아니라 말 번호로 얘기해야 한다.
  예) "버몬트 파크, 5경주 단승식 7번 말에 1만 원"

238 경마를 잘하는 방법

나름대로 경마에 일가견이 있는 사람들이야 데이터 분석과 노하우를 집결하여 승리마를 예측하곤 하겠지만 초보자의 경우 승리마 예측이라는 게 말 그대로 찍기에 불과한 게 사실이다. 하지만 몇 가지 규칙을 기억해서 응용하면 그 확률을 줄이는 것이 가능하다.

우선 인기 있는 말을 선정해서 배당을 해보는 게 좋다. 물론 배당률이 너무 낮아서 당첨돼도 손에 쥐는 게 몇 푼 안 되겠지만 경마의 재미를 느끼기에 좋은 출발점이 될 것이다.

그 후에는 경마장에서 구매할 수 있는 경마 종합지를 한 장 사서 깨알같이 정독을 하면서 레이스를 지켜보다 보면, 종합지를 분석할 수 있는 능력이 생기게 된다. 그러면 4착이나 3착을 했던 말 중에서 우승마가 될 수 있는 가능성을 찾을 수 있게 된다. 바로 이 가능성에 베팅을 하면 된다.

또한 레이스를 지켜보면서 이상 증후를 조금이라도 보이는 말이 있다면 우승마 예측에서 제외해야 한다. 말은 생각보다 대단히 예민한 동물이기 때문에 컨디션에 조금이라도 문제가 생기면 결과가 바로 레이스에 반영이 된다.

239 포켓볼 잘 치는 방법

당구 중에서도 포켓볼은 사람들과 어울려 맥주를 마시듯 사교의 연장선상에서 치면 된다. 이런 사교 당구에서는 고수의 기술까지는 필요 없다. 하지만 그렇다고 민폐 수준으로 소위 '뻑사리'만 만들어내면 곤란하다.

우선 큐대를 반듯한 일자 형태로 골라 잡는다. 무게감이 나가는 것이면 더욱 좋다. 일자 여부는 당구대에 굴려 보아서 자연스럽게 굴러가는지를 확인하면 된다. 초크는 움푹 패인 곳에 큐대 끝을 문지르는 게 아니라 살짝살짝 큐 끝을 스치듯 발라야 한다.

기본자세 또한 매우 중요하다. 너무 힘을 줘서 손이 경직될 정도로 잡아도 안 되고, 너무 가볍게 잡아서 큐가 흔들려서도 안 된다. 포켓볼은 4구나 3구에 비해 난이도 있는 샷이 필요하기 때문에 가능한 회전 없이 정중앙을 맞춰서 포켓에 집어넣는 연습을 많이 해야 한다.

또한 포켓볼은 수구가 목적구를 맞추지 못해도 파울이고, 점프샷도 파울이듯 파울의 종류가 4구 당구보다 훨씬 다양하다. 파울 규칙을 잘 숙지해서 불이익을 당하지 않도록 주의하자.

240 에이트 볼 플레이 규칙

포켓볼 게임 중에서 가장 일반적인 게임은 두 편으로 나눠서 한 팀은 1에서 7번 볼인 솔리드 볼을, 또 한 팀은 8에서 15번 볼인 스트라이프 볼을 포켓에 넣고, 마지막으로 8번 볼을 포켓에 집어넣는 에이트 볼이다.

솔리드와 스트라이프를 결정하는 방법은 브레이크 후에 첫 번째 플레이어가 포켓에 집어넣는 볼로 결정이 된다. 브레이크 때 포켓에 들어간 볼은 아무 상관이 없다.

또한 샷을 하면 자기 그룹의 볼을 먼저 맞춰야 하며, 하나 이상의 볼을 포켓에 넣든지, 그렇지 않은 경우 수구나 목적구 어떤 공이라도 하나 이상

레일(측면 범퍼를 지칭하는 공식 용어)에 닿게 해야 한다.

컴비네이션 샷으로 공격하는 것은 인정이 된다. 단 8번 볼을 먼저 맞히면 파울이다. 경기 종료는 모든 볼을 포켓에 다 넣고, 마지막으로 8번 볼을 집어넣으면 승리를 거두게 된다. 여기에도 예외는 있다. 실수로 콜한 포켓이 아닌 다른 포켓에 8번 볼이 들어가면 파울이 된다. 에이트 볼에 대한 전체 규칙은 www.pool-table-rules.com에서 확인할 수 있다.

241 영화 '허슬러'의 폴 뉴먼처럼 멋진 샷을 치는 방법

사람들은 포켓볼에서 단 한 방의 샷으로 몇 개의 볼을 포켓에 귀신처럼 집어넣는 샷을 꿈꿀 것이다. 하지만 그런 샷은 고수들의 기술이니 우선은 볼을 하나하나 포켓에 정확하게 집어넣는 것에 집중해야 할 것이다. 볼을 정확하게 포켓에 넣기 위해서는 수구의 중앙을 겨냥해서 목적구를 원하는 방

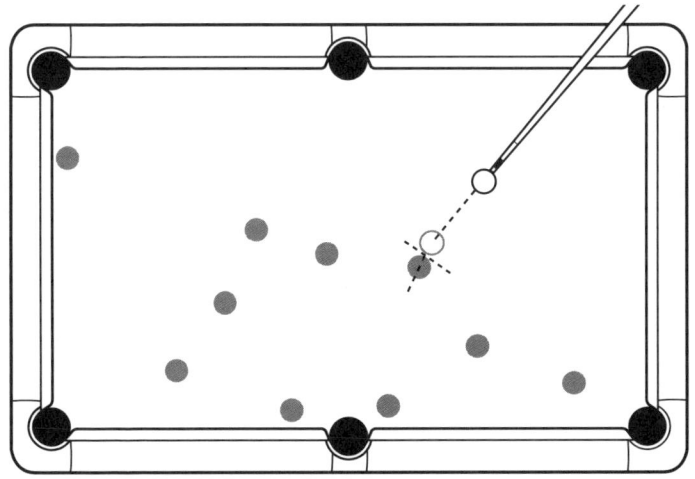

큐를 수구의 중앙을 겨냥하라

향으로 보낼 수 있도록 연습하는 게 가장 중요하다.

242 초보자 신세를 벗어나는 샷

누구나 멋진 샷을 치고 싶어 한다. 기본기를 익혔으면 이제 스핀의 활용과 수구의 어떤 지점을 겨냥하느냐로 멋진 샷을 익혀보자. 먼저 볼을 멈추게 해야 한다. 수구의 하단부를 겨냥해서 치면 된다. 하단부 쪽으로 많이 내려가면 목적구를 맞추고 되돌아오는 백스핀이 걸리기도 한다.

가끔은 수구를 레일에 직접 맞춰서 각도를 꺾게 만들 필요도 있다. 오른쪽으로 회전하기 위해서는 오른쪽 스핀을 주고, 왼쪽으로 회전하기 위해서는 왼쪽 스핀을 주면 된다. 부단한 연습을 통해서 스핀의 각도에 익숙해지면 된다.

243 다트 게임 규칙

다트 보드는 20개의 구역으로 나뉜다. 다트를 색깔별 각 구역에 꽂아 넣으면 해당 점수를 득점하는 게임 방식이다. 각 득점 구역은 싱글, 더블, 트리플의 3개 구역으로 나뉘어져 있으며, 중심 구역을 불이라고 하는데, 바깥쪽을 싱글 불, 안쪽을 더블 불이라고 한다. 싱글 에어리어를 맞추면 해당점수, 더블 에어리어는 해당점수의 2배, 트리플 에어리어는 해당점수의 3배를 얻게 되며, 싱글 불은 25점, 더블 불은 50점을 득점으로 기록한다. 대부분의 다트 게임에서는 각각의 플레이어가 자신의 차례에 3개의 다트를 던지고 교대하는 방식을 취한다. 득점 구역 이외는 모두 0점으로 취급한다.

244 라이어스 다이스 게임 규칙은?

라이어스 다이스는 각자 주사위를 가지고 전체 주사위를 예측하며 베팅을

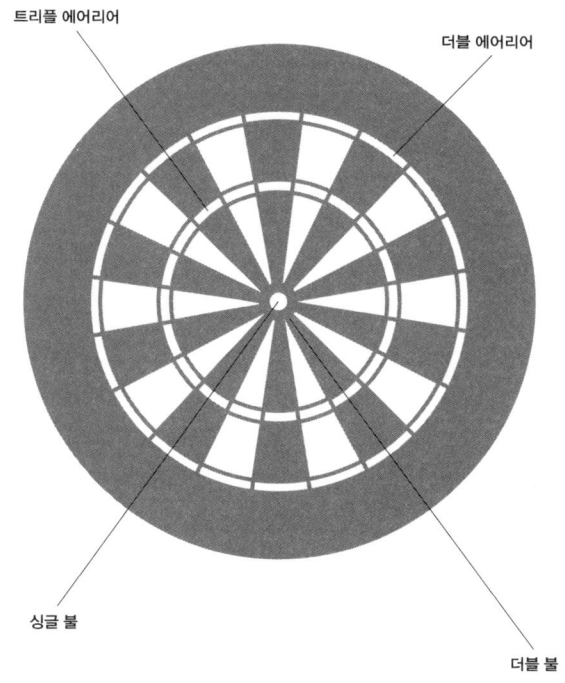

하는 게임 방식이다. 진실과 거짓이 난무하는 게임이라고 해서 블러핑(뻥카) 게임이라고도 불리는 가족용 게임이다.

일단 모든 플레이어가 5개의 주사위를 가지고 게임을 시작하게 된다. 플레이어 모두가 주사위를 컵 속에서 흔든 다음 테이블 위에 올려놓으면, 차례차례 같은 숫자의 주사위가 몇 개 이상이 있을지를 예측해서 선언하고, 그에 따른 상대방 플레이어들의 '허세부리지 마라, 정확한 숫자가 있는 것 같다, 그보다는 많은 것 같다.'의 세 가지 입장을 확인하고 겨루며 주사위를 뺏고 뺏기며 주사위를 모두 반납하면 지게 되는 규칙이다. 말로 하면 상당히 복잡해 보이지만 실제로 몇 판만 해보면 쉽게 적응된다.

몸짱 만들기

245 덤벨 운동법

이름이 좀 웃겨서 그렇지, 덤벨은 상당히 저평가된 운동기구이다. 덤벨과 짐볼 정도만 있으면 가정에서 거의 모든 운동을 소화할 수 있다. 근력이 강화되는 정도에 따라 무게를 올리면서 규칙적인 운동을 실시해보자. 다음을 참조하라.

▶ **어깨 운동**: 짐볼 위에 앉아서 발은 바닥에 붙이고, 한 손에 하나씩 덤벨을 들고 어깨 위로 올려서 팔은 알파벳 L자 모양을 유지하고, 덤벨은 귀 높이에서 멈춘다.[a] 한쪽 팔을 완전히 위로 뻗은 다음,[b] 교대로 다른 팔도 뻗어준다.[c] 휴식 없이 무게를 감당하지 못해서 들어올리기가 불가능할 때까지 반복한다. 휴식 후 한 세트를 다시 반복한다. 처음에는 5킬로그램 정도의 덤벨로 시작하면 무난하다.

▶ **삼두박근 운동**: 짐볼 위에 어깨와 목을 붙인 상태로 눕는다. 양 손에 덤벨을 잡고서 동시에 천장을 향해 들어 올린다.[a] 천천히 팔을 굽혀서 덤벨이 귀를 스치듯 지나가도록 한다.[b] 그 상태로 멈췄다가 덤벨을 다시 천장을 향해 들어 올린다. 이 운동은 보기보다 강도가 센 운동이다. 가벼운 덤벨로 시작하는 게 좋다.

▶ **가슴 운동**: 짐볼 위에 허리를 붙이고 안정감 있는 자세로 눕는다. 양 손에 덤벨을 하나씩 들고 손목을 살짝 안쪽으로 구부린 상태로 팔을 옆으로 눕힌다.[a] 가슴 운동을 시작하기 위해서 양팔을 안쪽으로 모은 후에[b] 다시 바깥쪽으로 눕힌다.[c] 이 운동을 팔을 들어 올리지 못할 정도까지 반복한다.

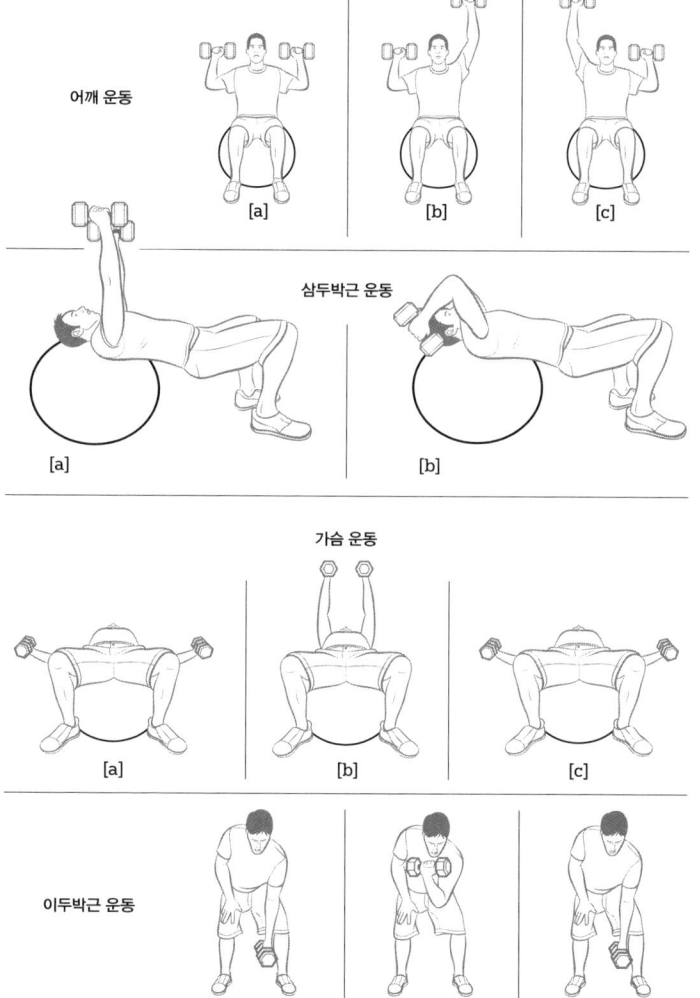

▶ **이두박근 운동**: 이두박근, 즉 남자의 알통 근육을 만드는 운동이다. 구부정한 자세로 서서 덤벨을 쥐지 않은 손은 넓적다리에 붙이고,[a] 덤벨을 거의 얼굴에 닿을 정도까지 들어 올렸다가[b] 천천히 내려놓는다.[c] 정확한 자세를 유지한 채로 팔을 바꿔 가면서 근육이 당겨서 더 이상 운동이 불가능할 때까지 반복한다.

246 벤치 프레스 능력 개선하기

등을 붙이고 벤치 위에 눕는다. 발은 바닥에 견고하게 고정시켜야 한다. 발바닥이 안정적이어야 모든 근육이 제 힘을 받을 수 있다. 먼저 세 차례 반복해서 들어 올릴 수 있는 무게로 시작한다. 중량을 조금 더 추가해서 세 차례 더 반복한 후, 더 이상 들어 올리지 못하는 무게에 도달하면 그 이후부터는 무게를 감소시킨다. 그 후 다시 세 차례 반복이 가능한 무게로 돌아오면, 그 무게가 현재 당신의 벤치프레스 웨이트 한계점이다.

이틀에 한 차례, 아주 조금의 증량에 불과하더라도 매번 당신의 웨이트 한계점을 끌어올려야 한다. 중요한 것은 벤치프레스 능력이 나아진다는 사실이다. 단 천천히 해야 한다. 적어도 5주 정도는 웨이트 한계점에 익숙해지도록 증량은 삼가는 게 좋다.

247 제대로 된 팔굽혀펴기 운동법은?

규칙적인 팔굽혀펴기 운동은 가슴과 복근을 포함하여 전반적으로 상체 근육을 강화시키기에 좋은 운동이다. 먼저 엎드린 자세에서 어깨너비보다 약간 넓게 두 손을 벌리고 바닥을 손으로 짚는다. 이때 허리는 일자를 유지해야 한다. 그 후 가슴을 바닥으로 향한다는 느낌으로 팔을 굽혀 상체를 내리고 호흡을 들이마셔 약 2초 정도 멈춘다. 다시 팔을 펴고 처음 상태로 되돌아오면 1회가 마무리된다. 10회씩 3세트 정도로 시작해서 한 달 후부터는

15회씩 3세트로 점차 늘려가는 게 좋다.

248 어디서든 할 수 있는 쉬운 운동법은?

굳이 헬스클럽을 가지 않더라도 쉽게 할 수 있는 운동법은 아주 많다. 문제는 의지와 노력. 삼두근 강화를 위해서는 계단을 활용할 수 있다. 계단 맨 밑

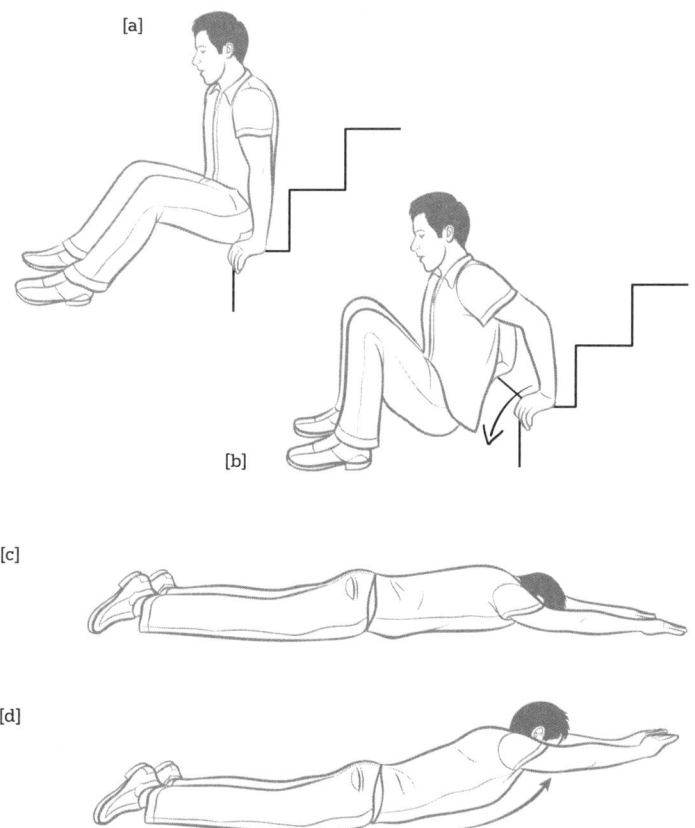

에 앉아서 손을 등 뒤로 해서 계단을 딛는다. 팔 힘을 이용해서 앉은 채로 몸을 들어 올린 후,[a] 그 자세에서 그대로 앞으로 이동시켜 바닥으로 내려앉는다.[b] 가능한 많은 횟수를 반복한다. 발의 위치에 따라 이 운동의 난이도가 결정된다. 발을 지면에서 떨어뜨리면 대단히 효과적인 운동법이 된다. 엘리베이터를 타기 전에 규칙적으로 하면 좋은 운동법.

등 근육 강화를 위해서는 다음 운동법을 추천한다. 방바닥에 슈퍼맨 비행 자세로 눕는다. 팔을 쭉 펴고 이마도 방바닥에 붙여야 한다.[c] 그 자세에서 머리와 상체를 동시에 들어 올려서 힘이 부칠 때까지 자세를 유지한다.[d] 이 운동을 지칠 때까지 반복하는데, 중요한 것은 머리를 들어 올리는 것이지 목만 움직이는 게 아니라는 것이다.

249 초콜릿 복근을 만드는 방법

자잘하게 형성된 초콜릿 복근은 남자로서의 이성적인 매력 말고도 여러 가지 효과가 있다. 강한 복근은 운동을 할 때 균형감각을 유지시켜서 몸 전체

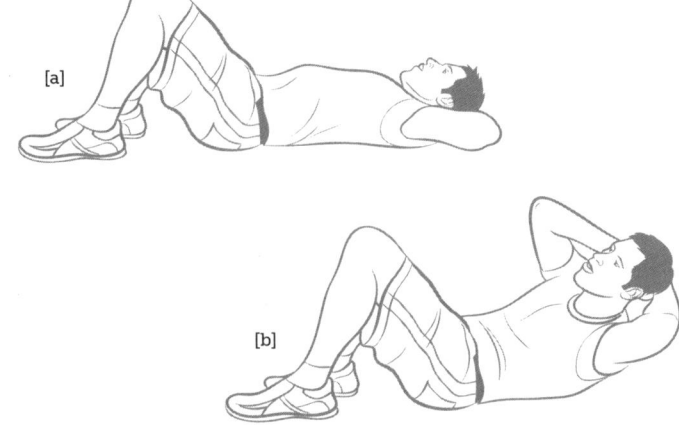

남자라면 이것만은

죽기 전에 꼭 해보아야 할 이색적인 운동

아래 네 가지 운동법은 당신의 근육을 강화시켜주고, 멘탈을 유지시켜주며, 균형감각을 키워주고, 심장에 심각한 이상을 초래하는 질병을 예방해준다. 모두 헬스클럽을 벗어나서 무거운 웨이트 트레이닝의 단조로움을 탈피할 수 있는 운동들이다.

크로스 컨트리 스키 말 그대로 스키를 이용해서 산과 들을 횡단하는 것이다. 일반적인 스키가 아닌 특수 스키를 이용하기 때문에 많은 에너지 소비를 요구하는 운동이다. 스키가 레저라면 크로스 컨트리 스키는 한 마디로 중노동!

핸드 패들을 끼고 수영하기 수영 선수들이 훈련용으로 사용하는 핸드 패들은 마치 손에 물갈퀴를 단 것처럼 커다란 패들을 부착한다. 손보다 커서 물의 저항이 몇 갑절로 늘어나서, 스트로크 한 번에도 팔이 덜덜 떨릴 정도로 힘이 든다. 그런 이유로 어깨에 무리가 갈 수도 있기 때문에 조심해서 사용해야 한다. 하지만 한 번 해보면 일반 수영과는 확연히 다른 운동량의 차이를 느낄 수 있다.

태극권 중국 송나라의 호신용 권법에 기반을 둔 무술이지만 싸움보다는 발레에 가까운 일종의 체조라 보면 된다. 하지만 민첩함과 균형감각을 요구하며, 정신집중을 통해 뇌 근육의 긴장과 이완 작용을 일으키는 최고의 운동 중의 하나이다.

빈야사 요가 신체의 전반적인 근육을 단련시켜주고, 유연성을 키워주면서도 동시에 정신 집중에 상당한 효력을 보여주는 고대 인도에서 시작된 요가 수행법 중 하나이다. 마돈나, 스팅, 귀네스 팰트로 등 할리우드 스타들이 열광하면서 대중적으로 유명해진 운동법이다.

를 부드럽게 움직일 수 있도록 힘을 실어준다. 또한 궁극적으로 허리와 등 근육이 약해서 유발되는 척추질환도 예방해주는 효과가 있다.

초콜릿 복근을 만드는 효과적인 운동법이 여기 있다. 바닥에 등을 붙이고 누워서 무릎은 구부린 상태로 발바닥은 바닥에 붙인다.[a] 손은 뒷머리에 깍지를 낀다. 상체를 들어 올린다. 이때 손으로 목을 잡아 당겨서는 절대 안 된다. 오른쪽 팔꿈치가 왼쪽 무릎에 닿을 때까지 상체를 일으켜 세워야 한다. 그 후 반대쪽 동작을 시행한다.[b] 이 자세를 유지하면서 가능한 많은 횟수를 반복한다.

남자라면 이것만은

남자 음식

스포츠 이벤트나 음주 가무의 날, 그 외 기념일 등 행사에서 어울리는 음식

칠리소스 남자 요리의 정수라면 역시 칠리소스. 토마토, 통조림콩, 칠리 파우더, 월계수 잎을 물에 넣고 끓이다 한 잔의 맥주를 넣어주면 된다. 소고기나 돼지고기, 소시지 등 뭐든 집에 있는 것을 넣고 끓이면 맛있는 칠리소스 요리가 된다.

바비큐 바비큐를 맛있게 굽는 능력은 남자라면 누구나 선망하는 기술이다. 돼지고기, 닭고기, 햄버거, 소시지 등을 색색의 야채와 함께 준비하자. 특히 두꺼운 고기는 겉만 타고 속이 익지 않도록 오븐에서 미리 익혀서 굽는 센스를 발휘한다면 그게 바로 최고의 신랑감이자 최고의 남편이다.

생굴 생굴은 초고추장이나 레몬 소스에 그냥 찍어만 먹어도 훌륭한 음식이지만, 그 어떤 요리보다도 다양한 레시피가 존재하는 음식이기도 하다. 단 생굴은 먹는 시기가 중요하다. 속칭 영어 알파벳 R이 들어가는 9월부터 이듬해 4월까지가 식중독 걱정 없이 생굴을 즐기는 시기이다. 시기만 지키면 생굴은 어떤 주류와도 부담 없이 즐길 수 있는 최고의 음식이다.

피자 피자와 맥주는 가장 쉽게 준비할 수 있는 음식으로 텔레비전의 스포츠 중계를 보며 고함을 질러대느라 배가 고파진 남자들을 달랠 수 있는 최고의 앙상블이다.

---

250 플립 턴 하기

20세기 초 올림픽 수영 배영에서 1분의 벽을 깨는 것은 인간의 한계라고 생각됐다. 1908년 런던 올림픽 기록이 1분 24초, 1920년 앤트워프 올림픽 기록이 1분 15초, 1928년 암스테르담 올림픽 기록이 1분 8초 등 배영 100야드 부분에서 1분은 넘지 못할 마의 장벽이었다.

하지만 1938년 8월 한 고등학교 수영시합에서 마의 1분 벽이 어이없게 깨지고 만다. 아돌프 키에퍼라는 고등학생이 기존까지 모든 선수들이 사용하던 반환점에 도달한 후 손을 집고 회전하는 방식을 탈피해서, 반환점 얼마 전 지점에서 전진하는 관성을 이용하여 몸을 회전한 후 발로 반환점을 터치하고 발의 반동력을 이용하여 나아가는 '플립 턴' 방식을 선보여서 58.5초

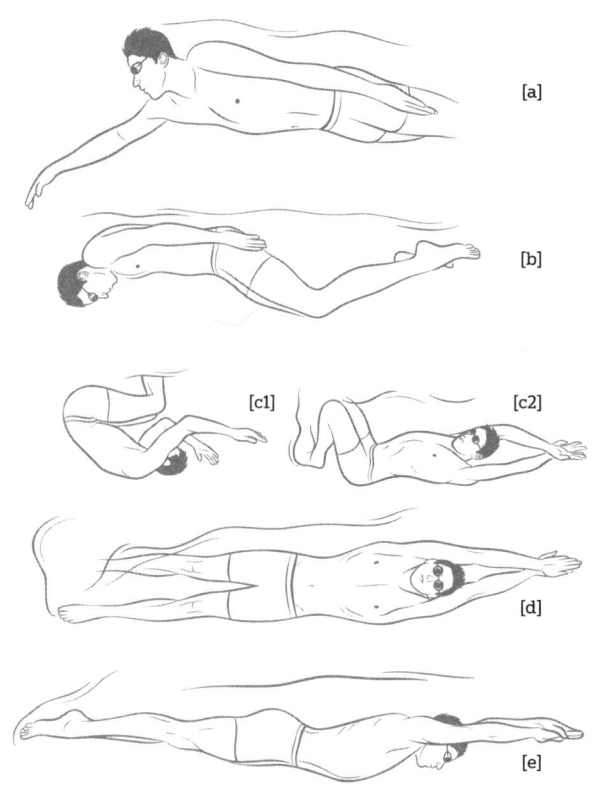

의 기록을 달성했기 때문이다. 이 플립 턴은 이후 수영의 모든 종목으로 전파되어 수영 기록 단축의 혁명을 이루게 되었다.

플립 턴을 하는 방식은 다음과 같다. 먼저 반환점이 눈에 보이기 시작하면 숨을 참고 턴할 준비를 한다.[a] 머리를 숙이고 몸을 구부리기 시작한다. 이때 손은 허벅지에, 손바닥은 엉덩이 방향을 향해야 한다.[b] 90도 인사를 하듯 몸을 잔뜩 구부려서 턴을 한다. 손바닥은 가슴 방향이다.[c1] 무릎을 가슴 쪽으로 모아주며 손을 귀 뒤로 넘겨준다.[c2] 그 상태에서 귀 뒤로 넘긴 손을 모아 쭉 뻗으면서 동시에 몸을 오른쪽으로 틀어서 벽을 차고 나간다.[d]

타이밍이 중요하다. 무릎을 구부려서 발로 벽을 찰 수 있는 상황을 만들고, 벽을 차고 바로 치고 나가는 과정이 자연스럽게 이루어져야 다시 전진할 수 있는 추진력을 얻을 수 있다.[e]

먹고 마시고 즐기고

251 좋은 레스토랑 구분하기

메뉴를 보면 많은 것을 알 수 있다. 좋은 레스토랑은 몇 가지 메뉴에만 집중한다. 예를 들어 일곱 가지 치킨 요리에 다섯 종류의 송아지 고기 요리, 여섯 종류의 생선 요리가 메뉴에 있다면 일단 쉽게 믿음이 가지 않는다. 그중 어떤 것도 맛이 훌륭하지 않을 확률이 높다.

"여기서 제일 맛있는 게 어떤 거죠?"라는 질문만큼 어리석은 질문도 없다. 굳이 쉐프에게 질문을 해야겠다면 쉐프가 가장 좋아하는 메뉴, 쉐프가 가장 자부심을 느끼는 메뉴가 무엇인지를 물어보라. 쉐프가 열정적으로 추천하는 메뉴를 주문한다면 어쩌면 보너스로 공짜 사이드 요리를 얻을지도 모른다. 어쩌면 쉐프가 직접 나와서 요리가 어땠는지 당신에게 질문을 할 수도 있다. 여자와의 데이트에서 남자를 돋보이게 하는 순간이다.

252 유명 레스토랑 예약하기

도시에서 가장 유명한 레스토랑은 몇 달 전부터 이미 예약이 꽉 차 있다. 하지만 브래드 피트가 식사를 하고 싶다고 의향을 밝혀 왔다면? 당연히 레스토랑 입장에서는 없던 자리도 만들어낸다. 그렇다면 보통 사람이 도시의 가장 핫한 레스토랑에서 식사를 할 수 있는 방법은 무엇일까? 먼저 레스토랑이 비교적 새로 지어졌다면 가능한 끈을 이용해보는 게 최선이다. 삼촌이 레스토랑의 회계사를 맡고 있다느니, 어머니 친구분이 레스토랑의 플로

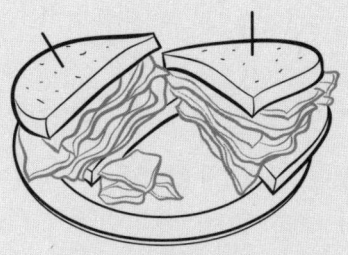

전문가 조언
253 클래식 델리 샌드위치 주문하기

샌포드 레빈
맨해튼 카네기 델리 주인

카네기 델리에서는 호밀빵을 주문하는 것이 최선의 선택이다. 만약 당신이 카네기 델리에 들어와서 밀가루빵을 주문하면 '저 사람 뭐지?' 하는 시선을 피할 수 없을 것이다. 머스터드는 독일산 머스터드를 사용한다. 파스트라미와 콘비프에 독일산 머스터드를 뿌려서 먹으면 최고의 조합이 된다. 카네기 델리에는 다양한 손님들이 찾아온다. 가끔은 참치 샌드위치를 주문하곤 하는데, 우리의 대답은 이거다. "겨우 참치 샌드위치를 먹자고 그 먼 길을 오지는 않으셨을 텐데요?" 최고의 샌드위치는 바로 호밀빵에 고기와 머스터드의 조합이다. 뉴욕에서 태어나서 자란 오래된 뉴욕 토박이들은 양배추, 당근, 양파 등을 채 썰어 마요네즈에 버무린 콘슬로를 샌드위치에 올려서 먹기도 한다. 그 정도 조합은 용인할 수 있지만, 누가 뭐래도 최고의 조합은 호밀빵에 고기와 머스터드이다.

리스트라면 더할 나위 없는 끈이다. 그런 끈이 없다면 폐점 직전의 시간을 활용해보자. 저녁 10시에 레스토랑에 들어가서 기대를 해보는 것이다. 복장을 제대로 갖추고, 정중하고 예의 바르게 행동하여 파파라치로 오인 받지 않도록 하자. 만약 예약 취소된 테이블이 있다면, 예약 담당자가 당신에게 동정을 베풀지도 모르는 일이니까.

전통이 깊은 레스토랑의 경우 토요일 저녁 시간에 요행으로라도 자리를 차지하기는 하늘의 별따기이다. 평일 저녁 늦은 시간이나 점심시간을 공략하자.

254 와인 주문은 어떻게 할까?

정말 딱 한 잔만 마시기를 원한다면 당연히 잔으로 주문해야 한다. 하지만 하우스 와인에 대한 신뢰나 이미 개봉한 와인의 신선도에 대한 의문에 조심스러운 태도를 유지하는 편이라면 아예 병으로 주문하는 게 낫다. 많은 사람들이 마시다 남은 와인은 코르크를 막아서 집으로 가져가는 추세이므로 남는다고 걱정할 필요는 없다.

255 와인을 직접 들고 레스토랑에 가도 될까?

술을 가지고 갈 수 있는 주류 판매 면허가 없는 레스토랑이라면 당연히 가능하다. 그게 아니면 서비스 수수료인 코키지 피에 달려 있다. 와인 코키지 피는 10달러에서 유서 깊은 레스토랑의 경우 50달러를 넘어 100달러에 육박하는 곳도 있다. 25달러에 마트에서 구입한 와인을 들고 가서 20달러 코키지 피를 내고 다소 구차하게 마시는 게 좋을지, 그냥 레스토랑에  서 50달러짜리 와인을 당당하게 서비스 받아서 마실지를 선택하면 된다.

256 와인을 주문하는 최고의 방법

우선 최악의 방법이 무엇인지는 누구나 알고 있을 것이다. 그렇다. 알지도 못하는 지식으로 와인에 대해 아는 척을 늘어놓는 부류다. 레스토랑에서는 알고 있는 와인을 마시는 게 좋다. 빈티지까지 정확할 필요는 없다. 이름만 익숙하면 된다. 그 후 이 와인을 마시고 싶은데 어떠한지를 웨이터나 소믈리에를 통해 의견을 구하면 된다. 수많은 와인 중에서 전문적인 와인 지식이 없어도 실패하지 않는 몇 가지 와인 선택법을 아래에 추천한다.

▶ **색이 아니라 향**: 레드 와인은 고기, 화이트 와인은 생선이라는 말은 다소 부정확한 말이다. 태국 음식에 화이트 와인은 상당히 좋은 선택이다. 화이트 와인의 달콤함이 태국 음식의 매운 맛을 중화시켜주기 때문이다. 진한 레드색의 와인이 스테이크에 어울리는 것은 사실이다. 하지만 일반적으로 그렇다할 뿐이지, 레어 중에서도 레어로 덜 익힌 스테이크와 숙성이 오래된 고급 와인과는 맛이 어울리지 않는다는 사실도 기억하자.

▶ **25달러 이하의 와인에서 선택**: 아버지와 함께 레스토랑에 가면 아버지는 와인에 너무 돈을 쓰지 않으려 하고, 당신은 너무 쉽게 돈을 쓰려 할

전문가 조언
257 고기를 재워두는 이유는?

스티븐 라이클렌
'바비큐 세상'의 저자이자 PBS '프라이멀 그릴' 진행자

식초나 포도주에 향료를 넣어 만든 양념을 마리네이드라 한다. 보통 고기나 생선을 절이는 비장의 무기로 활용되는데, 마리네이드를 비유하자면 아름다운 여성이 굳이 화장을 하는 것과 같다. 화장이 여성의 아름다움을 더욱 돋보이게 해주듯, 마리네이드 역시 고기 고유의 질감과 향미를 강화시켜주는 역할을 한다. 마리네이드는 바비큐 파티에서 이국적인 맛을 쉽게 연출할 수 있다. 오레가노 허브가 들어간 이탈리아식, 실란트로 잎과 데킬라를 응용한 멕시코식, 레몬그라스 맛이 나는 타이식, 피리피리 칠리를 첨가한 남아프리카식 등. 고기를 마리네이드에 재워두는 또 하나의 이유는 그릴 위에서 고기가 쉽게 말라버려 딱딱해지는 것을 방지하기 위해서이다. 재워두는 시간은 새우의 경우 15분 정도, 일반적인 생선은 4시간, 폭찹과 같은 두꺼운 스테이크 고기의 경우 밤새 재워놓기까지 한다.

것이다. 50달러에서 100달러에 달하는 와인에 돈을 쓰는 것은 좋은 선택도 아니고, 역시 좋은 와인도 고르지 못한다. 25달러 이하의 미국산 와인 정도가 모두를 만족시킬 수 있는 좋은 선택이다.

▶ **태평양 연안의 와인**: 최근 각광받는 와인은 프랑스가 아닌 신세계에서 온 와인이다. 캘리포니아와 칠레는 저렴하면서도 양질의 훌륭한 와인을 생산하는 지역이다. 뉴질랜드나 오스트레일리아 와인 역시 놀랍기만 하다. 아예 일부러 와인을 고를 때 프랑스산을 제외하고 고르는 것도 좋은 선택을 이끌어내는 방법이 될 수도 있다.

258 숯과 가스, 어떤 그릴을 사용해야 하나?

일반적으로 프로판가스를 이용한 그릴은 비싸고 장소도 많이 차지하지만 쉽게 불을 붙일 수 있고, 뒤처리도 간편하다. 반면에 숯을 이용하면 불을 붙여서 화력을 유지하기가 번거롭긴 하지만, 숯에서 발산되는 원적외선이 일반적으로 고기맛을 풍부하게 만들어준다. 또한 숯은 밑바닥에 호일에 싼 감자나 고구마를 구워먹을 수 있는 보너스 이벤트를 연출할 수 있는 장점이 있기도 하다.

259 숯 그릴은 어떻게 이용하나?

그릴 위에 숯을 가득 채운 침니 스타터를 올려놓고 아래에 신문지를 구겨 넣어 불을 붙인다. 오직 신문지만으로도 신기하게 불이 잘 붙을 것이다. 그 상태에서 약 15분 정도 가만히 놔두면 숯이 빨갛게 달아오르게 되는데, 그러면 숯을

그릴에 옮겨 담으면 된다.

　　그릴 안에 숯을 전부 쌓아 놓고, 중심에 라이터 기름을 붓는 방법도 있다. 1분 정도 라이터 기름이 숯에 스며들도록 놔두고 불을 붙이면 쉽게 불을 붙일 수 있다. 그 외에도 토치에 부탄가스를 달아서 용접하듯 숯에 직접 열을 가해 불을 붙이는 방법도 있지만 화상에 유의해야 한다.

260 그릴을 이용한 완벽한 햄버거 패티 굽는 방법?

가장 중요한 것은 패티의 두께이다. 으깬 패티를 어느 정도 납작하게 하느냐에 따라서 레어와 미디엄, 웰던이 만들어지는데 웰던으로 잘 익히기를 원할수록 납작하게 눌러주면 된다. 패티 양면에 소금과 후추를 뿌리는 것도 잊지 말자.

　　그릴의 불 조절도 중요하다. 그릴 위까지 불이 솟구치는 정도면 패티가 까맣게 타거나 너무 바짝 익는 불상사가 발생할 수 있다. 그릴용 패티는 프라이팬에서 사용하는 것보다 조금 더 두껍게 만들어야 한다. 패티를 굽기 전에 그릴에 버터를 발라서 맛과 향을 풍족하게 하는 방법도 좋다.

261 그릴에 생선 요리를 하는 법

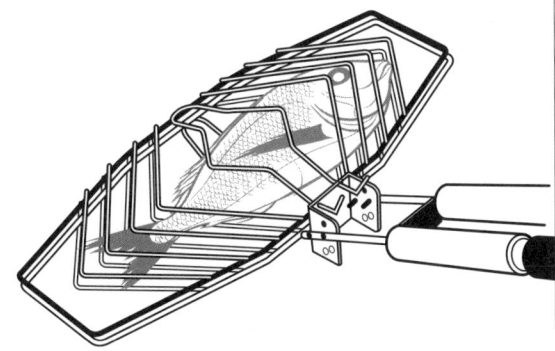

생선은 고기에 비해서 미끌미끌하고 뒤집는 와중에 부서지기도 쉬워 요리가 이만저만 힘든 게 아니다. 생선을 숯에 직화로 구워야 할 경우에는 그림처럼 손잡이가 달린 그릴용 생선 바스켓을 이용하면 좋다. 부서지지 않도록 생선을 호일로 감쌀 수도 있지만, 그 경우 그릴 요리 고유의 모양과 향미를 포기해야 한다.

요리에 있어 모험심이 강한 부류라면 베이컨이나 이탈리아 햄의 일종인 프로슈토로 살만 발라낸 생선을 감싸서 요리하는 방법도 한번 적용해 볼 만하다.

262 두꺼운 바비큐 고기 그릴 요리법

관건은 천천히 굽는 것이다. 그릴에 뚜껑이 달린 아웃도어용 오븐을 장착한다. 이 오븐이면 치킨 한 마리나 폭립, 돼지고기 다리통까지도 통째로 요리가 가능하다.

일단 침니 스타터로 숯을 가열한 후 숯을 그릴에 담는다. 알루미늄 호일로 만들어진 접시에 통 바비큐나 닭다리, 폭립 등을 올려놓는다. 이 상태에서 오븐 뚜껑의 환기구멍은 반만 닫고, 아래 환기구멍은 모두 열어놓는다. 이렇게 하면 숯이 적어도 1시간은 화력 유지가 된다. 가스 그릴이라면 불의 세기를 아주 낮게 해놓아야 한다. 바비큐 훈제요리의 적합한 온도는 150도에서 180도 사이이다. 그릴의 매뉴얼에 보면 적합한 온도와 적합한 요리 시간이 나와 있다. 지침에 따라 온도를 유지해서 시간 조절을 하면 맛있는 바비큐 요리가 완성될 것이다.

263 완벽한 미디엄 레어 스테이크 굽기

요리를 하기 30분 전에 냉장고에서 고기를 꺼내 소금과 후추를 양쪽에 골고루 뿌려준다. 오븐 온도는 약 230도로 설정한 후 예열을 시킨다. 예열이

전문가 조언
264 직접 맥주 제조하기

이언 맥코넬
뉴욕 브루클린 '식스 포인트스 크래프트 에일스' 수석 주조장

가정에서 직접 맥주를 제조한다는 게 도무지 믿기지가 않겠지만 가능한 일이다. 가격도 상상했던 것보다는 저렴하다. 기계에 따라 다르지만 적어도 에스프레소 머신을 구비하는 것보다는 싼 가격에 가정용 맥주 제조 키트를 구입할 수 있다.

맥주를 직접 제조하는 이유가 궁금하다고? 이 사실을 기억해야 한다. 맥주는 공장에서 만들어 막 나왔을 때가 가장 맛있다. 비어믹스와 효모를 넣고 발효시켜서 맥주를 만든 후 냉장보관해서 마시는 아주 간단한 제품도 있고, 꼭지형 손잡이에 냉각 시스템까지 장착해서 최적의 맥주 맛을 유지하며 몇 주 동안 신선하게 보관할 수 있는 고급형 제품도 있다.

맥주를 직접 제조하다 보면 이런저런 재미있는 스토리가 탄생될 것이다. 온도 조절에 실패해서 거품이 터져 나올 수도 있고, 발효에 실패해서 물인지 맥주인지 맛을 모를 때도 있을 것이다. 그 모든 번거로움과 부잡스러움을 등에 지고 맥주 주조에 도전해보자. 적어도 과일주를 담가서 찬장에 올려놓는 것보다는 훨씬 더 모던한 남자다운 시도임에는 틀림없을 것이다.

다 되면 팬 주위에 버터를 약 2센티미터 두께로 잘라 올려주고, 버터가 녹아 기포가 만들어질 때까지 기다린다. 그 후 스테이크 한쪽 면을 약 2분 동안 굽고, 뒤집어서 다른 한쪽도 동일한 시간 동안 굽는다. 그 상태에서 오븐 불을 끄고 팬에 스테이크가 담긴 채로 15분을 기다린다.

오븐에서 스테이크를 꺼내서 도마에 올려놓는다. 그동안 접시를 세팅하면서 다시 5분에서 10분 정도 육즙이 고기에 충분히 모이도록 놔둔다. 그리고 잘라서 접시에 담아서 맛있게 즐기면 된다.

265 맛있는 스테이크 소스를 만들기

스테이크 소스는 병에 든 완성품을 구입할 수도 있겠지만, 그릴에 완벽하게 구운 스테이크에 완제품 소스를 바른다는 것은 어쩐지 자존심이 상하는 일일 수도 있다. 이런 자존심 강한 남자들은 스테이크 소스를 직접 만들면 된다. 준비물은 간단하다. 간장 4큰술, 와인 2큰술, 설탕 1큰술, 마늘 1/2큰술, 머스터드 1큰술에 후추만 있으면 된다. 대부분 집에서 찾을 수 있는 것들이다. 이 양념 조합을 냄비에 넣고 나무주걱으로 살살 저어서 끓이다가 좀 더 이국적인 향을 위해 백리향과 버터를 조금씩 넣어주도록 하자. 완성된 스테이크 소스는 피처병에 담아 손님들이 개별적으로 뿌려 먹을 수 있도록 배려한다.

266 감자를 구울 시간이 없을 때는 어떻게 해야 하나?

오븐을 150도 정도에 맞춘 상태에서 스테이크를 굽기 전에 감자를 여덟 조각으로 세로로 잘라 놓는다. 잘라 놓은 감자에 올리브 오일과 굵은 소금을 뿌려서 베이킹용 구이판에 일렬로 올려놓고 약 15분 정도만 구우면 맛있는 웨지 감자가 완성된다. 완성된 감자를 스테이크에 올려서 사이드 요리로 함께 내놓으면 끝.

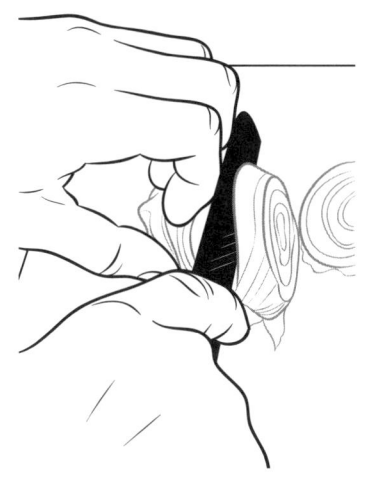

267 텔레비전 유명 요리사들처럼 야채를 써는 방법

피나는 연습이 필요하다. 왼손을 조그만 공을 쥐고 있는 것처럼 형태를 취한다. 손가락은 안쪽으로 구부러져 있어야 한다. 그 상태에서 엄지와 검지로 야채를 지그시 누르고 손가락 등을 스치듯 칼질이 이루어져야 한다. 처음에는 천천히 칼질을 시작해서 조금씩 속도를 올려야 하는데, 감자나 당근처럼 단단한 야채는 손을 다치지 않도록 특별히 주의해야 한다. 손이 베이는 상황은 도마에 야채가 닿는 부분이 평평하지 않을 때 발생한다. 야채는 밑 부분이 도마에 안정되게 움직이지 않도록 밑을 조금 잘라주는 게 좋다.

268 완벽한 샌드위치 만드는 방법

완벽한 샌드위치란 기호와 취향과 입맛에 따라 가변적일 수밖에 없다. 하지만 객관적인 조건은 여전히 존재한다. 야채나 고기의 보관 상태가 그러하다. 완벽한 샌드위치를 위한 몇 가지 불변의 조건들을 아래에 기록한다.

▶ **빵**: 씹는 느낌이 있으면서도 바삭한 빵이 좋다. 바게트나 캐러웨이 씨를 뿌린 호밀빵이나 절단하지 않는 통식빵 등이 무난하다. 단 구입한 지 오래되어 눅눅한 빵은 금물.

▶ **향신료**: 하나 이상의 향신료를 사용할 때는 서로 섞이지 않도록 분리해

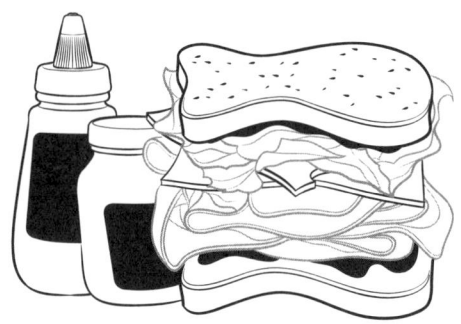

서 사용해야 한다. 전통적인 방식의 샌드위치는 고기와 직접 접촉하는 빵 표면에 머스터드 소스를 바르고, 반대편에는 마요네즈를 바른다. 하지만 굳이 이 공식에 얽매일 필요는 없다. 샐러드 드레싱이나 올리브 오일을 응용해도 좋다.

▶ **드레싱**: 상추는 녹색 건강의 환상을 심어주지만 오일을 흡수하면 바삭함이 금세 사라지고 만다. 시금치나 양배추는 고급 샌드위치에 어울리지 않아 보이지만 샌드위치에 영양을 공급하기에는 그만이다.

▶ **샌드위치 속**: 고기나 치즈를 속이 보일 정도로 얇게 썰어서 넣어야 고유의 향미가 살아남는다. 훈제를 하거나 후추를 뿌려도 좋지만, 절대로 평평한 상태로 아래 위가 눌리도록 층층이 쌓으면 안 된다. 반으로 접거나 둥그렇게 말아서 가볍게 올려준다는 느낌이 좋다.

269 자동판매기에서 구할 수 있는 최고의 음식은?

고단백질 저지방 쿠키가 최고의 선택이겠지만 그걸로 배가 차지는 않는다. 자동판매기 메뉴에 봉지 땅콩이 있다면 먹을 수 있을 만큼 최대로 사서 먹는다. 피넛 버터가 함유된 땅콩 에너지바도 좋은 선택이다. 견과류가 없다

> **남자라면 이것만은**
> # 3가지 클래식 그릴 샌드위치
>
> **루벤 샌드위치** 미국 드라마 '하우스'를 보면 닥터 하우스가 거의 주식처럼 먹는 샌드위치가 바로 루벤 샌드위치이다. 그릴에 구운 빵에 고기와 스위스 치즈와 사우어 크라프트를 넣어서 만든다. 빵은 한쪽 면에 올리브 오일이나 버터를 발라서 그릴에 3분 정도 눌러서 구워주면 된다.
>
> **이탈리안 샌드위치** 올리브 오일을 바른 바게트 통빵에 고기와 슬라이스 모차렐라, 토마토 등을 넣고, 신선한 바질과 파슬리나 페스토를 섞어서 루벤 샌드위치와 같은 방식으로 구워내면 된다.
>
> **피넛 버터와 베이컨 샌드위치**
> 피넛 버터를 바른 식빵에 베이컨 서너 조각을 넣고 그릴에서 굽되, 피넛 버터 범벅이 되지 않도록 눌러주는 것은 금물이다. 좀 더 풍부한 맛을 즐기고자 하면, 베이컨을 올리기 전에 슬라이스 바나나와 꿀을 발라줘도 좋다. 엘비스 프레슬리가 즐겨 먹었다고 해서 일명 엘비스 샌드위치라고 불린다. 아주 간단한 레시피에 간식으로 적당하다.

면 최소한의 탄수화물이 함유된 차선책을 찾는다. 프레첼은 저지방 식품이면서 맛과 향이 좋다.

270 칠면조를 자르는 방법

추수감사절에 테이블 위의 칠면조를 커팅하는 영예가 당신에게 돌아왔다. 자리에 앉은 모든 사람들이 당신의 능숙한 커팅 실력을 기대하고 있다. 하지만 칠면조는 그냥 막무가내로 이리저리 헤집어 자를 수 있는 요리가 아니다. 추수감사절에 가족친지들을 실망시키지 않는 칠면조 커팅 노하우를 공개한다.

먼저 칠면조 다리에 깊숙하게 칼을 집어넣는다.[a] 부드럽게 다리를 잡아당기면서 칼질을 하여[b] 넓적다리뼈를 만나면 다리를 뜯어낸다.[c] 뜯어낸 다리에서 넓적다리뼈를 발라내고, 반대편 다리도 같은 방식으로 잘라낸

| 남자의 기술 | 요령

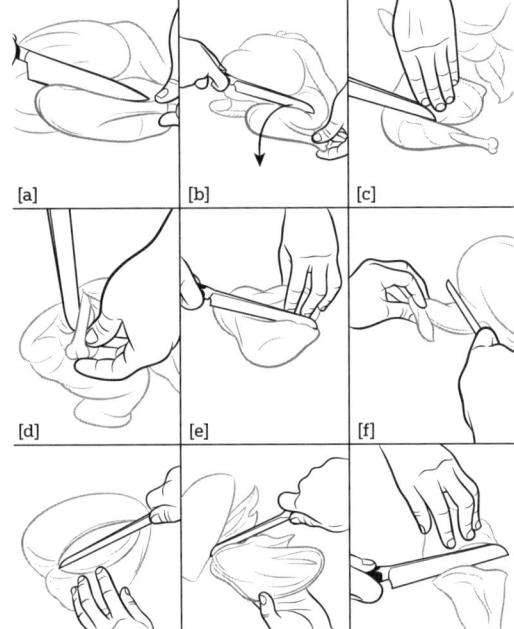

다. [d] 양 다리를 도마에 올려놓고 중앙의 뼈를 제거해야 한다. [e] 다리를 넓적하게 펼쳐놓고 길게 반으로 잘라낸다. [f] 이렇게 발라낸 뼈는 따로 버릴 수 있도록 한 곳에 모아둔다. 같은 방식으로 날개도 제거한다. 날개는 따로 접시에 담아 서빙한다.

이제 가슴살 차례다. 칠면조 가슴살을 세로로 크게 자른다. [g] 가슴살을 완전히 잘라서 이등분을 해야 한다. [h] 이렇게 잘라낸 가슴살에서 뼈를 제거하고 5센티미터 정도의 덩어리로 잘라서 접시에 담아 서빙한다.

271 달걀 깨는 법

달걀을 프라이팬이나 그릇에 부딪쳐서 균열이 생기도록 한다.[a] 이때 미세한 달걀 껍질이 음식에 들어가지 않도록 주의해야 한다. 균열이 생긴 달걀을 양손 엄지손가락을 이용해서 두 조각으로 분리한 다음 팬이나 그릇에 떨어뜨린다.[b]

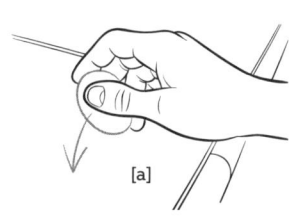
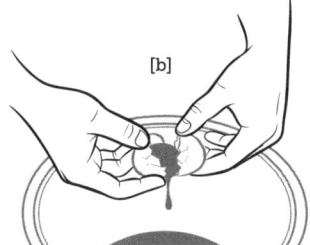

272 달걀 요리법

아무리 요리에 젬병이라고 해도 달걀 프라이는 할 수 있을 것이다. 여기에서 조금만 더 발전하면 여자 친구를 위해 몇 가지 달걀 요리를 제안하는 센스를 발휘할 수 있다. 몇 가지 주요한 달걀 요리 레시피.

▶ **오믈렛:** 남자들은 요리에 있어 실험정신이 강한 편이다. 그래서 오믈렛을 남자의 요리라 칭할 수 있다. 그라트, 으깬 체더치즈, 스위스 치즈, 염소젖으로 만든 치즈, 소시지, 베이컨, 게맛살, 시금치, 토마토, 아보카도에서부터 양파나 당근까지 오믈렛 안에서는 모두 섞일 수가 있다.(단 모든 야채는 오믈렛에 올리기 전에 최소 1분 정도 간단하게 볶아야 한다.)

중불에 달군 프라이팬에 버터나 올리브유를 두른다. 스크램블 에그 달걀 3개

를 팬에 두른다.

　달걀 밑은 익었고 위는 아직 눅눅할 정도에 준비된 야채를 중앙에 모아서 올려놓는다. 이때 둥근 프라이팬 끝부분에 달라붙은 달걀을 살살 떼어놓는 과정이 필요하다. 이제 달걀 한쪽 면을 중앙으로 접어서 야채를 감싸고, 같은 방식으로 다른 한쪽도 감싼다. 완성된 오믈렛을 접시에 담아서 서빙하면 끝.

▶ **오버 이지**: 오버 이지란 노른자를 터뜨리지 않은 상태로 양면을 흰자만 완전히 익도록 요리하는 조리법이다. 프라이팬에 한쪽을 익힌 후에 그 상태에서 뒤집개를 이용해도 좋지만, 텔레비전에 나오는 요리사들처럼 프라이팬의 반동을 이용해서 한 손으로 뒤집어 완성시키면 그게 바로 매력.

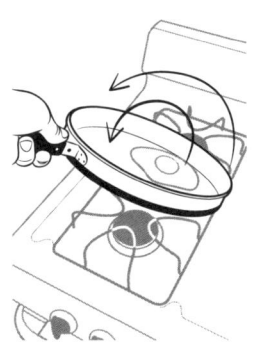

▶ **포치드 에그**: 달걀을 깨서 끓는 물에 넣고 삶아 먹는 조리법으로 달걀을 먹는 가장 건강한 요리법으로 알려져 있다. 냄비에 물을 담고 물이 끓기 시작하면 불을 끄고 컵에 담아 놓은 깬 달걀을 노른자가 깨지지 않도록 포치드 에그 틀에 빠뜨린다. 그 상태에서 3분을 기다린 후에 꺼내서 토스트나 잉글리시 머핀 위에 올려서 버터나 후추를 뿌려서 먹으면 된다.

▶ **스크램블 에그**: 오믈렛과 달리 스크램블 에그는 달걀을 우유와 함께 소금, 후추 등의 향신료를 넣어 프라이팬에서 완전히 뒤섞어 만드는 요리법이다.

올드 스쿨

273 제조법을 알고 있어야 할 클래식 칵테일 3가지

1 김렛 쉐이커에 얼음을 넣고 드라이진 1과 1/2온스에 라임 주스 1/2온스를 넣고 쉐이킹 후 마티니 글라스에 따라 마시면 된다. 만드는 법은 아주 간단하지만 누가 어떻게 만드느냐에 따라 맛의 차이가 확연하게 느껴지는 신비의 칵테일. 레이먼드 챈들러의 히어로인 탐정 필립 말로가 즐겨 마시던 것으로 유명하다.

2 맨해튼 맛이 달콤하면서도 색이 은은해서 칵테일의 여왕이라고 불린다. 버번위스키 1과 1/2온스, 스위트 베리무트 1/2온스를 믹싱 글라스에 넣고 잘 섞어준 후 마티니 글라스에 따르고, 체리로 장식을 해주면 끝. HBO 인기 드라마 '섹스 앤 더 시티'에서 주인공 캐리가 하루를 마감하며 마셨던 것으로 유명.

3 올드 패션드 이름마저도 클래식한 칵테일의 전형을 드러내는 칵테일. 올드 패션드 전용 글라스에 각설탕 하나를 넣고(없으면 시럽을 사용해도 된다), 앙고스투라 비터스를 두세 방울 떨어뜨린 다음 얼음을 컵에 반 정도 차도록 넣는다. 여기에 버번위스키 1과 1/2온스와 클럽소다를 적당히 채운 후 체리와 레몬 혹은 오렌지로 장식하면 된다.

▶ **서니 사이드 업:** 서니 사이드 업이란 태양을 뜻하는 둥그런 달걀노른자가 위로 보인 상태에서 그대로 한쪽 면만을 익힌 요리법을 말한다. 하트, 미키 마우스, 별 등 각종 틀을 이용할 수 있기 때문에 달걀 요리법 중에서 가장 쉽고 가장 아기자기한 연출이 가능하다. 올리브유를 두른 프라이팬을 달궈서 약한 불로 줄인 후 모양 틀을 올리고 달걀을 살짝 떨어뜨린 후 하얀색 소금을 첨가해서 노른자의 둥그런 모양을 유지해서 익혀내면 끝이다.

274 가장 쉽게 조리할 수 있는 3가지 요리

당신이 텔레비전 드라마에 나오는 실장님처럼 외모도 준수한데 쉐프 수준의 스파게티 요리 실력까지 갖췄다고는 누구도 생각하지 않는다. 하지만

남자의 기술 | 요령

여자 친구에게 요리 실력을 선보일 때의 압박감은 피하려야 피할 수 없다. 다음 세 가지 레시피를 익혀두면 어느 정도 숙련된 요리사 흉내는 가능할 것이다.

▶ **알프레도 파스타**: 대표적인 크림소스 파스타의 하나로 그냥 단순히 상자 안에 담긴 파스타를 삶으면 요리가 끝일 정도로 간단한 음식. 조리법도 따로 없다. 프라이팬에 올리브유를 두르고 삶은 파스타에 아서 파마산 치즈나 버터, 우유나 생크림, 마늘을 넣고 요리하면 된다.

▶ **치킨 커리**: 쉽게 요리할 수 있으면서도 능숙해지면 감동을 자아낼 수 있는 비장의 요리 중의 하나. 처음 요리를 대접해야 하는 상대가 있다면 치킨 커리를 강력하게 추천한다. 닭가슴살은 적당한 크기로 잘라서 올리브유를 두른 프라이팬에서 익혀주고, 그 외 당근, 양파, 감자 등의 야채와 함께 커리 소스와 함께 끓여주면 된다. 치킨 커리는 무엇보다도 능숙해지면 평이하면서도 깊은 맛을 선사할 수 있기 때문에 자신의 주 요리로 갖춰 놓으면 좋은 요리이다.

▶ **시금치 햄 키시**: 멋지게 뒤집는 과정이 불필요한 오믈렛 만들기라고 생각하면 된다. 이미 조리가 된 냉동 파이틀을 오븐에 넣고, 그 위에 달걀과 슬라이스햄, 냉동 시금치, 체더치즈, 양파, 마늘, 우유, 바질을 올려서 200도의 오븐에서 구워내면 된다. 피자보다는 고급스러우면서도 피자처럼 익숙한 맛을 안겨주는 간단한 오븐 요리.

275 애플파이 만드는 간단한 레시피는?

남자가 각종 재료를 사서 애플파이를 직접 만들 거라고는 정말 상상하기 힘들 것이다. 그래서 더 인상적인 남자표 애플파이 간단 레시피.

남자라면 이것만은

남자라면 누구나 알고 있어야 할 60, 70년대 영화 5

1 프렌치 커넥션 The french connection 영화 역사상 최고의 자동차 추격신이 등장하는 영화. 마약 커넥션을 추적하는 지미 파파이 도일 역의 진 해크먼의 끈질김이 돋보인다.

2 컨버세이션 The conversation 역시 진 해크먼이 도청 전문가로 등장하는 스릴러 영화다. 워터게이트 사건 이후의 피해망상증적인 분위기를 암울하게 잘 표현한 걸작.

3 우리에게 내일은 없다 Bonnie and clyde 1930년대 매력적인 은행 강도로 열연을 펼치는 워렌 비티와 그의 동료이자 연인으로 페이 다나웨이가 나온다. 패션과 외모, 선과 악의 구분을 모호하게 만드는 역사상 가장 매력적인 은행 강도 커플의 완성. 클라이드의 형으로 나오는 진 해크먼은 역시 보너스.

4 차이나타운 Chinatown 의뢰를 받고 남의 뒤를 캐내는 짓을 하는 로스앤젤레스 사립탐정으로 분한 잭 니콜슨의 연기와 로만 폴란스키의 연출이 어우러진 느와르 영화 대표작.

5 졸업 The graduate 매력적인 미시 친구 엄마의 유혹이란 남자에게 또 다른 치명적 유혹. 사이먼 앤 가펑클의 노래, 더스틴 호프만의 연기, 캐서린 로스와 앤 뱅크로프트의 모녀 연기 대결 그리고 마지막 결혼식 런 어웨이 장면은 영화가 사라지는 순간까지 계속해서 오마주로 거듭될 명장면.

사과 여섯 개를 가운데 뭉치와 씨를 제거해서 각각 4등분을 한다.[a] 그릇에 사과를 모두 담고, 버터 1/3 덩이와 3큰술의 레몬주스와 밀가루, 티스푼 하나 분량의 계피와 티스푼 절반 분량의 꿀을 섞어준다.[b]

기제조된 파이틀을 개봉해서 파이팬에 올려놓는다. 준비된 애플파이 재료를 파이틀에 부은 후에 골고루 섞어준다.[c] 상단부 파이틀을 개봉해서 가볍게 덮어준다.

손가락을 이용해서 가볍게 두 파이틀의 끝부분을 만두 빚듯 하나로 빚어서 붙여준다.[d] 포크로 파이 상단부에 구멍을 몇 개 내서 부풀어서 터지는 것을 방지해 준다.

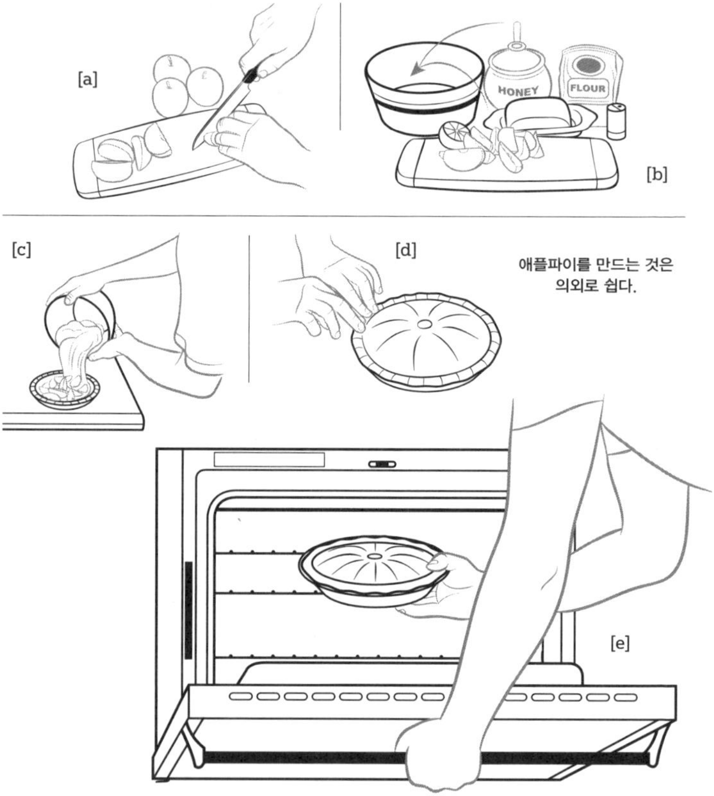

남자의 기술 | 요령

[a]

[b]

[c]

[d]

애플파이를 만드는 것은 의외로 쉽다.

[e]

이렇게 준비된 파이를 약 200도의 오븐에 넣는다[e]. 약 10분간 오븐에서 구운 후 온도를 150도로 낮추고 30분을 더 굽는다. 따뜻한 상태에서 바닐라 아이스크림과 함께 먹으면 애플파이는 가장 훌륭한 맛을 느낄 수 있다.

삶의 질을 높이자

276 칵테일파티를 주최하자

칵테일파티란 사실 별거 없다. 술과 음료수와 간단하게 먹을 것과 붐비는 인원을 수용할 수 있는 공간이면 충분하다. 문제는 준비할 적당량이 어느 정도인가이다.

술의 양은 파티 시작 후 한 시간 동안에는 일인당 두 잔의 칵테일이 필요하고, 그 이후에 추가로 한 잔이 더 필요하다고 보면 된다. 가장 간단하고 비용을 절약할 수 있는 방법은 주제를 정해서 칵테일의 종류를 최소화시키는 것이다. 마가리타 파티, 진 토닉 파티, 미도리 샤워 파티 등. 술 한 병에 약 15잔의 칵테일이 나온다고 보면 된다. 인원수에 맞춰서 준비하고, 여분으로 2병의 보드카와 스카치위스키 1병 정도를 더 마련하면 된다. 콜라와 토닉, 오렌지주스 역시 잊지 말고 준비하고 여자들이 많은 경우 맥주와 와인을 몇 병 더 준비하도록 하자.

음식은 저녁 식사 후에 개최하는 파티라면 치즈와 프레첼이나 감자칩 등의 스낵과 치즈 그리고 당근이나 오이, 오렌지 등의 간단한 과일이면 충분하고, 만약 저녁 식사 이전이라면 피자나 프라이드치킨 정도를 구비하면 환영받을 수 있다.

칵테일파티의 재미를 더하기 위해서 주제를 정하는 것도 좋다. 이국적인 분위기를 만들기 위해서 조명 볼을 천장에 매달거나 한자나 일본어가 적힌 오리엔탈 갓 등을 가득 드리우는 것도 좋다. 만약 야외 공간에서 개최되는 파티라면 저렴한 캐노피 텐트를 구해서 각양각색의 촛불과 함께 분위기를 연출하는 것을 추천한다.

277 훌륭한 파티를 위한 개최자의 조건

파티가 5시간 동안 진행된다면 처음 2시간은 손님들에게 서로를 인사시키는 역할을 한다. 그 과정에서 일일이 코트를 받아주다가는 입장 시간만 지체된다. 침대나 의자 등의 특정한 장소를 지정해서 겉옷은 그쪽에 쌓아두라고 얘기하는 게 낫다. 음식을 준비해 온 손님이 있다면 고마움을 표시하고 받아서 미리 준비한 음식과 함께 비치하고 손님들에게 맛있는 음식을 준비해 오셨다고 소개하도록 하자.

손님들이 거의 다 도착하고 파티가 한창 진행이 되면 주최자는 음식이나 칵테일이 떨어지지 않았는지를 확인해야 한다. 특히 주최자로서 가장 신경을 기울여야 할 임무는 파티에 어울리지 못하고 홀로 떨어져 있는 손님이 있으면 말을 걸어주고 다른 사람들과 어울리도록 자연스럽게 분위기를 주선하는 것이다.

278 파티용 펀치를 만드는 방법

파티에서는 술을 원하는 부류와 사람을 원하는 부류가 있다. 이 두 부류를 모두 만족시킬 수 있는 선택이 바로 알코올이 함유된 펀치이다. 펀치의 가장 대중적이고 일반적인 두 가지 종류.

▶ **프렌치 75**: 제1차 세계대전에서 프랑스 육군이 사용하던 75밀리 곡사포에서 이름을 딴 펀치. 2병의 샴페인에 1리터의 코냑과 1리터의 진저에일을 넣고 잘 섞어주면 된다.

▶ **피시하우스 펀치**: 다크 럼 1병에 브랜디와 클럽소다 1리터씩에 피치 브랜드와 레몬주스 그리고 가루 설탕을 한 컵씩 부어 섞어주면 된다.

279 완벽한 드라이 마티니를 만드는 방법

영화 007 시리즈에서 제임스 본드가 드라이 마티니를 주문할 때면 늘 하는 대사가 있다. "섞지 말고 흔들어서." 그때 이후 드라이 마티니는 가장 남성적인 칵테일의 대명사가 되었다. 완벽한 드라이 마티니를 만드는 방법을 소개한다.

진과 베르무트를 서너 개의 얼음과 함께 칵테일 쉐이커에 넣고 섞지도 흔들지도 않는다는 느낌으로 아래위로 쉐이커 표면이 차갑게 느껴질 때까지 움직여준다. 이렇게 만든 마티니를 얼음을 넣어서 차갑게 해놓은 마티니 잔에 붓고 올리브를 하나에서 두 개 정도 넣어준다. 관건은 냉기가 사라지기 전에 마셔야 한다는 것. 진과 베르무트의 비율은 오랫동안 논쟁이 되어 왔는데, 기본적으로는 2대 1의 비율이다. 베르무트가 적게 들어갈수록 드라이해지는데, 자신의 입맛에 맞는 비율이 나올 때까지 베르무트의 양을 조절하면 된다.

280 맥주는 얼마나 차갑게 유지해야 하나?

맥주 광고에서 보면 맥주병에 물방울이 동글동글 맺혀 있을 정도로 차갑게 맥주를 유지해서 마신다. 그렇다고 해서 맥주를 일부러 냉동고에 넣으면서까지 차갑게 만들 필요는 없다. 맥주는 보통 영하 2도 이하로 내려가면 동결이 되는데, 맥주가 동결되면서 일어나는 혼탁현상은 맥주의 맛을 잃을 위험이 있다.

일반적으로 라거 맥주는 냉장고에 4도에서 10도 정도를 유지해서 마시는 게 좋다. 하지만 발효한 에일의 경우 그보다 높은 10도에서 15도 정도가 마시기 좋은 온도이다. 이런 차이 때문에 냉장고를 두 개 살 필요는 없다. 냉장고는 아래 칸이 찬 공기를 골고루 받아 냉장효과가 더 좋다. 차갑게 유지해야 하는 맥주를 아래 칸에 넣으면 된다. 크래프트 맥주의 경우 5도를 유지하고, 필스너 맥주의 경우 거의 영하의 온도에 도달할 정도로 아래 칸에 아주 차갑게 냉장 보관한다.

281 맥주는 꼭 잔에 마셔야 하나?

반드시 그럴 필요는 없다. 작은 양조장에서 소규모로 만들어진 크래프트 비어의 경우 풍미를 음미하기 위해서 반드시 잔에다 마셔야 하지만, 대량생산된 상업 맥주의 경우 병이나 캔 상태로 그대로 마셔도 좋다. 하지만 에딩거나 레페, 듀벨, 호가든 등 전용잔을 제공하는 맥주는 또 전용잔에 따라서 브랜드 로고를 보면서 마시는 느낌도 맥주 애호가의 모습이다.

남자라면 이것만은

맥주의 족보를 알아보자

전 세계에는 수만 가지의 맥주가 있다. 하지만 맥주를 구분하기 위해 알아야 할 맥주는 아래 네 가지다.

라거 여름이나 갈증을 해소하고 싶을 때 마시는 알코올 도수가 낮은 맥주이다. 톡 쏘는 청량한 탄산의 느낌과 깔끔한 맛으로 버드와이저, 밀러, 아사히, 하이네캔, 칭따오 등의 브랜드가 모두 라거이다. 또한 라거는 피자에서부터 파스타, 스테이크까지 거의 모든 음식에 어울리는 맥주이다. 어떤 맥주를 주문해야 할지가 고민되면 주저할 것 없이 라거를 선택하면 된다.

에일 전통적인 양조 방식, 즉 발효 과정에서 위로 떠오르는 성격을 가진 효모를 사용해서 실내온도에서 제조한 맥주가 에일이다. 냉장 시설이 전무했던 옛날에 저온에서 활동하는 효모로 만드는 라거는 제조 자체가 불가능했기 때문에 맥주의 역사는 에일이라고 봐도 무방하다. 대표적인 에일 맥주에는 기네스가 있다.

스타우트 향과 쓴맛이 아주 강한 흑맥주를 말한다. 드라이 스타우트는 생선에 잘 어울리는 맥주로서 특히 조개와 함께 마시면 최고의 앙상블을 보여준다. 단 음식에도 잘 어울려서 초콜릿 케이크와 함께 생일 파티에서 마시면 좋다.

밀 맥주 보리를 이용하지 않고 밀을 이용해서 만든 맥주. 황금색에 투명하기까지 한 농도를 보여준다. 미국 지역에서는 거의 알려져 있지 않다. 벨기에산 빗비스나 독일의 바이스비어가 가장 대표적인 밀맥주이다.

282 독주를 마시는 방법?

칵테일이나 맥주가 유행이라고 해도 젊은 사람들 사이에서는 여전히 독주가 최고다. 만약 독주 중에서도 단 한 병만 골라야 한다면 당연히 보드카다. 보드카는 레드불을 포함해서 오렌지주스, 토마토주스, 사이다, 토닉워터 등등 냉장고에 있는 어떤 것과 섞어도 제 역할을 하는 술이다. 남자라면 마시는 방법을 알고 있어야 할 강렬한 독주 제조법 및 마시는 방법이다.

남자의 기술 | 요령

적을 알고 술을 알자

▶ **버번:** 미국 켄터키 주의 버번 카운티에서 만드는 술로서 켄터키 위스키라고 한다. 영국의 대표적인 술이 스카치위스키라면 미국의 가장 대표적인 위스키가 바로 버번이다. 스카치에 비해 부드러운 맛을 자랑하며, 대표적인 브랜드로는 짐빔이 있다.

마시는 방법: 버번위스키는 대부분 중간부터 병목이 시작되는 형태를 띠고 있어서 손으로 잡고 속칭 병나발을 불기에 딱 좋은 외양이다. 버번에 레몬을 섞어 마시는 위스키샤워나 버번에 스위트 베르무트를 섞어 마시는 맨해튼이 유명하다.

▶ **진:** 네델란드에서 처음 만들어져 영국에서 급속도로 발전된 후 미국의 금주법 시대에 대중적으로 사랑받게 되었다. 최근에는 현대인의 입맛에 맞

지 않는 강한 향 때문에 인기를 보드카에 넘겨준 감도 있다.

마시는 방법: 마티니를 만들어 먹는 방법이 있고, 토닉에 섞어 진 토닉으로 마시는 방법이 대표적이다. 드라이진에 토닉워터나 라임 혹은 레몬을 넣어 여름철에 시원하게 마시기에 아주 좋다.

▶ **럼:** 해적이 마시는 술로 유명해서 럼은 어지간한 남자들도 마시기 힘든 술로 오해를 받지만, 라이트 럼은 색깔이 엷고 향이 은근해서 가볍게 마시기에 좋은 술이다. 진과 마찬가지로 저렴한 가격에 좋은 럼을 구하기도 용이하다.

마시는 방법: 대표적인 럼 기반 칵테일은 럼에 라임주스, 토닉워터, 사이다와 설탕을 섞고 민트 잎을 찧어 넣어 만든 모히토가 있다.

▶ **데킬라:** 멕시코 다육식물인 용설란의 수액을 채취해서 만든 술로서 40도에 가까운 높은 도수로 인해 '마시고 죽자' 파티에 자주 등장하는 술.

마시는 방법: 데킬라 기반의 대표적인 칵테일은 마가리타와 데킬라 선라이즈가 있다. 멕시코의 석양을 표현한 데킬라 선라이즈는 그레나딘 시럽이라는 것을 사용하는데 달콤하면서도 적당히 취기를 오르게 만든다. 데킬라를 베이스로 해서 소금을 컵 주위에 발라 먹는 마가리타 역시 독하지만 남자들이 좋아하는 칵테일이다. 하지만 역시 데킬라는 라임이나 레몬으로 혀를 적시고 손가락에 소금을 묻혀 온더락스로 털어서 삼키는 방식이 가장 남자다운 게 사실이다.

▶ **보드카:** 세계에서 가장 유명한 술을 하나만 뽑으라면 단연코 보드카이다. 응용법 역시 너무도 다양해서 크렌베리주스, 오렌지주스, 토닉워터 등과 섞어 마시기만 해도 좋다. 술꾼들이 보드카를 좋아하는 이유가 술 냄새가 잘 나지 않아서라고 하는데, 그 이유 때문에 보드카가 숙취가 덜하다는 오해도 낳았다. 하지만 그저 오해에 불과하다. 보드카는 도수 말고도 숙취

역시 세계 최고라 할 수 있다.

마시는 방법: 마티니, 스크루드라이버, 블러디 메리, 코즈모폴리턴 등 셀 수도 없는 다양한 칵테일을 만들어 마실 수 있다.

위스키

▶ **블렌드 위스키:** 맥아만을 이용해서 만든 게 몰트위스키, 맥아와 옥수수를 혼합해서 만든 게 그레인위스키라면, 몰트위스키와 그레인위스키를 혼합해서 만든 블렌드위스키는 부드럽고 깊은 맛을 보여준다. 보통 위스키라고 하면 블렌드위스키를 말하고, 산지로는 캐나다가 가장 유명하다.

마시는 방법: 위스키샤워나 올드패션드를 가볍게 만들어 마실 때 버번 대신 이용.

▶ **아이리시위스키:** 아일랜드는 역사상 처음 위스키를 만든 나라이며 현재 세상 모든 위스키의 원조가 바로 아이리시위스키이다. 발아하지 않은 보리, 호밀이나 밀 등을 섞어 대형 증류기를 이용, 3회 증류해서 만든다.

마시는 방법: 섞지 말고 오직 온더락스로만!

▶ **라이위스키:** 생산 및 숙성 방법은 버번위스키를 만드는 방법과 동일하지만 라이, 즉 귀리를 51% 이상 사용한다는 것만 다르다.

마시는 방법: 맨해튼 칵테일을 만들 때 버번 대용으로 사용하면 좀 더 달콤한 향을 이끌어낸다.

▶ **스카치위스키:** 위스키의 본고장인 스코틀랜드 지역에서 생산하는 위스키. 2,000여 종이 넘는 종류에 전 세계 위스키의 반 이상의 생산량을 자랑한다.

마시는 방법: 위스키의 본고장인 스코틀랜드인들은 스카치위스키를

얼음과 함께 온더락스로 마시는 방법은 미국인들의 취향으로 폄하한다. 싱글몰트위스키는 스트레이트잔에 훈제 연어를 올린 크래커나 초콜릿 한 조각과 함께 부드럽게 목으로 바로 넘기는 게 오리지널이다.

283 바에서 술 주문하기

주문은 효과적으로 하는 게 좋다. 다른 사람들과 주문을 함께 취합해야 하는 경우라면 다른 사람들이 주문을 결정할 때까지 기다려서 최종 주문을 바텐더에게 전달하라. 예를 들어서 이런 식이다. "밀러 라이트 두 병, 화이트 와인, 김렛과 올드패션드 하나씩이요." 또한 주문을 능숙하게 하기 위해서는 바텐더 용어를 몇 가지 익혀두는 것도 좋다.

▶ **니트**: 주로 올드패션드 잔에 얼음이나 기타 첨가물 없이 실온으로 마시

칵테일 잔 　 올드패션드 잔 　 화이트와인 잔 　 레드와인 잔

텀블러 잔 　 핀트 잔 　 샷 잔 　 하이볼 잔

각종 술잔의 세계

는 방법을 원할 때 주문하는 용어. 가장 일반적인 위스키를 즐기는 방법이다. "잭 다니엘스 스트레이트 니트 한 잔 부탁합니다."

▶ **온더락스**: 올드패션드 잔이나 하이볼 잔에 얼음과 함께 서빙하는 방법.

▶ **샷**: 1온스나 1과 1/2 온스 정도의 위스키를 샷 잔에 따라서 마시는 방법.

▶ **스트레이트 업**: 얼음을 넣은 칵테일 쉐이커로 차갑게 만든 위스키를 얼음을 제거하고 마시는 방법. 마티니나 코즈모폴리턴, 가끔은 마가리타를 이런 방식으로 마신다.

284 바텐더에게 팁은 어느 정도를 줘야 하나?

미국의 레스토랑이나 바에서 카드로 계산할 때면 신용카드 전표에 15% 정도의 팁을 적고 총액을 적은 뒤 서명하면 된다. 현금으로 계산할 때면 매번 서빙 받을 때마다 바텐더 테이블에 1달러에서 인원수가 많을 때는 2달러 정도의 팁을 올려놓으면 무난하다.

285 불붙은 위스키를 마시는 방법

작은 접시를 이용해서 샷 위에 붙은 불을 완전히 끈 후에 마셔야 한다. 가능한 샷 잔을 입에 닿지 않도록 원샷으로 넘기는 게 좋다. 불이 완전히 연소하지 않은 상태에서 마시면 옷이나 머리에 불이 옮겨 붙을 수가 있기 때문에 확인에 확인을 거듭해야 한다.

286 술을 마시고도 취하지 않는 방법

사람의 간은 한 시간에 한 병 정도의 주류를 감당할 수 있다. 와인 한 병, 맥주 한 병, 칵테일 한 잔 정도가 한계이다. 하지만 그 정도 술을 붙잡고 한 시간을 보낸다면 지루하기 짝이 없어 보일 것이다. 자신의 주량에 비해 오랜 시간 동안 술자리를 지켜야 하는 경우 두 번째 잔부터 무알코올 칵테일을 주문하는 식으로 분위기를 이어가면 된다. 아니면 아예 처음부터 싱글 몰트스카치나 아주 진한 맥주를 주문해서 남들이 벌컥벌컥 마실 때 조금씩 홀짝거리며 마시는 방법을 써도 좋다.

287 숙취에 대처하는 방법

흥청망청 먹고 마시고 맘대로 취하자는 광란의 밤을 보냈다면 다음날 숙치는 꼭 치러야 할 대가이다. 숙취에 대처하는 일곱 가지 방법을 아래에 나열한다. 숙지해서 숙취를 물리치자.

▶ **숙취에 대응하는 최고의 공격은 방어이다**: 술을 마시기 전에 두통을 유발하는 혈액응고를 예방할 수 있도록 아스피린이나 애드빌을 두 알 정도 먹는다. 술을 마실 때와 술을 마신 후에 침대에 들기 전에 알코올 분해효과를 도와줄 상당한 양의 물을 마시면 효과가 있다. 물 대신 카페인이 없는 스포츠 드링크는 술을 마셔서 낮아진 전해질 양을 높이는 데 더욱 큰 효과가 있다.

▶ **가능한 잠을 푹 잔다**: 숙취의 최고 약은 수면이라고 할 수 있다. 몸이 신진대사작용을 통해 알코올을 분해배출해서 몸의 균형을 유지할 수 있도록 잠을 푹 자야 한다.

▶ **영양분을 회복하라**: 숙취로 인해 허기가 느껴지지 않을지도 모르지만, 바나나나 사과, 비타민 등을 복용하면 신체에 필요한 칼륨과 마그네슘 양을 원상태로 돌리는 데 효과가 있다.

▶ **소량의 카페인 섭취**: 커피나 탄산음료나 차는 모세혈관을 수축시켜 머릿속의 두통을 감소시키는 효과가 있다.

▶ **눈을 차갑게 유지한다**: 아이스팩이나 냉장보관한 쿨링 안대를 눈에 대서 숨이 가빠오는 증상을 감소시키도록 하자.

▶ **간단한 운동**: 신체에서 독소를 배출할 수 있도록 간단한 운동을 하거나

가벼운 산책을 하면 좋다.

▶ **보상을 해준다**: 술에 취해 벼락 키스를 했다거나 술주정을 했다거나 오바이트를 한 사람이 있다면 전화를 걸어 사과를 해야 한다. 물리적으로 두통을 없애주는 효과는 없겠지만, 머저리 같은 짓을 했다고 후회막심해하는 감정을 없애주고, 지난밤의 당신의 행동에 대해 웃어넘길 수 있는 동기를 부여해준다.

288 정찬 세팅된 테이블 대처법

눈이 휘둥그레지는 은그릇으로 세팅된 정찬 테이블을 처음 앉으면 무척이나 당혹스럽다. 하지만 의외로 공식은 간단하다. 매번 코스 요리가 나올 때

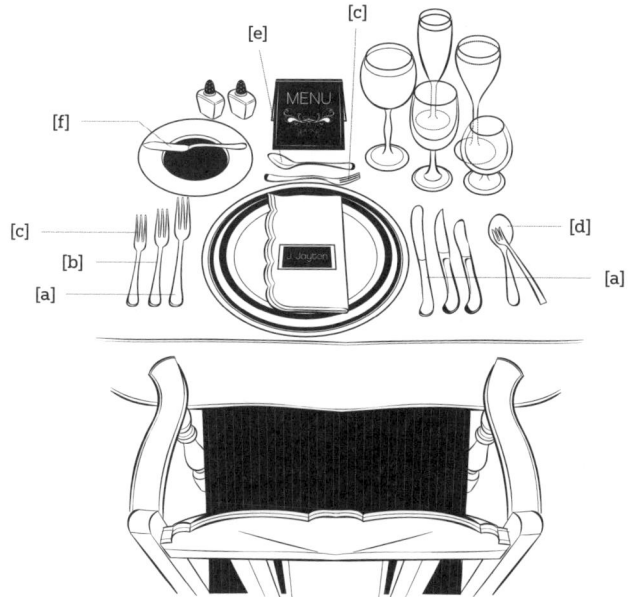

마다 가장 바깥쪽에 있는 포크와 나이프를 사용해서 안쪽으로 들어오면 된다. 또한 크기와 배치에 따라 구분할 수도 있다. 가장 큰 포크와 나이프는 메인 요리용이다.[a] 작은 포크는 샐러드 포크이고,[b] 보통 접시 상단에 배치가 되는 가장 작은 포크는 디저트용이다.[c] 수프 스푼은 크기와 둥그런 깊이로 구분이 가능하고,[d] 작은 스푼과 가장 작은 스푼은 디저트용과 커피 스푼이다.[e] 버터용 나이프는 작고 날이 뭉툭하며 보통 빵 접시 위에 세팅이 되어 있다.

289 웨이터에게 식사를 다 끝마쳤다는 신호를 보내는 방법은?

코스 식사를 모두 끝마쳤다면 사용한 포크나 나이프를 접시 오른쪽 상단에 뒤집어서 올려놓는다.[a](일단 집어 들어 사용한 포크나 스푼 나이프를 식탁보 위에 올려놓는 일은 금물이다.)

냅킨 역시 좋은 신호도구이다. 앉은 상태에서 냅킨을 접어서 무릎 위에 올려놓으면 역시 식사를 모두 끝마쳤다는 신호가 된다. 테이블을 잠시 비울 때에는 냅킨을 의자 뒤에 걸어놓아야 한다.[b](센스가 있는 웨이터라면 당신이 돌아오기 전에 새 냅킨으로 바꿔 걸어 놓을 것이다.) 테이블 위에 냅킨을 그대로 올려놓고 자리를 비우면, 일종의 백기처럼 인식한다. 더 이상 식사에 참여하지 않고 자리를 뜨겠다는 신호로 받아들여진다.

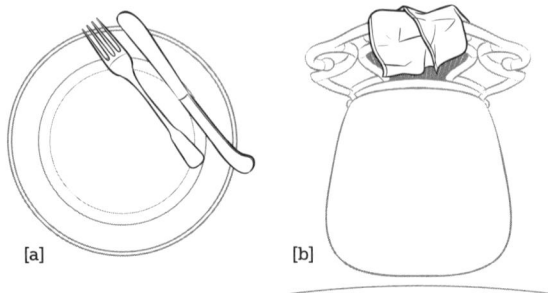

[a]　　　　　[b]

248
사전 작업

262
진지한 단계

267
테크닉

꽃과 나비와 벌

남자에게 로맨스란 복잡하고 머리 아픈 난제이다. 여자는 당신에게 사랑의 규칙을 지킬 것을 요구한다. 올바른 행동거지에 제대로 된 자세를 견지하고, 과도한 스킨십이나 철부지 어린아이들의 성적인 욕망을 자제하도록 요구한다. 그래서 남자들이 손만 잡고 잔다느니 입만 맞추고 간다느니 하는 억지 변명이 생겨나는 것이다. 꽃이 있다면 점잖고 우아한 나비도 있겠지만, 당연히 톡 쏘고 윙윙거리는 벌도 모인다. 나비와 벌 누가 꽃에서 꿀을 얻어낼 수 있을 것인가. 그녀를 가질 수 있는 노하우와 전략에 대해 알아보자.

사전 작업

290 여자를 유혹하는 최고의 대사는?

다양한 연구결과에 따르면 처음 만나 호감을 표현하기에 가장 적합한 대사는 허망하게도 자기소개라고 한다. "안녕하세요, 저는 누구라고 합니다. 이름이 어떻게 되시죠?" 서로의 이름을 묻는 과정은 여자 입장에서는 상대가 익명의 상태에서 벗어나기 때문에 거부감이 상당 부분 해소되며, 동시에 자신감이 있어 보이는 모습으로 판단한다. 물론 이름을 주고받고 난 후의 다음 단계가 중요하다. 여자들이 첫 만남에서 가장 중요하게 여기는 것은 친절함과 배려심이다. 상대방이 통성명에 흔쾌히 동의했다고 해서 거침없는 발전을 동의한 것은 아니다. 친절과 매너로 서로를 알아가는 과정이므로 세심한 배려를 한다.

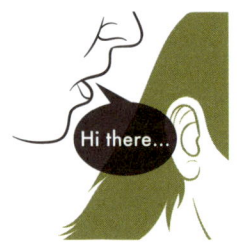

291 여자와 대화 시작하기

전후 사정과 맥락에 대한 판단을 잘해야 한다. 낯선 상대에게 말을 걸고 싶은 매력을 느꼈다면 장소에 따른 적절한 행동지침이 필요하다. 백화점 와인 매장에서 매력적인 여성을 발견했다면, 용기를 내서 은사님께 와인을 선물하려고 하는데 와인 선택에 있어 도움을 받을 수 있을지를 물어보는 것으로 대화를 시도하자. 갤러리에서 미술작품을 감상하는 여성에게 호감을 느꼈다면, 화가나 작품에 대한 가벼운 질문을 던져보는 것이 좋다. 빈센트 반 고흐 전시회에서 만난 여성이라면, "이 작품은 책에서 수백 번을 봤는데도 이렇게까지 다른 색이었다는 게 믿기지가 않네요. 정말 놀랍지 않나요?" 정도의 멘트가 무난하다. 처음부터 무턱대고 농담이나 무거운 멘트는 무리수다. 고흐의 작품을 감상하면서 옆의 여자에게 "고흐와 고갱이 친

구인 줄 알았는데 성이 같은 걸로 봐서 형제 아닌가요?"와 같은 썰렁한 농담은 말문을 뺏는 역할밖에 하지 못한다.

292 대화를 통해 매력을 얻는 방법

매력이란 누구나 지닐 수 있는 것이 아니다. 말주변이 짧은 사람이라면 여자에게 어떤 말을 건네야 할지가 무척 고민이 될 것인데, 너무 신경 쓰지 말자. 여자들은 말을 잘하는 사람보다는 자기 말을 잘 들어주는 사람을 선호하는 경향이 있다. 흥미를 끌려 하지 말고 관심을 보여주는 게 낫다. 당신에

남자라면 이것만은

첫 번째 데이트를 성공시키기 위한 9계명

미술관 조용한 분위기와 벽에 걸려 있는 미술작품에 집중하는 모습 자체가 데이트. 많은 말이 필요하지도 않고 그렇다고 너무 말이 없지도 않는 상황에서 적당하게 서로를 탐색할 수 있는 최적의 장소가 바로 미술관이다. 하지만 너무 오래 머물면 단조로워질 수 있기 때문에 적당히 예술작품에 대한 얘기를 주고받다 밖으로 나오는 게 좋다. 설령 커피를 마시면서 다시 미술 얘기를 재개하더라도.

하이킹 아웃도어 활동을 좋아할 경우 도시 인근의 숲으로 하이킹을 떠나면 편안하게 서로에게 집중할 수 있다. 언덕을 하나 정도 함께 넘다 보면 어색한 부분도 많이 없어지게 될 것이다.

관광 명소 학교 수학여행으로 학생들이 단체로 찾을 법한 지역의 관광명소를 방문해보자. 평소에 많이 들어본 곳이지만 미처 와 보지 못했던 곳을 방문하다 보면 얘깃거리가 풍부해져서 시간가는 줄 모르게 될 것이다. 그래도 지루하지 않도록 몇 가지 재밌는 유머를 준비해 가면 더할 나위 없을 것이다.

볼링 은근히 당신의 힘과 정교함을 자랑할 수 있을뿐더러 설령 그녀에게 패배하더라도 벌로 맥주를 사고 즐거운 시간을 보내면 그만이다.

조카 생일 파티 조카 생일 파티에 함께 참석하는 것은 당신의 믿음직한 모습을 그녀에게 어필할 수 있는 좋은 자리가 될 것이다. 또한 생일 파티에 참석한 다른 성인남녀와 함께 어울리는 것 자체가 당신이 그녀와의 데이트에서 직면할 수 있는 각종 대화의 부담을 덜게 된다.

대해 말하기보다는 상대방의 말을 들어주고 맞장구치며 질문으로 대화를 이끌어 나가는 게 좋다. 단 당신이 감당할 수 있는 주제의 대화여야 하며, 비아냥거리는 식은 농담이라도 금물이다.

둘째, 대화의 과정을 통해 매력을 얻기 위해서는 말 자체보다는 말을 하는 분위기가 중요하다. 무슨 말을 하느냐보다는 말할 때의 표정이나 미소, 상대방을 응시하는 눈빛, 음악에 귀를 기울이는 분위기가 중요하다. 또한 상대방의 사소한 움직임도 놓쳐서는 안 된다. 목걸이를 매만지는 행동이나 친근한 터치, 신비한 표정, 머리를 꼬는 사소한 손짓 등이 호감을 표현

드라이브 사실 밀폐된 차 안에 연인과 함께 있는 것이 대화를 풀어 나가기에 최적의 장소는 아니다. 부담이 되지 않도록 한 시간 정도 인근의 풍광이 좋은 곳으로 드라이브를 계획하자. 더 먼 거리는 운전 자체가 부담이 될 수도 있다. 조심해야 할 것은 운전을 하면서 자신도 모르게 머리카락을 꼰다거나 다리를 긁는다거나 코를 판다거나 하는 비밀스런 버릇이 들통나지 않도록 주의를 해야 한다.

동물원 동물들의 사사로운 일상을 함께 지켜보는 일은 연인들 간에 아주 좋은 데이트 코스이다. 너무 관리가 안 되는 지저분한 동물원보다는 한적하면서도 아기자기한 동물원을 선택하는 게 좋다. 사전에 동물들에 대한 재밌는 이야기나 유머를 준비해 가는 것도 좋다. 동물 유머는 찾으려고만 하면 쉽게 찾을 수 있는 아주 흔한 아이템이면서도 거의 실패가 없는 종목이다.

성당 꼭 미사에 참석할 필요는 없다. 촛불과 스테인드글라스를 통해 들어오는 은은한 불빛 속에서 성당의 파이프 오르간 소리를 들으며 경건한 시간을 함께 보내다 보면 서로간의 신뢰와 믿음이 생길 수 있다. 어쩌면 결혼은 이런 곳에서 해야 한다는 뜻밖의 수확을 거둘지도 모른다. 그러나 그녀의 종교를 먼저 확인해야 한다.

스포츠 경기 농구나 배구 같은 실내경기보다는 야구나 축구 같은 실외경기가 좋다. 확 트인 야구 경기장에서 치킨에 맥주를 함께 마시며 푸르른 오후의 여유를 함께 즐기는 것만으로도 앞으로 둘 사이가 이렇게 편안하고 자유롭게 꾸려질 수 있겠구나 싶은 안도감을 안겨줄 것이다. 하지만 그녀가 스포츠를 질색한다거나 규칙에 전혀 문외한이라면 너무 심하게 강행할 필요는 없다.

하는 무의식적인 행동일 수 있기 때문이다.

293 스킨십 진도 나가기

애타는 시간이 오래되는 것에 비례하여 그녀에 대한 기대가 커지겠지만, 애간장이 타들어가는 소리도 또한 커져만 간다. 너무 어렵게만 생각하지 말고 사소한 지점에서부터 시작하라. 처음에는 박장대소로 웃는 동안 팔이나 어깨를 만지는 것부터 시작하라. 옳은 소리를 할 때 다리를 터치하며 바로 그렇다고 응수를 해줄 수도 있다. 그 과정에서 그녀가 어떻게 반응하는지를 살펴보자. 만약 어색한 분위기가 감지된다면 더 이상 진도를 나가면 안 된다. 적어도 그날 밤은 아니다. 하지만 당신의 행동을 전혀 괘념치 않는다면 계속해서 스킨십의 수위와 강도를 조금씩 늘려가도록 하자. 집에 바래다주는 동안 손을 잡는다거나 어깨를 안을 수도 있다.

당연히 다음 지점은 입술이다. 하지만 그날의 사전 스킨십이 모두 허용되었을 경우에만 나아가는 단계다. 아직도 그녀가 입술을 허락할지 확신이 서지 않는다면 다음으로 미루는 게 낫다. 판단은 당신 몫.

294 인터넷 데이트 사이트에 작성할 자기소개 내용은?

다른 사람들의 소개문을 읽어보면서 인상 깊은 구절이나 문장 등을 기억한다. 당연히 그 과정에서 문제를 일으킬 수 있는 문장은 걸러내야 한다. '이상형: 우아한 블랙 드레스가 어울리면서 동시에 섹시한 스키니진을 소화할 수 있는 여자'와 같은 무리수를 두지 마라. '도시의 밝은 불빛을 사랑하고 즐기는 엣지남', '옥색 바닷물과 대화하는 여유를 사랑하는 남자'와 같은 문장도 너무 튀어 보이니 유의하자.

최고의 방법은 솔직함이다. 거짓으로 누군가를 감동시키는 것보다는 솔직함이 낫다. 가족에 대한 솔직한 얘기, 감동 깊게 읽은 책에 대한 얘기, 좋아하는 영화, 즐겨듣는 음악에 대해 솔직한 의견을 적도록 하자. 단 거짓을 말하지 말라는 것이지, 너무 과한 솔직함을 적나라하게 드러내라는 말은 아니다. 비즈니스 실용서를 감동 깊게 읽었다는 말보다는 클래식 고전이 적당하다는 말이지, 조카들이 보는 학습만화가 아주 재밌었다고 솔직하게 말하라는 얘기가 아니다.

마지막으로 당신의 외모에 대해서는 단연코 진실만을 얘기해야 한다. 외모에 대한 거짓말은 어차피 들통이 나게 된다. 한 번 보고 끝날 관계가 아

올드 스쿨

295 데이트 신청을 하는 방법

요즈음은 얼굴을 보지 않고도 말을 건넬 수 있는 다양한 도구가 많다. 이메일이나 메신저는 기본이고, 문자나 카카오톡, 트위터와 페이스북 등. 이런 버추얼 데이트 신청은 데이트 신청에 허락을 할까 잔뜩 긴장한 모습이나 허락을 얻어낸 경우 득의양양한 바보 같은 모습을 들킬 필요가 없어 상당히 편리하다. 또한 직접 얼굴을 보고 얘기하는 것보다 다소 적극적인 표현도 가능하다. 하지만 직접 얼굴을 보고 데이트 신청을 하는 용기가 없는 사내로 생각될 수도 있음을 간과하지 마라.

얼굴을 보고 데이트 신청을 하기 위해서는 어색함을 없애야 한다. 어렵게 생각할 것 없다. 그냥 편하게 '지난번에 무척 즐거웠는데, 이번 주말에 저녁이라도 함께 하지 않을 거냐?'고 단도직입적으로 묻는 게 좋다. 조금 긴장했더라도 너무 수줍어하지 마라. 수줍어하면 당신의 의도가 오해를 살 수도 있다.

그래도 아직은 얼굴을 보고 데이트 신청을 할 용기가 나지 않는다면 전화를 이용하는 게 좋다. 문자나 트위터 등의 메시지를 이용하지 마라. 허락을 하더라도 여자 입장에서는 찝찝함이 남게 된다. 당신의 의도를 완전하게 전하기 위해서라도 전화를 걸어 통화로 데이트 신청을 하는 게 좋다.

니라 사랑을 만들어갈 사람을 찾는 것이라면 절대로 외모에 대해서 거짓말을 해서는 안 된다.

296 온라인에서 만난 사람과의 후속 작업

온라인 데이트 사이트에서 이성을 만났다면 몇 차례의 이메일을 주고받거나 전화 통화를 한 후에 직접 만날 약속을 잡아야 한다. 굳이 얼굴을 보고 만나기 전에 전화로 로맨스를 진행할 필요는 없다. 서로의 집이나 회사에서 너무 멀지 않은 커피숍에서 만나자는 의견을 전하라. 아니면 간단한 저녁과 함께 맥주 약속을 잡을 수도 있다. 하지만 상대방이 오프라인 만남에 대해 내켜하지 않으면 굳이 강행할 필요는 없다. 그런 상태에서의 만남은 시간 낭비가 될 확률이 높다. 그리고 만에 하나 이런저런 이유로 아직 사진으로 얼굴을 확인하지 않았다면 상대방이 뭔가 속일 수 있는 여지가 있다. 정중하게 사진을 교환하고 만날 것을 요구하자.

297 온라인 데이트 사이트 프로필을 적는 방법

역시 솔직함이 관건이다. 상대방 여성이 당신에 대해 오해를 살 수 있는 문장이나 애매모호한 내용을 적어 놓으면 안 된다. 아직 서류상으로 이혼이 정리되지 않은 사람이 능력 있는 이혼남이라고 적는다거나 지방 분교 캠퍼스를 나왔으면서 서울 본교 이름을 차용하는 것은 확실히 오해를 살 수 있다. 그렇다고 현재 만나는 이성에 대한 확신이 없어서 새로운 만남을 가져 보고자 가입하는 사이트에 '만나는 사람이 있지만 확신이 들지 않아 더 많은 이성을 만나보고 싶어서 가입한다.'는 식의 솔직함은 오히려 독이다. 이건 시작조차 할 수 없도록 스스로를 매장하는 솔직함이다.

298 데이트를 리드하는 노하우

이성과의 첫 번째 데이트만큼 어려운 게 또 있을까? 내가 따분했던 기억으로 남게 되면 어쩌지, 다음 데이트 신청을 거절하면 어떻게 하지, 혹시 허둥대다 바보 같은 실수를 연발하는 것은 아닐지 등등. 여기 첫 번째 데이트의

> 남자라면 이것만은

초보자를 위한 5장의 재즈 앨범

▶ **BLUE TRAIN**
(1960) 존 콜트레인의 1957년 데뷔 앨범으로 이 한 장의 앨범으로 존 콜트레인은 마일스 데이비스의 그늘을 벗어나서 재즈 역사의 신화적인 존재로 나아가는 초석을 마련했다.

▶ **COUNT BASIE AT NEWPORT**
(1957) 베니 굿맨과 함께 스윙의 왕, 스윙의 대부 타이틀을 공유하는 카운트 베이시의 대표 앨범. 재즈 특유의 예측 불가능한 리프의 정수를 맛볼 수 있다.

▶ **ELLA IN BERLIN**
(1960) 보컬 재즈 역사상 최고의 명반이라고 불리는 앨범이다. 엘라 피츠제럴드의 전설을 여는 베를린 실황 공연을 담고 있다. 전율이라는 것은 바로 이런 것.

▶ **KIND OF BLUE**
(1959) 누구나 이름을 알고 있는 재즈 뮤지션을 한 명 뽑으라면 마일스 데이비스겠고, 누구나 들어봤을 재즈 앨범을 하나 뽑으라면 바로 이 앨범일 것이다. 역시 전설의 반열에 오른 재즈 피아니스트 빌 에반스가 모든 트랙에 걸쳐 연주를 맡고 있다.

▶ **THE SHAPE OF JAZZ TO COME**
(1959) 1960년대 프리 재즈의 혁명을 진두지휘했던 오넷 콜맨의 최고의 명반. 재즈를 산산조각냈다는 표현이 어색하지 않을 정도의 자유로움의 혁명.

스트레스를 줄일 수 있는 노하우가 있다.

▶ **내 머릿속의 계획표**: 데이트는 딱딱한 계획보다는 부담 없이 자유롭게 진행되어야 하지만, 그렇다고 계획 없이 모두 즉흥적으로 흘러서도 안 된다. 만나서 무엇을 하고 뭘 먹자고 제안할지 등의 계획은 세워두는 게 낫다. 백업 플랜을 가지고 있는 것도 중요하다. 음식점이 문을 닫았을 수도 있고, 영화표가 매진되었을 수도 있다. 분위기 있고 명성이 자자한 고급 스테이크 하우스를 가려 했는데 그녀가 채식주의자일 수도 있다. 이때 백업 플랜이 없다면 이보다 곤란한 상황은 없다. 백업은 필수다.

▶ **두 사람 모두에게 즐거운 추억**: 자주 가서 익숙한 커피숍이나 레스토랑에서 만나 저녁을 먹고 술을 마셔라. 이른바 홈그라운드의 이점을 살려

야 한다. 어떤 메뉴가 맛있는지, 어떤 자리가 편안하고 분위기 있는지를 리드할 수 있어야 한다. 또한 어색함이 없도록 해야 한다. 한 번 대화가 끊겨서 어색함이 길어지고, 대화가 재개되지 못하고 '우리 그만 일어날까요?' 모드로 진행되면 데이트가 실패로 끝날 확률이 높다. 대화가 유지될 수 있도록 다양한 화제를 준비해 가야 한다.

▶ **완충지대의 필요성:** 만약 당신이 대화에 약한 타입이라면, 대화의 스트레스 없이도 좋은 시간을 보낼 수 있는 영화관을 선택해도 좋다. 보다 안전한 데이트를 원한다면, 애초부터 편안하게 더블데이트를 기획해보는 것도 좋다.

▶ **말이 많으면 실례:** 말 많은 남자만큼 여자들이 질색하는 것도 없지 않을까. 대화를 리드하고 어색한 분위기를 타파한답시고 혼자서만 떠들어서는 안 된다. 그렇다고 질문에 단답형으로만 대답하는 무성의를 보여서도 안 된다. "책 읽는 것을 좋아하시나 봐요?" "네, 좋아합니다." "음악을 좋아하시는 것 같은데, 주로 듣는 음악이 어떤 거예요?" "재즈요." 이런 단답형 대답만큼이나 짜증을 유발하는 것도 없다. 또한 이성과의 데이트에서 비꼬는 말투나 불평불만을 늘어놓는 언동, 저속어를 남발하는 행위 등은 절대로 삼가야 한다.

299 바에서 낯선 이성에게 다가가기

유혹의 도구 중 최고는 역시 술이다. 그런 이유로 외로운 영혼들의 집결장소인 바는 원 나이트 스탠드를 달성하기 위한 최고의 장소이다. 하지만 그렇다고 유일한 장소는 아니다. 서점이나 박물관, 미술관 심지어는 아웃렛이나 마트까지 이성을 유혹할 수 있는 장소는 무궁무진하다. 중요한 것은 자신감이지 술이 아니다. 유혹의 전장으로 나아가기 위해서는 자신에게 투자를 해야 한다. 최신 헤어스타일로 머리를 하고, 최고급 정장이나 돋보일 수 있는 외모로 한껏 치장을 한다. 자신감은 태어나는 게 아니라 만들어지는 것임을 명심하자.

바에서 자리를 잡고 혼자서 위스키 잔을 잡고 있다면, 아마도 건너편의 여자들도 당신을 의식하고 있을 것이다. 퇴짜를 맞더라도 별로 개의치 마라. 여자들은 당신이 원 나이트 스탠드를 위해 자신에게 관심을 보인다고 생각해서 거절을 하겠지만, 조금이라도 관심이 있다면 당신이 다른 여자에게 관심을 보이는 것에 짐짓 질투를 드러낼 수도 있다. 내가 갖기 싫어도 남에게는 주기 싫은 게 인지상정이니까.

마지막으로 콘돔을 휴대하는 것을 잊지 마라. 안심장비를 준비하지 못한 탓에 결정적인 실수로 마지막 순간에 일을 그르칠 수 있다.

300 원 나이트 스탠드를 완료했을 때의 올바른 행동지침은?

섹스는 좋았다. 하지만 아침 식사도 그만큼 좋을까? 파트너가 아침을 먹고 가라고 하는데 당신은 그렇게까지 진도가 나가고 싶지는 않다. 그 경우 회사에 조찬회의가 있다거나 주말이라면 어머니가 커튼 치수 재는 것을 도와

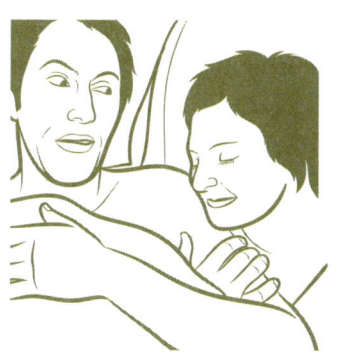

주러 집에 일찍 들를 예정이라고 둘러대자. 회사에서는 능력남, 집에서는 부모님과 화기애애한 훈남으로 보일 것이다.

그녀의 자존심을 살려주고 싶다면, 헐렁한 티셔츠라도 있으면 하나 빌려서 커피를 한 잔 청하는 정도는 좋다. "운전 괜찮겠어요?" "택시를 불러줄까요?" 등 여자가 걱정하는

모습을 보여주면 자상한 모습으로 한 번 안아주면서 걱정해줘서 고맙다고 남자다운 모습을 보여주자. 오늘은 좋았지만 이게 마지막이니 하는 감정을 상하게 할 수 있는 말은 참아야 한다. 굳이 할 필요가 없는 본전도 못 챙기는 말이다. 나중에 다시 연락하겠다고 입에 발린 소리를 하고 방을 나서면 된다. 그 이후는 온전히 당신의 선택이다.

301 이성관계에서 쿨 가이로 남는 방법은?

여자는 당신을 섹스 파트너로 신뢰하고 있다. 당신은 그녀와 함께 문화생활을 즐기고 여행도 같이 가는 사이이다. 그녀는 당신과의 섹스를 레크리에이션 정도로 생각한다. 이런 관계가 자연스럽게만 흐른다면 섹스를 포함해서 그녀와의 관계가 아주 편할 것이다. 하지만 보통 이런 관계에 있어서 머지않아 그냥 친구관계로 남기는 어려울 것 같다는 통보가 누군가에게서는 나오기 마련이다. 그만큼 섹스까지 포함되어 있는 이성친구라는 것은 쉽지가 않다.

모든 관계는 대가를 치러야 한다. 당신의 감정에 대해서 솔직하게 자문해 보라. 그녀에게 당신이 단 한 사람이 될 수는 없다는 것을 인정해야 한다. 그녀가 다른 누군가를 만나기 시작하면, 그 상황을 솔직히 인정하고 쿨하게 축하해줄 수 있어야 한다. 대부분 언젠가는 끝날 관계임을 인정하고 서로의 길을 갈 수 있도록 미련을 두지 말자.

전문가 조언
302 동거를 끝내는 가장 좋은 방법

린 해리스
'여자와 결별하는 법' 블로그 공동 운영자

6개월 이상 진지하게 같은 방을 썼던 동거녀와 동거생활을 끝내고 그냥 친구로 남고 싶다. 이 말인즉 그녀와의 섹스나 혹은 더 이상 사랑의 관계로 진전시키고 싶지 않다는 말이다. 이 어색한 상황을 어떻게 풀고, 도대체 어떻게 말을 전해야 한단 말인가. 어렵게 생각할 것 없다. 결혼실태 조사에 따르면 '결혼 전에 동거했던 부부가 결혼 후 파경을 맞이하는 비율이 낮은 것은 아니다.'고 한다. 다시 말해서 먼저 살아 보고 결혼을 하더라도 꼭 행복한 삶을 영위하는 것은 아니라는 것이다. 그녀에게 단순히 생활방식의 차이가 있으니, 지금은 우리가 함께 사는 것은 좋은 생각이 아니라고 정중하게 얘기를 하자. 그리고 우리의 감정이 어떻게 변화하게 될지를 지켜보자고 전하자. 그녀가 당신의 의견에 동의한다면 실제로 둘의 관계가 더 진전되어 결혼까지 골인할 확률도 높다고 한다. 역시 어색한 관계 타파에는 솔직함이 최고다. 올바른 선택을 하기 위해서라도 당장의 어색함은 물리치는 게 최고다.

303 성병에 걸린 상황을 파트너에게 어떻게 얘기할까?

성 감염 질환의 문제는 치료 후 6주 내에 재발할 확률이 30%에 이를 정도의 높은 재발율과 지속적인 감염의 우려가 있는 무서운 병이다. 만약 당신이 아주 건강한 남자인데 재수가 없어서 성병에 감염되었고 성공적으로 치료를 마쳤다고 할지라도 함께 침대에 있었던 모든 여자들에게 그 사실을 얘기해야 한다. 그 어려운 상황을 극복할 수 있는 몇 가지 노하우다.

▶ **언제:** 시기는 빠르면 빠를수록 좋다. 당신이 얘기를 빨리 할수록 상대방이 대처할 수 있는 시간이 늘어나기 때문이다. 결국 상대방도 당신과의 관계에 대해서 결정을 내려야 하기 때문에 당신이 혹시라도 거짓의 가면을 쓰고 있다면, 빨리 벗어던질수록 관계가 좋아질 확률도 높아진다.

▶ **어떻게:** 나만은 예외적인 경우라고 생각하면 안 된다. 사실을 직시하여야 한다. 적나라한 얘기겠지만, 진실을 담아 성병에 감염된 경로와 기간, 이후 증상에 대해 모든 얘기를 풀어놓아야 한다. 물론 그 와중에 개인의 프라이버시를 침해하는 행동을 해서는 안 된다. 모든 얘기를 털어놓은 후에는 전염의 위험에 대해 얘기하고 치료책 역시 말해야 한다. 상대방이 많은 질문을 할 텐데, 솔직하고 책임감 있게 대답을 해야 한다.

▶ **어디서:** 다른 사람들이 없는 곳에서 일대일로 얘기를 해야 한다. 원한다면 그녀가 당신을 피해 다른 곳으로 갈 수 있는 한적한 산책길도 좋은 장소이다.

304 이성에게 꽃은 언제 보내야 할까?

이성에게 꽃을 주는 때는 정해져 있는 것도 아니고 정해져 있지 않다고도

할 수 없다. 다시 말해 기념일이나 데이트 때에는 기본적으로 꽃을 건네는 게 좋고, 그 외 일상적인 만남에서도 꽃은 자상함과 배려심을 보여주는 좋은 수단이라 할 수 있다. 특히 사무실로 꽃바구니를 보내는 행동은 당신의 여자를 돋보이게 할 수 있는 최고의 이벤트 중 하나이다. 단 이런 공개적인 꽃바구니에 돈을 인색하게 쓰면 차라리 보내지 않는 것만 못하다. 사무실의 동료 직원들을 압도할 수 있는 꽃바구니에 카드를 동봉해서 보내면 호감을 사는 것은 시간문제일 것이다.

또한 꽃은 미안함을 전달하는 좋은 도구이다. 당연히 사과는 말로 표현해야겠지만, 사과의 말 이전에 꽃다발에 직접 쓴 사과문은 상대방이 사과를 받아들일 수 있는 마음의 문을 열도록 도움을 줄 것이다.

305 어떤 꽃을 보내야 할까?

장미는 절대 실패하는 법이 없는 꽃이긴 하지만 절대로 서둘러서는 안 된다. 모든 꽃에는 나름대로의 의미가 담겨 있다. 꽃말과 의미를 알아보자.

- **아름다움에 대한 찬미**: 협죽도, 난초, 목련, 흰색 카밀리아
- **사랑의 시작**: 분홍 장미
- **갈망**: 주황색 장미
- **열정**: 빨간 카밀리아, 빨간 장미
- **짝사랑**: 수선화, 빨간 카네이션
- **기억해주세요**: 물망초, 분홍 카네이션, 노란 장미
- **비밀의 사랑**: 치자꽃, 흰색 장미
- **우정**: 국화, 아이리스
- **나를 믿어주세요**: 빨간 튤립, 글라디올러스

진지한 단계

306 현실적인 이성 문제에 대처하기

맘에 드는 이성을 만나서 오랜 시간을 보내고 데이트도 하고 술도 마시며 페로몬에 흠뻑 취하다 보면 여러 가지 현실적인 문제를 간과할 수가 있다. 한창 사랑에 빠져 잘 보이지 않겠지만, 그래도 다음과 같은 부분은 관계를 진전시키기 위해서라도 반드시 짚고 넘어가야 한다. 천상에서 즐거운 시간을 보내고 있겠지만, 잠시 지상에 내려와 아래 사항을 체크해보자.

▶ **가족 관계:** 혹시 그녀가 엄마한테 허락을 받지 않으면 남자를 사귀지 못하는 부류는 아닐까? 그녀가 혹시 결혼을 해도 지근거리에서 부모와 함께 생활을 계획하고 있는 것은 아닐까? 이성으로 만나는 사람의 가족과의 관계는 생각보다 중요한 문제이다. 후회가 없도록 잘 체크해야 한다.

▶ **여가 시간:** 그녀가 집에서 여가 시간을 보내는 부류일까, 시간만 나면 밖으로 나도는 부류일까? 물론 둘 다 어느 한 부류가 문제가 있다고는 할 수 없는 개인의 선택이자 개성에 달린 문제이지만, 그런 점에서 두 사람의 취향이 극과 극이면 문제가 될 수 있다. 확인이 필수다.

▶ **돈 문제:** 당신은 결혼하기 전에 집을 장만하기를 원한다. 그녀는 집이야 나중에 어떻게 되겠지 하는 마음이고 현재를 즐기자는 생각이다. 당신은 남들에게 퍼주는 타입이지만, 그녀는 거의 깍쟁이에 가까운 짠순이다. 이런 문제를 확인하지 않으면 나중에 돈 문제로 크게 사단이 날 확률이 높다. 돈보다 사랑이 우선이라는 말은 사실이지만, 그러나 경중의 차이는 거의 없다고 봐도 무방하다.

▶ **정치관과 종교관:** 정치야 중도적인 입장으로 싸움까지 가지 않을 수

도 있다. 정치관은 달라도 결혼생활은 할 수 있다지만 종교관이 다르면 결혼생활은 꿈도 꾸지 않는 게 좋다.

307 싸움을 끝내는 방법

누구도 완벽한 사람은 없듯, 싸우지 않는 커플 또한 없다. 커플 간의 싸움은 아주 사소한 갈등 때문에 발생한다. 누군가 한쪽이 사과를 하고, 얼마 동안 서로 말없이 앉아 있다가 외식하러 나가며 싸움은 끝이 난다. 75년 동안 큰 싸움 없이 결혼생활을 해온 남편에게 물었다. 어떻게 하면 그렇게 오랫동안 좋은 관계를 유지할 수 있었느냐고. "아내가 화가 났다 싶으면, 그냥 닥치고 있었습니다."

사람들은 종종 자신들이 똑같은 문제에 대해 매번 똑같이 화를 내고 불평불만을 늘어놓는다는 것을 깨닫는다. 같은 문제가 반복되면서 도저히 참을 수 없는 순간이 오면 상대방에게 똑같이 화를 내는 식으로 반응하지 마라. 그냥 방을 나와서 차라리 다른 사람에게 소리를 질러라. 영문 모르는 사람에게 화를 내고 나중에 사과를 하는 게 낫다. 적어도 그 사람은 황당하겠지만, 당신의 그런 행동을 충분히 이해해줄 것이다. "왜 맨날 나한테만 이러는 거야." 이 말이 나올 때는 정말 조심해야 한다. 전문가들은 바로 이런 말이 나올 때가 상대방의 자존심을 건드리는 순간이라고 한다. 이 경우에 최악의 수는 "나만 그랬냐? 네가 먼저 그러지 않았으냐"는 식으로 상대방에게 불화의 원인을 돌리는 것이다. 최악의 케이스다. 절대로 반복하지 말아야 한다. 역시 이런 순간에는 화를 누르고 아무 말도 하지 않는 게 최선이다.

마지막으로 연인의 싸움이 끝나는 최종 단계를 묻는다면 많은 사람들이 섹스라고 대답할 것이다. 사실이다. 하지만 이 사실은 싸우고 나서 섹스로 다툼을 마무리했는데도 섹스가 만족스럽지 않다거나 그래도 화가 풀리지 않는다면 둘의 관계를 정말 다시 생각해야 한다.

308 여자 친구가 헤어진 예전 여자 친구와 만나지 말라는데

우선 현재 여자 친구와 갈등을 겪으며 옛날 여자 친구를 보호할 필요가 있는지를 자문해본다. 굳이 그럴 필요가 없다면 그냥 순순히 그렇게 하겠다고 말하면 된다.

하지만 지금 여자 친구가 무리한 요구를 하고 있다는 생각이 들면 이성적으로 행동해야 한다. 화를 내면서 그저 친구 사이에 불과한데 왜 그렇게까지 해야 하느냐고 다그치면 안 된다. 예전 여자 친구가 왜 친구로 남아 있어야 하는지를 잘 설명해야 한다. 무엇보다도 분명한 이유가 있어야 한다. 비즈니스 관계에 있어서 아주 중요한 클라이언트이기 때문에 지금 당장 관계를 끊으면 타격이 심하다던가, 부모님 친구 분과의 관계가 얽혀 있어 매정하게만 대할 수는 없다던가……. 확실한 것은 분명한 이유가 없다면 납득하지 못할 것이다.

309 이별을 통보하는 자세

어떠한 방식을 동원한다 해도 이별은 아플 수밖에 없다. 하지만 매도 먼저 맞는 게 낫듯, 이별 통보도 남자답게 먼저 하는 게 낫다. 장소는 집이 좋다. 편안하게 일상적인 대화를 나누고 그녀를 집에 태워다 주겠다고 제안하라.

정직해야 한다. 둘러대지 말고 정직하게 말해야 한다. 너무도 좋은 시간이었고, 아쉬움도 많지만 더 이상은 무리일 것 같다고 솔직하게 얘기하자. 그녀의 질문에 대답을 하되, 절대로 반박하고 싸우려 들지는 마라. 여자가 이별에 쿨하게 나올 경우 그녀는 당신과의 관계에 미련이 없

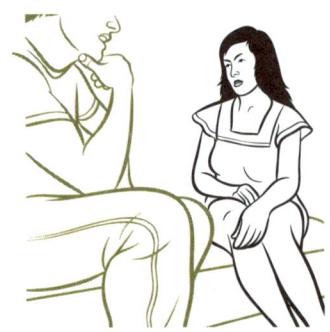

음을 뜻한다. 이런 경우 아쉬움을 표하고 자리를 뜨면 된다. 여자가 눈물을 보인다거나 감정의 동요를 표시한다면. 그때는 미안하다는 말과 함께 친구에게 전화를 해서 함께 있는 게 좋겠다며 자리를 뜨면 된다.

310 절친의 여자 친구가 너무 맘에 들지 않는 경우

사랑이란 묘한 것이다. 당신은 왜 친구가 그런 여자를 만나는지 도무지 이해가 가지 않을 것이다. 그렇다고 해서 둘 사이를 갈라놓을 수 있는 행동을 당신이 주도해서는 안 된다.

사랑싸움은 결과가 나쁘면 무조건 비난의 대상을 찾게 마련이다. 대신 친구에게 운동이나 하이킹 같은 만남을 제안해서 얘기할 자리를 마련하는 게 좋다. 술자리는 감정이 격해질 수 있기 때문에 피하는 게 좋다.

당신이 느끼는 그녀의 좋지 못한 점을 친구에게 솔직하게 털어놓자. 너의 사랑이 이루어지기를 바라지만, 너를 진심으로 위하기 때문에 이런 얘기를 하는 것임을 진실되게 표현해야 한다.

311 프러포즈 하기

최적의 장소라 판단되는 곳을 찾아야 하지만 그렇다고 장소에 너무 집착할 필요는 없다. 어디에서 프러포즈를 하더라도 프러포즈 그 자체가 이벤트이기 때문이다.

반지를 랍스터에 숨긴다거나 멕시코 전통 마리아치 밴드를 동원하는 등의 특별한 이벤트는 굳이 필요 없다. 프러포즈 그 자체가 특별한 이벤트이기 때문이다. 그렇더라도 프러포즈는 기억에 남을 순간이어야 한다. 여자들이 꼽는 최상의 프러포즈는 낭만적인 여행지에서의 로맨틱한 프러포즈이긴 하다. 하지만 대부분의 여자들이 드라마나 영화에서의 그런 프러포즈만큼이나 사랑하는 사람의 진솔하고 솔직한 고백만으로도 프러포즈는

남자의 기술 | 꽃과 나비와 벌

충분하다고 생각한다.

다만 최악의 프러포즈만은 절대 피해야 한다. 대중매체의 영향으로 많은 남자들이 스포츠 이벤트에서 공개 프러포즈나 식당에서 많은 사람들이 지켜보는 와중의 프러포즈, 자동차를 타고 가다 트렁크를 열어 수백 개의 풍선이 하늘로 솟아오르며 길거리에서 무릎을 꿇고 하는 프러포즈 등은 여자들이 부담스러워하는 최악의 프러포즈이다.

테크닉

312 첫 키스의 추억을 만들기 위한 노하우

그녀와의 첫 키스는 사랑의 추억을 만드는 과정이지 능숙한 키스 솜씨를 과시하는 것이 아니다. 데이트를 끝내고 헤어질 땐 부드럽고 짧게 입술에 하는 키스가 좋다. 절대로 혀를 사용하면 안 된다. 아예 입술에 하는 키스를 시도하지 않는 것도 좋다. 잘 자라는 인사와 함께 볼이나 이마에 가볍게 하는 키스가 더 성공적일 수도 있다.

313 브래지어 끈을 푸는 노하우

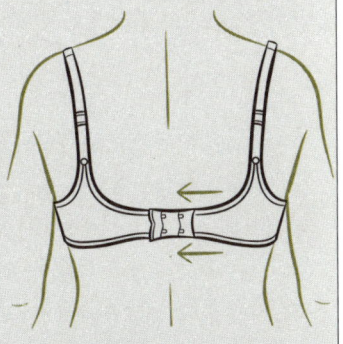

상호 합의하에 함께 브래지어를 벗는 게 가장 좋긴 하다. 하지만 그녀가 브래지어 벗겨주기를 원하는데 우물거려서 어리숙해 보여서는 곤란하다. 첫째로, 클립이 어디에 달려 있는지를 확인해야 한다. 일반적인 브래지어는 등 뒤 중앙에 클립이 달려 있다. 경우에 따라 등 뒤가 아니라 앞에 클립이 붙어 있는 브라도 있고, 스포츠 브라처럼 아예 클립이 없는 경우도 있다.

다음은 브래지어 훅이 일반적인 두세 개의 클립이 달려 있는 것인지, S자 모양의 플라스틱 훅인지도 확인해야 한다. 훅이 앞에 달려 있는 프론트 훅 브래지어의 경우 십중팔구 S자 훅이다.

일반적으로 브래지어를 풀 때는 한 번에 실수 없이 풀기 위해 양 손가락을 사용한다. 양손으로 브라의 양쪽을 잡고 클립을 살짝 위로 들어서 당겨주면 풀리게 된다. 혹은 여자를 정면으로 봤을 때 왼쪽에 달려 있기 때문에 왼쪽 손에 더 힘을 주고 당기면 된다. 모든 스킬은 연습하기에 달려 있다. 연습에 연습을 거듭하면 추후에는 한 손으로도 브래지어를 풀 수 있는 경지에 오르게 될 것이다. 그 경우 선수급으로 오해를 살 수도 있으니 수위 조절은 당신에게 맡기겠다.

314 침대에서 오래 버티기 위한 기술은?

모든 남자들은 침대에서 사정을 늦추기 위한 자신만의 노하우가 있다. 애국가를 부른다거나 성적인 부분과는 전혀 무관한 얼굴을 상상한다거나 등등. 하지만 그 분야에서 최고의 테크닉은 바로 운동이다. 평소에 근육을 조절하여 사정을 늦출 수 있는 연습을 한다. 이른바 여자들이 순산을 하기 위한 운동으로 알려져 있는 케겔 운동이 그것이다.

남자의 케겔 운동은 여성의 그것에 비해 아주 간단한데, 바로 괄약근을 강화하는 것이 키포인트다. 소변을 보는 도중에 잠시 소변을 멈추었다가 다시 보는 것을 반복하는 것만으로 괄약근이 상당히 단련되게 된다. 이 동작을 하루에 서너 차례, 소변을 나눠서 볼 수 있는 최대치까지 밀어붙여 100회 이상 해주면 상당한 효과를 볼 수 있다. 단 이 운동을 할 때 복부나 엉덩이에 힘이 들어가면 도루묵이다.

315 발기부전 치료제를 복용해야만 하나?

발기부전 치료제는 중년 이상의 발기부전 환자만 복용하는 것은 아니다. 30대의 경우에도 스트레스와 과로로 일시적인 발기력 위축을 겪는다면 복용이 가능하다. 요즘은 복용 후 약효가 나타나기까지의 시간이나 강직도, 지속시간 등에 따라 다양하게 골라서 복용할 수 있는 발기부전 치료제가 출시되어 있다. 하지만 어떤 브랜드의 어떤 제품을 사용하든 반 알만 복용할 것을 권한다. 두 배로 먹는다고 해서 섹스가 두 배로 좋아지는 것은 아니다. 최악의 경우 지속 발기증 현상이 발생해서 발기 현상을 없애기 위해 외과 수술이 동원되는 끔찍한 악몽이 벌어질 수도 있다.

316 매번 여자 친구가 오르가슴을 느낄 때까지 기다려야 하나?

여자들이 오르가슴을 느끼는 순간은 섹스가 끝난 후라는 말도 있다. 그만큼 여자들의 오르가슴은 도달하기도 힘들고 빈도나 횟수도 적은 편이다. 솔직히 말해서 당신이 여자에게 오르가슴을 안겨줄 수 있을 확률은 반 이상을 넘기지 못한다. 그러니 섹스에서 매번 오르가슴을 느끼게 한다는 것은 애초부터 불가능에 가까운 일이다. 평소의 충실한 섹스를 통해 그녀가 오르가슴에 이르는 루트를 확실히 알아두도록 하자. 당신이 생각하는 오르가슴과 여자들이 느끼는 오르가슴은 상당한 차이가 날 것이다. 어려워 말고 파트너에게 직접적으로 질문을 해서 어느 부분, 어느 시점에서 오르가슴으로 진행될 수 있을지를 함께 알아가도록 하자. 여자의 오르가슴은 배려라 할 수 있다. 당신 혼자서 하는 배려가 아닌 서로간의 교감에 따른 배려를 키우는 것만이 오르가슴에 도달하는 길이다.

272
길 위에서

278
주먹 싸움

284
어른들의 숨바꼭질

사건 사고

사건 사고가 발생하고, 일이 잘못되는 것을 예측하기란 불가능하다. 하지만 어떤 상황에서 어떤 경우에 일이 틀어진다는 것을 경험이나 학습으로 알고 있다면 사전에 잘못되는 상황을 대비할 수 있다. 나이스 가이란 잘못된 상황을 회피하는 남자가 아니라 상황을 바로 잡기 위해 노력하는 남자다. 잘못된 상황에 대처해서 좋은 결과를 이끌어내기 위한 몇 가지 상황별 시나리오에 따른 해결책을 여기 제시한다.

길 위에서

317 펑크 난 타이어 갈아 끼우기

대부분의 차량은 트렁크 바닥을 들추면 스패어 타이어와 잭 등의 도구가 들어 있다. 가급적 평탄한 곳으로 차를 이동시킨 후 사이드 주차 후 브레이크를 단단하게 당긴다. 비상 경고등을 켜고 후방에 비상용 삼각표지판을 세우고 난 후, 가능한 모든 타이어에 버팀목용 돌을 끼워 넣는다.

잭을 펑크 난 타이어 쪽 단단한 하단부에 놓고 타이어가 지면에서 뜰 때까지 들어 올린다. 그 후 타이어 휠 너트를 풀고 펑크 난 타이어를 갈아 끼우면 된다. 그 후 펑크 난 타이어를 스패어 타이어가 있던 곳에 넣고 도구를 챙겨 운전을 하면 된다. 스패어 타이어가 오래 보관되어 있었다면 바람이 빠져 있을 수도 있다. 그 경우 오랜 시간 운전을 하지 말고 가까운 주유소나 정비소를 찾아 바람을 넣도록 하자.

318 차량 밑에서 수상한 액체를 발견했다면?

주차해 놓은 차량 밑에 액체가 고여 있다면? 일단 너무 놀랄 것은 없다. 당신 소유 차량이 아닌 직전에 주차한 차량에서 흘러나온 액체일 수도 있기 때문이다. 침착하게 다른 곳에 차량을 이동 주차하고 그곳에서도 액체가 흘러나오는지 점검하자. 큰 종이가 있다면, 처음 주차했던 곳의 액체가 고였던 지점을 어림짐작해서 그 밑에 종이를 깐다. 그동안 당신이 해야 할 일은 액체의 색깔을 살펴서 액체의 성분을 짐작 분석하는 일이다.

- ▶ 차량 앞부분에서 흘러나온 무색의 물은 엔진 냉각 장치의 호스에서 새어 나온 냉각액일 확률이 높다.
- ▶ 녹색의 액체는 보통 에어컨 시스템 결함으로 흘러나온 액체다.(달콤한 냄새가 나면 부동액이다.)
- ▶ 검은색의 유광 액체는 기름이다.

모든 수단을 동원해서 액체가 당신의 차량에서 흘러나온 것임이 확인됐다면, 가능한 빨리 정비소로 차를 몰아야 한다. 기름이 새는 상황이라면 직접 운전을 하는 것보다는 견인차를 부르는 게 낫다.

319 차량 배터리 방전 시 대처법

시동을 걸어도 엔진이 푸룩푸룩하는 소리만 내고 시동이 걸리지 않는다. 당황스럽겠지만 긴장을 풀라. 이런 경우 보통 차량의 배터리가 방전되었을 경우가 대부분이다. 대부분의 차량은 시동을 걸 때나 엔진 정지 상태에서 오디오나 램프, 의자 등을 작동시킬 때 전기를 사용하기 위해 배터리를 필요로 한다. 그래서 차량 실내등을 켜놓고 밤샘 주차를 하는 경우에 주로 배터리가 방전이 되는 현상이 발생하곤 한다.

수동 차량의 경우 기어 변속을 통해 클러치를 밟은 상태에서 밀어서 시동을 거는 방법이 있다지만, 오토 차량의 경우에는 점프 케이블을 통해 충전을 시키는 방법 말고는 별다른 수가 없다. 차량 비상용품에 점프 케이블이 있다면 충전을 시도해 보고, 그도 아니면 다른 차량의 도움을 받기 위해 비상등을 켜고 손을 흔든다거나 보험사의 비상출동 서비스를 이용하기를 바란다. 차량 배터리 방전의 경우 운전자가 가장 흔하게 겪는 차량 트러블이기 때문에 크게 동요하지 말고 침착하게 해결하도록 하자.

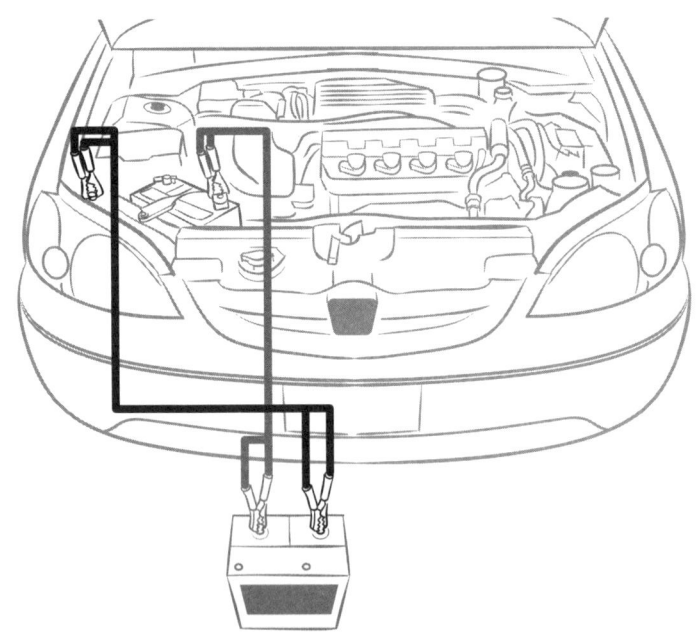

320 방전된 배터리 충전을 위한 점프 케이블 사용법

점프 케이블을 갖춘 차량의 도움을 받을 준비가 되었다면, 도로 사이드에 두 차량을 마주 보게 일렬로 주차를 한다. 방전된 차량의 보닛과 충전할 차량의 보닛을 모두 연다. 방전 배터리의 양극(+)과 충전 배터리의 양극(+)을 점프 케이블의 빨간색으로 연결해 주고, 충전 배터리의 음극(-)은 방전된 차량의 엔진 리프트 브래킷에 연결해 준다. 그 후 방전된 차량, 즉 당신 소유 차량의 시동을 걸고, 시동이 걸리면 20분 이상 시동을 끄지 말아야 한다. 차량은 시동이 걸린 상태에서 운전을 하면 배터리가 다시 충전이 된다. 주의할 사항은 승용차의 경우 승용차끼리 충전을 해야 한다. 승용차의 볼트 수는 12볼트인 반면 대형 트럭의 경우 24볼트이다. 볼트 수가 다를 경우 배터리가 쇼트가 날 수 있다.

321 음주 단속에 대처하는 방법은?

경찰이 음주 단속을 요구하면 군소리 없이 측정기를 불어야 한다. 측정 거부 시 1년에서 3년의 징역형에 500만원에서 1천만 원 이하의 벌금이 부과될 수 있다. 또한 혈중 알코올 농도에 따라 벌금형에서부터 현장 구속까지도 가능한 게 음주 단속 기준이다. 괜히 대리운전비 몇만 원 아끼려고 몇백만 원 벌금을 맞는 후회할 짓은 아예 하지 않는 게 좋을 것이다.

322 현장 교통 위반에 적발됐을 경우 대처법은?

경찰관이 사이렌을 울리며 교통 위반 차량으로 멈출 것을 요구했다면 당신의 선택은 가능한 벌금이 적게 나오기를 기대하는 것뿐이다. 최대한 아주 정중하게, 언성을 높이지 말고 언짢은 표정도 절대 짓지 말아야 한다. 응급 상황이었다거나 차량이 고장 났다거나 등의 예외적으로 설명할 부분이 있다면 차분히 설명을 해도 되지만, 절대 과장을 해서는 안 된다. 또한 거짓말도 안 된다. '어머니가 병원에 실려 가서 응급실에 가는 길이다.' 등의 거짓말은 경찰의 정보력이라면 얼마든지 확인할 수도 있다.

정말로 잘못이 없고 증명도 가능하다면 강하게 어필을 해서 법정으로

> **전문가 조언**
> ## 323 사고가 날 것 같은 응급상황에 어떻게 운전을 해야 하나?
>
> **크리스 쿡**
> 前 나스카 드라이버
>
> 멈추지 말고 운전을 계속해야 한다. 사고가 발생할 것 같은 위급상황에서 대부분의 운전자들은 얼어붙어 브레이크를 밟는 것에 기댄다. 그러면 진짜로 사고가 발생한다. 얼지 말고 선택을 극대화해야 한다. 눈앞에 보이는 장애물에 시선을 뺏기지 말고, 차량이 나아갈 수 있는 곳을 봐야 한다. 나무를 바라보고 있으면, 나무에 가서 부딪치게 된다. 최소한의 충돌로 최악의 사고를 면할 수 있는 곳을 찾아야 한다. 정면충돌을 피하기 위해서라면 도랑에 바퀴를 빠뜨리는 게 낫고, 대로에서 연쇄충돌이 일어나는 것을 방지하기 위해서라면 벽에 차량의 측면을 긁어 부딪쳐서 멈추는 게 낫다.

가겠다고 의사를 표명하자. 하지만 교통 위반 딱지 몇만 원을 아끼겠다고 어떻게 판결이 날지도 모를 상황에서 법정 출두 시간과 비용을 들이는 것은 잘 판단할 일이다.

324 운전 중 과속 단속을 만났을 경우 행동법?

과속 장비를 든 경찰관이 당신의 시야에 들어왔다면 이미 차량 번호가 찍혔다고 생각하면 된다. 급브레이크를 밟는 일은 삼가라. 경찰관 입장에서는 당신이 천천히 속도를 줄이는 것을 선호한다. 급브레이크는 운전자가 긴장했음을 보여주는 행동이다. 천천히 차량을 멈추고 경찰의 지시에 따라 행동하면 된다.

325 스키드 마크를 그리며 미끄러지는 차를 회복시키는 방법

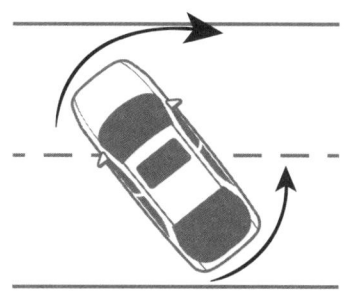

도로에서 스키드 마크를 그리며 미끄러지는 차를 제어하는 방법은 앞바퀴를 나아가고자 하는 방향과 일직선으로 유지시키는 것

이다. 만약 차량의 뒷부분이 오른쪽으로 미끄러지면, 운전대를 오른쪽으로 돌리는 식이다. 수동 운전 방식에서는 미끄러짐을 감지하는 즉시 클러치를 밟아주고, 오토 차량이라면 페달에서 발을 떼야만 한다. 차량의 뒷부분이 미끄러짐을 멈추면, 조심스럽게 반대 방향으로 운전대를 돌려주면 된다.

326 다른 차량을 들이받는 최상의 방법은?

전면에 차량이 있는 상태에서 회피가 불가능하고 충돌하는 수밖에 없다면, 당신은 바퀴 중 하나를 겨냥해서 충돌을 만들어내야 한다. 이왕이면 차체가 가장 강한 부분인 엔진이 위치한 전면부의 앞바퀴를 들이받아야 한다. 그래야 차량이 밀려서 회전하는 정도에서 그치고, 찌그러져 완파되어 큰 사고가 일어나는 것을 방지할 수 있다.

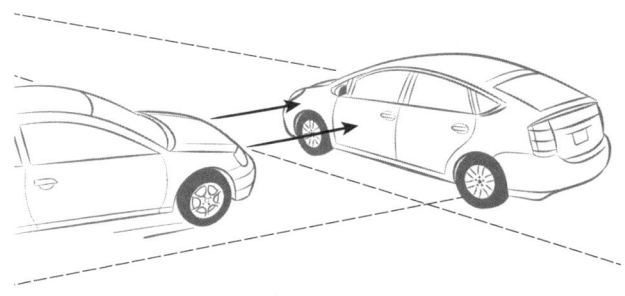

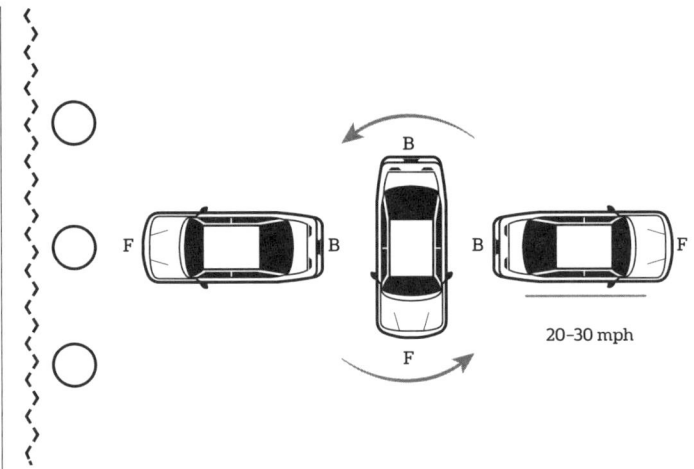

327 보도블록과의 충돌을 피하는 방법

가장 효과적인 회피책은 전면부 180도 회전 기술이다. 약 40킬로에서 50킬로 속도로 보도블록을 향해 차량이 진행하고 있을 때 기어를 중립에 넣은 상태에서 과감하게 사이드 브레이크를 완전히 올려준다. 순간 차량이 왼쪽이나 오른쪽으로 돌면서 최소 45도 정도 회전이 일어나게 된다. 회전이 된 상태에서도 계속해서 진행방향으로 미끄러질 텐데, 차량이 완전히 180도 회전을 하면 사이드 브레이크를 풀어주면서 액셀러레이터를 밟아준다. 이 기술은 모든 과정이 거의 동시에 이루어질 정도로 숙달이 되어야 실행이 가능한 기술이다. 다른 차량이나 사람 혹은 건물이 있는 곳에서는 절대 연습을 하면 안 된다.

주먹 싸움

328 싸움을 회피하는 방법

싸움은 피해서 도망치는 게 최고다. 일단은 상대방이 주먹을 휘두르며 덤

벽도 피할 수 있다면 피해야 한다. 일반적으로 체구가 크면 클수록 행동은 둔하고 느리기 쉽다. 하지만 상대방이 체구가 작다고 피하기가 힘든 것도 아니다.

하지만 도망치는 것이 선택이 아닐 경우가 되었을 경우 일단은 상대방에게 난 당신과 싸우고 싶지 않다고 의사를 표명해야 한다. 상대방이 자신이 폭력적으로 변하고 있음을 알아채게 해서 스스로 진정시킬 수 있는 효과가 있다. 그래도 싸움이 일어난다면, 주위 사람들에게 도움을 요청하거나 즉시 경찰에 신고해줄 것을 부탁하면 된다.

329 싸움에서 주먹을 날리는 방법

주먹을 잘못 날리면 상대방뿐만 아니라 당신 뼈도 해를 입을 수 있다. 주먹을 단단히 쥐고 주먹과 팔뚝이 일직선상에 위치하도록 한다.[a] 자세가 잘못되면 주먹을 날렸을 때 손목이 상할 수 있고, 타격의 강도가 효과적이지 못할 수 있기 때문이다. 어깨 위치에서부터 정면을 향해 직선으로 주먹을 날려라.[b] 주먹을 흔든다거나 손목을 비튼다든지 하는 영화에서나 나오는 쓸데없는 객기는 따라하지 마라. 관건은 상대방을 나가떨어지게 하는 것이 아니라 뒤로 자빠질 정도로 타격을 입히는 것이다. 성공적으로 펀치를 날려서 상대방을 넘어뜨렸다면 일어서도록 기회를 주지 마라. 만약 일어서려고 한다면 땅에 넘어뜨려서 발로 누른다든지, 재차 주먹을 날리도록 하라.

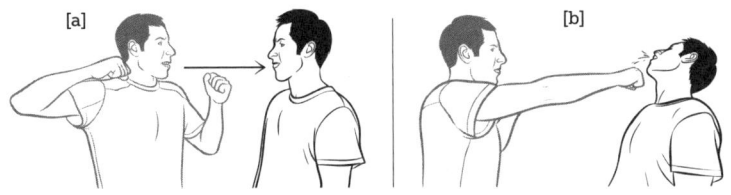

330 싸움에서 승리를 거두려면?

선방을 날려야 한다. 거리에서의 싸움은 보통 협박과 욕설, 인신공격 등이 선행되는데, 이때 상대방 패거리의 리더가 누구인지를 재빠르게 판단해야 한다. 도망칠 수 없다고 판단됐을 때, 지체하지 말고 상대방 패거리의 리더를 향해 주먹을 날려라. 사전 경고 없이 얼굴을 향해 강한 펀치를 날리는 게 중요하다. 순식간에 이루어져야 한다. 꾸물거리다간 상대방의 주먹이 먼저 날아올 수 있다. 보통 리더가 맞고 쓰러지면 패거리는 어떻게 해야 할지를 결정하지 못하고 우왕좌왕하게 된다. 이때 위협을 가하면서 분위기를 장악하면 싸움은 당신에게 유리한 국면으로 진행된다.

331 상대방을 길바닥에 누이는 방법

당신이나 당신 주변 사람들에게 욕을 퍼부으며 위협을 가하는 사람이 있다. 무시하는 게 가장 좋지만, 점점 흥분하여 폭력을 휘두르려 든다면 어떻게 해야 할까? 그럴 경우에는 그 사람에게 가까이 다가가서 왼손으로 상대방의 오른쪽 어깨를 붙잡는다.[a] 동시에 오른손으로는 상대방의 왼손을 부여잡고 강하게 잡아당기면 그림[b]처럼 상대방의 오른손이 등 뒤로 묶인 모습이 된다.

팔을 위에서 힘을 가해 강하게 눌러서 발버둥치더라도 빠져나오지 못하도록 막는다.[c] 이때 당신의 무릎을 이용해서 상대방의 등을 누르고 전화기를 꺼내서 도움을 요청하면 된다.

332 경찰한테 잡혀가는 상황을 피하는 방법

경찰 사이렌 소리가 들리더라도 흥분하면 안 된다. 셔츠는 바지 속으로 집어넣고, 머리를 단정하게 정돈하라. 절대로 허둥대지 말고 도망쳐서도 안 된다. 경찰관이 도착하면 일단은 당신이 현재 상황에 개입되었는지 유무를

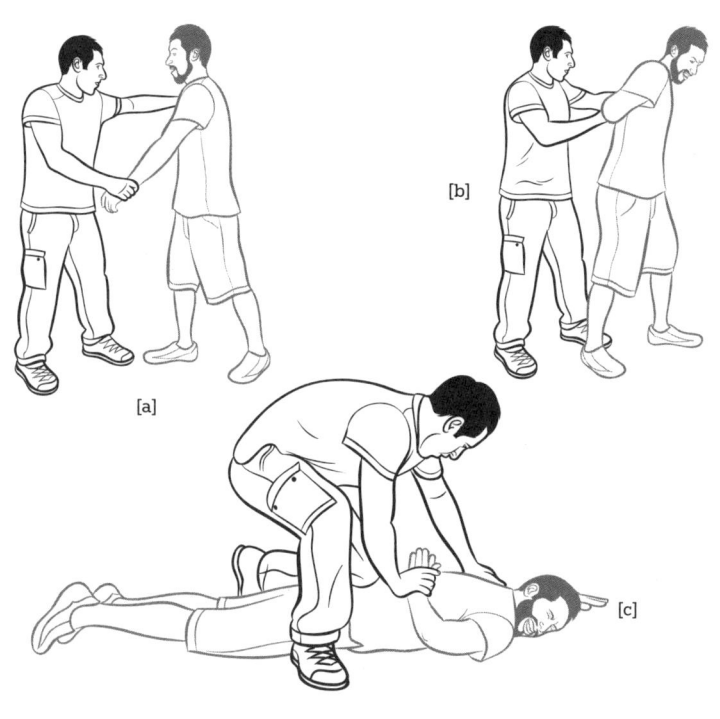

판단할 것이다. 솔직하게 묻는 말에 대답해야 한다. 중구난방으로 중얼댄다거나 말을 숨겨도 안 된다. 경찰관의 질문을 주의 깊게 듣고 "예" 아니면 "아니오"로 똑똑하게 대답한다. 경찰관이 어떻게 된 일인지를 묻는다면 당신 입장에서 최대한 솔직하고 객관적으로 대답을 하라. 당연히 이 과정에서 흥분을 하면 안 된다. 침착을 유지해야 한다. 경찰관에게 욕을 한다거나 언성을 높이면 절대로 안 된다. 당신에게 죄가 있든 없든 경관 모독죄로 현장에서 체포될 수 있다.

남자라면 이것만은

초보자를 위한 5장의 재즈 앨범

- ▶ ***RASING HELL***
  런 DMC(1986)
- ▶ ***IT TAKES A NATION OF MILLIONS TO HOLD US BACK***
  퍼블릭 에너미(1988)
- ▶ ***STRAIGHT OUTTA COMPTON***
  NWA(1988)
- ▶ ***3 FEET HIGH AND RISING***
  드 라 소울(1989)
- ▶ ***THE CHRONIC***
  닥터 드레(1992)
- ▶ ***ENTER THE WU-TANG (36 CHAMBERS)***
  우탱 클랜(1993)
- ▶ ***READY TO DIE***
  노토리어스 비아이지(1994)
- ▶ ***ILLMATIC***
  나스(1994)
- ▶ ***THE MARSHALL MATHERS LP***
  에미넴(2000)

333 유치장에 잡혀 들어갔을 경우 대처법

유치장은 경찰서에서 수사기간 동안 피의자를 임시 수용하는 장소이다. 체포되어 유치장에 들어간 경우 즉결이나 피해자와의 합의, 영장 심사 후 형사입건, 불구속 기소 등으로 확정되기 전까지는 유치장 신세를 벗어날 수 없다. 기본적으로 동거인이나 보호자에게 전화가 가능하니 경찰관에게 요청을 해서 현재 자기가 유치장 신세임을 알려야 한다. 또한 유치장에서는 항상 고분고분하게 굴어야 한다. 음주로 인한 단순 소란의 경우 대부분 최대 48시간 이내 방면되기 때문에 얌전하게 굴어서 그 시간을 최대한 줄이는 게 낫다.

334 유치장에서 밤을 지새워야 할 경우 대처법은?

경찰서 유치장은 영화나 드라마에서 본 것처럼 바닥이 대소변으로 지저분하고 꽁보리밥에 소금국으로 하루 세 끼를 해결해야 하는 그런 곳이 아니

남자라면 이것만은

꼭 빌려 봐야 할 모던 코미디 고전 영화

캐디쉑 Caddyshack(1980) 부쉬우드 로드니 골프 클럽에서 잔디 관리원으로 일하는 칼에게 골칫덩어리 두더지가 나타났다. 빌 머레이의 능청스런 연기력이 빛나는 코미디 영화.

투씨 Tootsie(1982) 더스틴 호프만이 여자 배우로 분장해서 배우가 된 후, 텔레비전 주간 연속극 배우 제시카 랭에게 반해서 그녀를 사랑하는 남자와 여배우 역할을 어느 하나 치우치지 않고 열연한다. 역사상 최고의 로맨틱 코미디 영화 중의 하나.

웨인스 월드 Wayne's world(1992) 마이크 메이어스와 다나 카베이의 배꼽이 빠지는 초절정 개그 영화. 차에 탄 상태로 그룹 퀸의 '보헤미안 랩소디'를 부르는 장면은 두고두고 반복해서 봐도 질리지 않는 명장면.

위대한 레보스키 The big lebowski(1998) 강도들이 날건달 제프 브리짓스를 백만장자와 혼동하며 벌어지는 이야기를 담은 코미디 영화. 볼링 팬이라면 꼭 봐야 할 영화라고 하면 조크일까?

뛰는 백수 나는 건달 Office space(1999) 최면치료 중 사고로 스트레스가 풀려 자유인간이 된 피터 깁슨이 매력적인 웨이트리스(제니퍼 애니스톤)과 과감한 연애도 즐기며 180도 바뀐 생활을 하게 되는 해프닝을 그린 코미디 영화. 어이없이 느껴질 수 있지만 은근한 재미가 웃음으로 이어지는 묘한 설득력이 있다.

다. 기본적으로 경찰서 유치장에 수감된 사람들이 폭력을 행사한다거나 위해를 가하는 일은 거의 없다고 봐도 무방하다. 설령 유치장 내에서 사소한 시비로 다툼이 일어날 것 같다고 해도 무조건 참거나 경찰관을 불러서 사태를 해결해야 한다. 유치장 입감 중의 폭력이나 위해는 추가 입건 사례가 되기 때문이다.

유치장에서 밤을 보내야 할 경우에는 가능한 말을 아끼고 자리싸

움에도 끼지 말고, 적당한 곳을 찾아서 가능한 무조건 잠을 자서 시간을 때우는 것이 좋다. 유치장 내에서 같은 유치인 입장인 사람이 신속하게 유치장에서 꺼내주겠다는 제안을 할 수도 있다. 모두 사기다. 절대 이런 감언이설에 넘어가지 마라.

어른들의 숨바꼭질

335 추적을 피하는 방법

추적을 당할 때는 두 가지 문제를 해결해야 한다. 인상착의, 얼굴형, 복장이나 타고 있는 차량 등을 속여야 하고, 당신의 체취와 냄새를 경찰견에게서 숨겨야 한다. 도망치는 순간부터 복장을 완전히 바꿔야 한다. 머리에서 발끝까지 완전히 다른 복장으로 바꿔라. 옷을 구입할 때는 상점의 감시 카메라에 얼굴이 찍히지 않도록 주의해야 한다. 핸드폰은 배터리를 분리해서 따로 버리도록 하고, 타고 있던 차량은 인적이 드문 곳에 버린다. 염색이나 가발을 이용해서 헤어스타일을 바꾸거나 수염을 기르면 효과적인 변장이 이루어질 수 있다. 인파가 몰리는 곳은 피하고, 가능한 지방 소도시 위주로 이동하라. 오직 현금만 사용하라. 신용카드는 물론 체크카드도 사용 금지다. 이동은 가능한 밤 시간에 해야 한다.

경찰견의 추격을 피하기 위해서는 물이 있는 곳을 이용해서 이동하는 게 좋다. 배를 탈 수 있으면 좋다. 이동 경로는 하류를 이용해야 수면에 냄새가 남는 것까지도 방지할 수 있다.

336 이웃집 개가 달려들 때 대처법

종종 개들은 자기 영역을 침범하는 사람을 향해 짖으며 달려들 수 있다. 개가 짖으며 당신을 쫓아오면 개를 향해 아주 큰 소리로 단호하게 "안 돼!"를

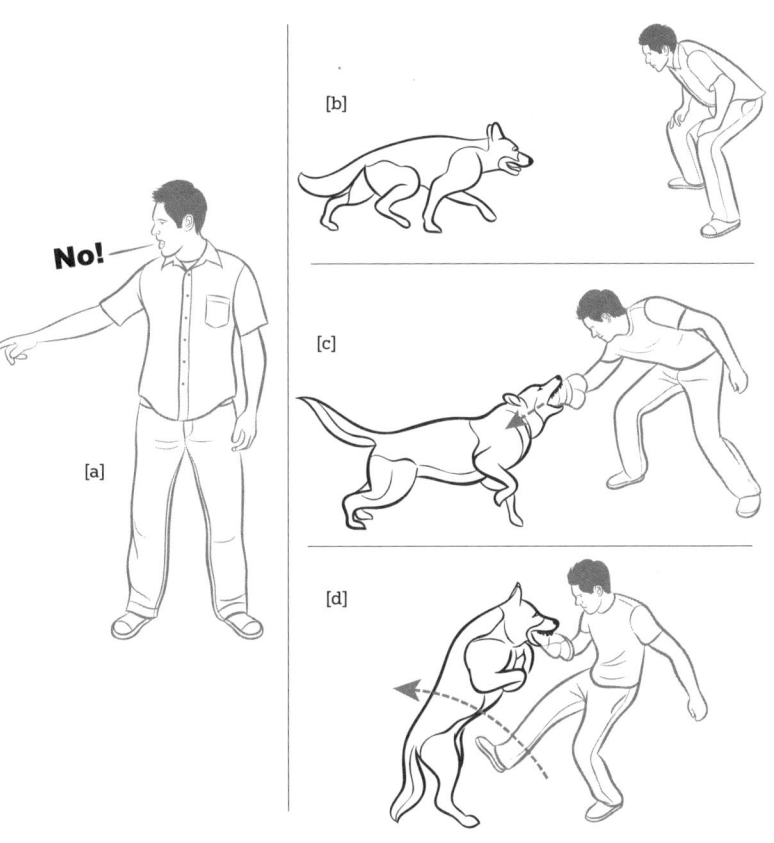

외쳐야 한다.[a] 대부분의 가정에서 키우는 개는 사람의 이 목소리에 반응해서 행동을 멈춘다. 만약 이 명령어에 반응하지 않는다면, 몸을 위협적으로 구부려서 다시 "안 돼!"를 외치며 위협을 가해야 한다.[b] 개가 당신에게 달려들면, 귀 뒷부분 목을 잡고서 땅으로 내동댕이쳐야 한다. 그 후 소리를 질러서 도움을 요청하라.

또 다른 방법으로는 개가 공격을 하러 달려들면, 재킷이나 스웨터 등의 상의를 벗어서 팔뚝을 감싼다.[c] 개가 달려들면 뒤로 넘어지지 말고 체중을 실어서 개와 맞서야 한다. 스웨터로 감싼 팔뚝으로 개의 입을 막을 수 있도록 해야 한다.[d] 그 후 개의 양발 사이를 발로 차서 밀어 넘어뜨리도록 하자. 만약 배짱이 충분하다면, 나머지 한 손으로 개의 얼굴을 밀어서 물리쳐도 좋다. 개가 다시 달려들면 이 행동을 반복해서 천천히 뒤로 물러나 달아날 수 있도록 공간을 확보해야 한다.

337 미행이 붙었는지를 어떻게 확인하나?

변칙적인 행동을 통해 미행 여부를 재확인해야 한다. 걷다가 갑자기 멈춰서 상점이나 주택, 정원을 구경하자. 미행자 역시 걸음을 멈추면 미행이 붙었다고 봐도 좋다. 좀 더 확실하게 하고 싶다면 미행자와 함께 직진을 하다가 갑자기 뒤돌아서 옆길로 새어 보자. 미행자 역시 뒤돌아서 따라온다면 이젠 정말 의심할 필요조차 없다. 미행자의 나이와 머리색, 키 등 경찰서에서 진술할 미행자의 인상착의를 확인해둔다.

차량 미행에도 같은 원칙이 적용된다. 오른쪽 깜빡이를 넣고 교차로에 진입하다 갑자기 직진을 한다던가 하는 방식으로 미행여부를 확인하자. 역시 보다 정확한 확인을 위해서는 비상등을 켜고 갑자기 유턴을 시도했을 때, 뒤따라오는 차량의 행동을 보면 된다. 고속도로에서는 천천히 속도를 70킬로 이하로 줄여 보자. 미행 차량이 아니라면 60초 이내에 당신을 지나쳐 가야 정상이다.

338 미행을 따돌리는 방법

흥신소 차량의 경우 미행을 따돌리려 하면 무리해서 뒤따르다 발견되는 것보다는 포기하고 다음을 기약할 것이다. 하지만 경찰이나 공권력의 미행이라면 오히려 비상 사이렌을 켜고 검거에 나설 수도 있다. 미행 차량이 붙었다고 판단되면, 절대로 집으로 가서는 안 된다. 차량을 몰고 인근 경찰서나 지구대로 가서 상황을 설명하는 게 좋다.

직접 미행 차량을 따돌리는 방법을 선택하고 싶다면, 비상등을 켜고 다음 신호등 빨간불에서 멈춰라. 신호가 녹색으로 바뀌면, 뒤에서 빵빵거리는 클랙슨 소리는 무시하고 다른 운전자들에게 누군가가 자신을 미행한다고 도움을 청하라.

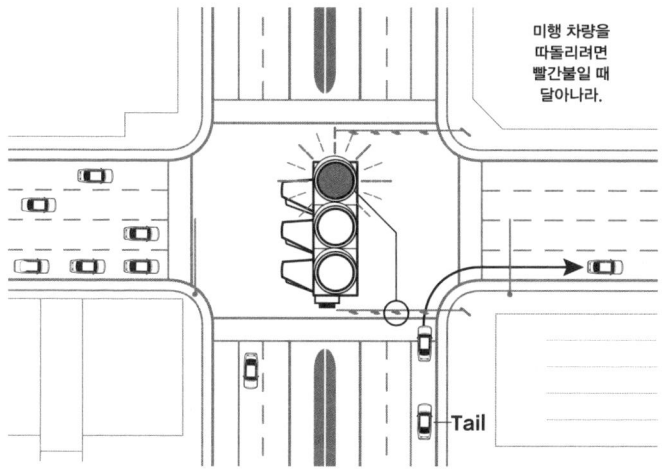

미행 차량을 따돌리려면 빨간불일 때 달아나라.

아주 극단적인 상황에서는 차에서 내려 인파가 붐비는 지역으로 들어가라. 몰이나 백화점 등의 장소가 최적이다. 그 후 화재경보기를 찾아서 비상벨을 울려라. 대혼란이 일어나면 입고 있던 재킷을 벗어서 버리고, 대피하는 사람들 속에 섞여서 백화점을 빠져나가면 된다.

339 온라인에서 비밀번호 노출을 확인하는 방법

보통 온라인 사이트에서는 비밀번호를 몇 차례 이상 잘못 입력하면 가입 시 등록했던 이메일 주소로 연락이 가게 되어 있다. 이메일을 통해 비밀번호 확인 메일이나 임시 비밀번호 확인 메일이 와 있으면 누군가가 당신 계정에 접속을 시도한 것이니 당장 비밀번호를 바꿔야 한다. 또한 인터넷 회선이 고정 IP인 경우 접속지역의 세밀한 확인이 가능하고, 유동 IP의 경우에도 시, 도까지는 확인이 가능하니 자신이 과거 접속했던 지역이 아니라면 당장 비밀번호를 변경하는 게 좋다.

340 숲에서 길을 잃었을 때는 어떻게 하나?

길을 잃었다고 판단되면 일단은 멈춰서 평정심을 유지해야 한다. 하이킹에서 길을 잃은 사람의 경우 대부분 원래 가던 길을 벗어나려 하는 경향이 있다. 그 경우 동료나 수색대가 당신을 찾을 때까지 버틸 수 있는 힘을 축내게 될 확률이 높다. 가능한 원래 지점에서 크게 벗어나지 않은 곳에서 멈춰서 소리를 지르거나 연기를 피워 도움을 요청한다. 연기를 낼 때에는 마르지 않은 나뭇가지가 연기가 많이 난다는 사실을 명심하자.

341 산악 스키 도중 스키를 잃어버린 경우

산악 스키를 즐기는 도중 굴러 넘어져서 신고 있던 스키가 사라지는 사고가 일어났다. 이 경우 스키폴을 이용해서 당신이 넘어져 있던 곳에서 반경 10미터 지역을 수색하도록 하자. 그래도 스키를 찾지 못했으면, 추가로 10미터를 더 넓혀서 수색을 하도록 하자. 그 와중에 다른 사람들에게 혹시 눈 속에서 스키를 보지 못했는지를 물어보고 발견하게 되면 연락을 달라고 요청하자.

스키 폴을 이용해서 눈 속을 찔러본다.

스키를 잃어버리고 다른 스키를 구입하게 될 경우 반드시 스트랩을 함께 구매하도록 하자. 스키에 있어서 이 끈은 강아지로 치면 목줄에 인식표를 다는 것과 마찬가지여서 사고로 스키가 벗겨져서 보이지 않더라도 연결된 끈을 잡아당겨 스키를 찾을 수 있다.

342 뒤집힌 카누에 올라타는 법

뒤집힌 카누를 수습하는 것은 결코 쉬운 작업이 아니다. 카누가 전복되었을 때 카누를 끌고 헤엄을 쳐서 강변까지 끌고 나간다는 것은 거의 불가능에 가깝다. 뒤집힌 카누는 다시 원상태로 돌려서 물을 퍼내고 올라타는 게 최선의 방법이다.

우선 카누가 전복되면 카누의 측면으로 가서 모서리를 잡고 카누를 똑바로 뒤집어 놓는다. 물이 가득 차 있을 텐데, 그 상태에서 카누의 한쪽 끝으로 헤엄쳐 가서 좌우 뱃전을 잡고 상체부터 올라탄다. 가슴과 복부를 카누에 올린 다음 몸을 뒤틀어 다리를 바닥에 올려놓는다. 그런 다음 균형을 잘 잡아 다시 뒤집히지 않도록 주의하고, 그 상태에서 카누 안쪽의 물을 열심히 퍼내면 된다.

343 배 멀미를 방지하는 방법

배 멀미는 귀 속의 세반고리관이 흔들림에 과도하게 반응하는 현상으로 얼굴이 하얗게 변하거나 메스꺼움, 구토 등을 유발한다. 배 멀미를 방지하기 위해서는 먼저 어지럼증을 유발할 수 있는 과로나 불면증 등의 조건에서 승선하는 것을 피해야 한다. 또한 승객 중에서 흡연이나 음주를 하는 승객이 있으면 피해서 야외 데크로 나가 신선한 공기를 흡입하는 것이 좋다. 사전에 의사로부터 배 멀미 방지 패치나 약을 처방받아 먹어 두는 것도 좋은 방법이다. 배 멀미 증상이 이미 나타났다면? 그때는 흔들림이 심한 배의 양 끝이 아니라 가능한 중앙에서 자세를 낮추거나 편안하게 누워 가야 한다. 누울 수 있는 여건이 아니라면 수평선과 같은 먼 거리에 있는 고정된 물체를 바라보는 것도 증상 완화에 도움이 된다.

344 초보자가 요트를 멈춰 세우는 방법

당신은 요트를 다뤄 본 경험이 없는데 요트 주인이 물에 빠진 상황이 발생했다면 어떻게 해야 할까? 그 경우에는 바람을 이용하여 간단하게 요트를 멈추는 방법이 있다. 틸러나 휠을 잡고서 요트의 선미가 바람 방향으로 마주 향하도록 해야 한다. 틸러는 방향키에 직접 연결된 커다란 막대기처럼 생겼다. 틸러를 선미가 향하기를 원하는 반대 방향으로 밀면 된다. 선미가 맞바람을 맞을 준비가 되면 요트가 바람을 받아 속도가 줄 것이다. 이 과정을 아주 신속하게 해내면 요트가 멀리 가지 않아서, 물에 빠진 사람이 쉽게 요트까지 헤엄쳐 올 수 있다.

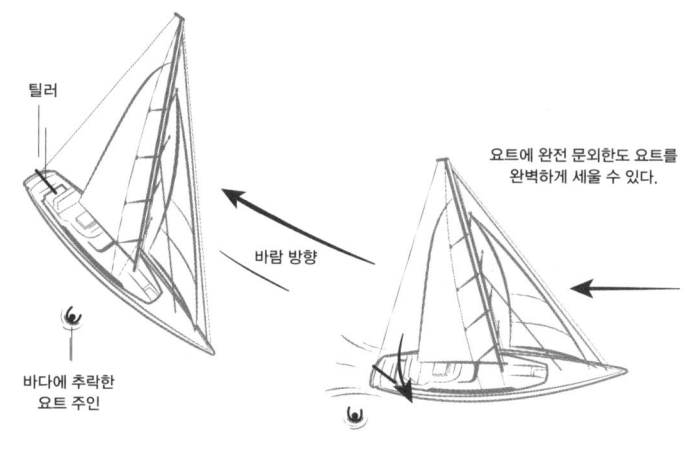

345 하이킹 도중 발에 물집이 생겼을 때 응급 대처법

특히 발뒤꿈치나 발가락 윗부분이 따끔거리면 멈춰 서서 증상을 살펴보라. 미리 준비한 약품이나 밴드가 없을 경우 즉석에서 활용하기 가장 좋은 물품은 청테이프이다. 단 청테이프를 활용할 때에는 물집을 뜯어내면 안 된다. 아주 미세한 구멍만 내서 물집 내 물을 빼낸 다음 청테이프로 부위를 막아서 응급 처치를 해주도록 하자.

346 햇볕 화상을 입었을 때 대처법

햇볕에 심하게 타서 생긴 화상을 일광화상이라고 하는데 따갑고 아프지 않더라도 미세한 일광화상이 지속되면 피부노화와 심하면 피부암까지 발전될 수 있

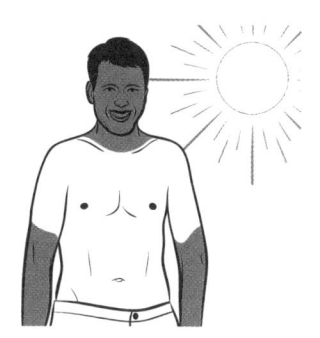

다. 일광화상의 증상이 보일 때에는 알로에를 활용하면 좋다. 알로에는 피부 진정효과가 있기 때문에 햇볕에 탄 피부를 빠르게 회복시킨다. 알로에 잎을 구입하여 껍질을 벗긴 후 얼굴에 올려놓거나 즙을 내어 팩을 하면 효과가 좋다. 그 외에도 요구르트나 오이, 우유, 식초 등이 피부 진정에 도움이 되는 응급 도구이다. 일단 이런 제품을 사용해보고 그래도 진정이 되지 않는다면 병원을 찾을 것을 권한다.

감사의 말

잉그리드 아브라모비치 덕분에 이 책에 도전할 수 있는 용기가 생겼다. 앤 브람슨, 트렌트 더피, 주디 프레이 등 장인의 반열에 오른 그분들께도 고마움을 표한다. 또한 변함없는 꾸준한 작업으로 도움을 준 톰 하데즈에게도 역시 감사의 말을 전한다. 내 주변의 모든 사람들이 이 책이 훌륭한 모양새로 거듭나도록 조언과 도움을 아끼지 않았지만, 자신의 모든 인적 네트워크를 아낌없이 펼쳐 보여준 사라 존슨에게 특히 감사한다. 그리고 누구보다도 가까이에서 나를 독려하고 자신감을 심어준 앨리스와 사랑하는 나의 가족, 내 모든 말에 귀를 기울여준 친구들에게 진심으로 고마움을 남기고 싶다. • 폴 오도넬

Index

[ㄱ]

가구 구매 87
가려움 약 88
가벼운 등산에 어울리는 복장 168
가장 쉽게 조리하는 요리 229
가전제품의 교체 주기 92
각종 콩 통조림 79
간이 홈 헬스클럽 93
감기약 88
감사 편지 57

갖춰야 할 조리도구 78
개가 달려들 때 대처법 284
개인 사업 시작하기 114
건설적인 비판 127
검은색 셔츠와 어두운 진 37
게이들이 모이는 장소 52
결혼식 하객 복장 60
결혼식에 참석하지 못할 경우 61
경력 부족을 커버하는 노하우 116
경마를 잘하는 방법 201

경마에서 베팅하기 200
경차 102
경찰한테 잡혀가는 상황을 피하는
방법 280
고기를 재워두는 이유 217
공과금 납부 70
과속 단속 행동법 276
교통 위반에 적발됐을 경우 275
구두 광내는 방법 140
구두는 얼마나 자주 139
구두와 수트의 매치업 142
구레나룻 27
구비해야 할 공구 101
구피 타이 142
그들이 가지고 다닌 것들 147
그릴에 생선 요리하기 219
그림이나 거울을 벽에 거는 방법 84
글엔 프레드 136
기본적으로 구비해야 할 가구 86
긴 여행길에 챙겨야 할 것 184
김렛 229
꼭 가지고 있어야 할 록 앨범 10
꼭 봐야 할 고전 영화 90
꼭 알아야 할 최고의 록 기타리스트 59
꼭 읽어야 할 10권의 고전 소설 147
꽃은 언제 보내야 할까 260
꿈의 직장 찾기 114
꿔다놓은 보릿자루를 면하는 방법 50

[ㄴ]
나만의 편지지 53
나무 스푼 79
나무 절단하기 155

나비넥타이 145, 146
나비넥타이를 매는 방법 146
나한테 어울리는 수염 26
남색 블레이저와 회색 바지 36
남은 음식 보관 81
남의 집을 방문할 때 선물 56
남자 음식 212
냄비 78
너드 패션 42
네이비 수트 36
네일헤드 136
넥타이를 매는 방법 143
눈보라를 뚫고 운전하는 방법 179
니트 241
니트 캡 34

[ㄷ]
다른 차량을 들이받는 최상의 방법 277
다용도 클리너 95
다중날 면도기 22
다트 게임 규칙 204
단점을 지적 받았을 경우 119
달걀 깨는 법 227
달걀 요리법 227
달려라, 토끼 147
닷선 Z 108
대낮에 북쪽을 확인하는 방법 170
대머리 14, 19
대머리에 대한 열 가지 오해와 진실 19
대면 인터뷰 118
대부 I, II 90
대형차 103
대화를 통해 매력 얻기 249

더 프리즈너 96
덤벨 운동법 206
데이트 리드하는 노하우 254
데이트 신청하기 253
데이트를 성공시키기 위한 9계명 250
데킬라 239
도박판이 커지는 것을 차단하는 방법 197
독주 마시는 방법 237
동거를 끝내는 가장 좋은 방법 259
동료 관계에서 상하관계로 바뀐 경우 123
동성 친구가 연애 감정을 보인다면? 65
두꺼운 바비큐 요리법 220
뒤집개 79
뒤집힌 카누에 올라타는 방법 289
뒷머리 스타일 18
뒷사람을 위해 문을 잡아주는 행위 54
드라이 마티니 만드는 방법 235
드라이버 101
드로 192
드리프트하는 방법 176
등산에 챙겨야 할 물품 168, 169
등산에서 먹는 음식 172
딱 한 벌의 수트 132

[ㄹ]
라거 237
라이어스 다이스 게임 규칙 204
라이위스키 240
럼 239
레스 두덱 59
레스토랑에서의 행동 수칙 46
레이어드 롱 헤어 17
레즈 191

렌치 101
렘 타이 143
록키 90
롱 온 탑 18
루벤 샌드위치 225
룰렛의 규칙 199
룸메이트를 구하기 98
링컨 수염 27

[ㅁ]
마라톤 풀코스 완주 166
망치 101
매니큐어 28
매트릭스 91
맥주의 온도 235
맥주의 족보 237
맨해튼 229
머슬럽 88
멋지게 후진 주차하기 178
멋진 샷을 치는 방법 203
멋진 프레젠테이션 128
메르세데스 벤츠 560 SL 109
면도 20
면도기 21
면도용 브러시 24
면도할 때 바르는 제품 24
명함 58
모던 스타일 42
모자의 역사 32
목욕탕 수납장 88
몬티 파이튼의 성배 90
몰타의 매 147
몸짱 만들기 206

문신 40
미디엄 레어 스테이크 굽기 220
미스터리 과학 극장 3000 97
미식축구 공 던지는 방법 165
미행 286
밀 맥주 237

[ㅂ]
바비큐 212
바에서 술 주문하기 241
바에서 이성에게 다가가기 256
바퀴벌레를 처리 98
바텐더에게 팁은 어느 정도 242
반바지를 입어도 될까 139
반팔 셔츠 134
발기부전 치료제 268
발에 물집이 생겼을 때 291
밤에 북쪽을 찾는 방법 171
방 정리하기 94
배 멀미를 방지 290
배틀스타 갈락티카 97
100미터 달리기 168
밴 103
밴드 에이드 88
버뮤다 33
버번 238
버즈 컷 15
버킷 모자 33
베레모 33
베이컨 79
베팅하는 시점 196
벤치 프레스 능력 개선하기 208
벼룩시장에서 물건 사기 87

별난 커플 96
병따개 없이 병마개를 따는 방법 189
보도블록과의 충돌을 피하는 방법 278
보드카 239
보이지 않는 인간 147
보터 33
불 피우기 169
불붙은 위스키 마시기 242
브래지어 끈을 푸는 노하우 267
블랙잭의 규칙 198
블러핑 195
블레이드 러너 91
블렌드 위스키 240
비상금을 만들기 71
BMW 2002 109
비즈니스 런치 147
비즈니스 사교 골프의 원칙 149
비즈니스 정장 42
비즈니스 캐주얼 42
비즈니스를 유쾌하게 147
비즈니스맨 컷 15
비판을 해야 할 경우 대처법 119
빈야사 요가 211
빠르게 달리기 위한 방법 167
빨래 간단하게 처리하기 159
뺨 키스 49
뻐꾸기 둥지위로 날아간 새 90

[ㅅ]
사고가 날 것 같은 응급상황 운전 276
사내 연애에 대처하는 자세 141
사람들을 소개하는 순서 48
사무직 일을 하고 싶지 않다면 114

사소한 얘기를 잘하는 방법 51
사직서 제출하는 법 126
사진 찍기 182
살균 물수건 95
상고 컷 16
상대방을 길바닥에 누이는 방법 280
상사가 큰소리로 화낼 경우 124
상사에게 아니라고 말해도 될까 124
상사의 입장이라면 123
상사의 잘못을 지적하는 요령은 121
새터데이 나이트 라이브 97
생굴 212
샷 241
서니 사이드 업 229
서류가 쌓이는 사태 방지하기 164
성가신 친구의 잘못 지적하기 64
성병 260
섹시하게 아기를 안기 163
셔츠 다림질하기 160
셔츠에 단추달기 157
소울 패치 28
소프라노스 97
소형차 102
소화제 88
속옷 셔츠 39
손가락으로 휘파람 불기 186
손톱깎이 88
솔리드 137
수동, 자동? 103
수분 크림 25
수제 맞춤 양복 133
수트 바지단 137
수트 보관 및 손질법 138

수트 원단 134
수트 재킷 138
수트 패턴 135
숙취에 대처하는 방법 244
술 취하지 않는 방법 243
숯 그릴 218
숲에서 길을 잃었을 때 288
쉐비 노바 SS 108
쉐비 엘 카미노 109
쉐이빙 크림 25
쉐이빙 폼 24
스카치위스키 240
스크램블 에그 228
스키 도중 스키를 잃어버린 경우 288
스키드 마크를 그리며 미끄러지는 차 277
스킨, 로션 88
스타우트 237
스타일 31
스터드 191
스테이크 소스 만들기 222
스트레이트 업 242
스팟 클리너 95
스포츠 나이트 96
스포츠라이터 147
스포츠카 103
스피드를 즐기는 방법 180
슬림한 옷 32
시금치 햄 키시 230
시어서커 137
식사를 다 끝마쳤다는 신호 245
식칼 79
신랑 들러리 60
신발 냄새 제거하기 38

신차 또는 중고차? 104
싸움에서 승리를 거두려면 280
싸움에서 주먹을 날리는 방법 279
싸움을 끝내는 방법 263
싸움을 회피하는 방법 278

[ㅇ]
아기 봐주기 162
아부나 비열함과 경쟁하기 121
아이리시위스키 240
악수 46
알코올 중독 재활 환자 53
알프레도 파스타 230
애니멀 하우스의 악동들 90
애플파이 만들기 230
야구공 빠르게 던지는 방법 165
야생동물로부터 음식 숨기는 방법 174
야외취침을 위해서 필요한 것 171
양날 안전면도기 23
어디서든 할 수 있는 운동법 209
어떤 꽃을 보내야 할까 261
어떤 주식을 사야 하나 74
어떤 차를 사야 할까? 102
어떤 카드 게임을 배워둘까 190
어떤 카메라를 사야 할까 187
어떤 타이를 매야 142
어번 스타일 43
업무시간에 잡담을 멈추는 방법 128
SUV 103
에이트 볼 플레이 규칙 202
에일 237
NYPD 블루 96
엔진 오일 교체하기 106

MGB 109
여자를 유혹하는 최고의 대사 248
여자와 대화를 시작하기 248
연봉 협상에 대처하는 방법 119
염소 수염 27
영수증이나 고지서 68
오르가슴 269
오마하 191
오믈렛 228
오버 이지 2258
오토 운전에서 엔진 브레이크 사용법 179
오토바이 운전법 180
오트밀 80
온더락스 241
온라인 비밀번호 노출 확인하는 방법 288
온라인 카지노 게임 197
온라인에서 만난 사람과의 후속 작업 254
온라인에서 상사를 만났다면 148
올리브 오일 80
올바른 소변기 사용법 55
올인을 행사하는 최적의 시기 196
옷을 매치하는 원칙 35
옷장 정리하기 99
와이어 96
와인 주문 216
완벽한 샌드위치 만드는 방법 223
완전 삭발 14
요트를 멈춰 세우는 방법 290
운동 시합을 앞두고 먹는 음식 172
원 나이트 스탠드 257
월급쟁이들의 세금 절약 69
위대한 개츠비 147
위스키 240

윗사람에게 좋은 인상 남기기 124
유명 레스토랑 예약하기 214
유명 요리사들처럼 야채 썰기 223
유언장 작성 74
유치장 대처법 282
음주 단속에 대처하는 방법 275
이력서 커버레터 118
이별 통보 264
이브닝 치크 43
이성 문제에 대처하기 262
이직할 시기 126
이탈리안 샌드위치 225
인사할 때 자리에서 일어나야 하는 때 48
인적 네트워크를 확장하기 122

[ㅈ]
자기소개 내용 252
자동차 딜러와 협상하는 방법 105
자연스러운 모습 사진에 담기 187
자유복 출근 133
잔디 관리법 156
잔디 심는 방법 157
잔디밭의 비밀 156
잘 키울 수 있는 식물 87
장례식장에서의 올바른 행동법 62
저축으로 돈을 모으기 72
적절한 팁 50
적절한 향수 사용량 44
전국 일주 자동차 여행 183
전기 면도기 21
전문가형 면도칼 23
전체 혹은 피델 카스트로 수염 26
전화 인터뷰 117

점프 케이블 사용법 274
정원 가꾸는 비결 158
정장은 몇 벌이나 131
정전기 청소포 95
정찬 세팅된 테이블 245
제5도살장 147
종교를 강요하는 친구 63
종교와 관련된 선물을 선택하는 법 62
종교행사에 참석하는 방법 62
좋은 레스토랑 구분 214
좋은 정비업자 110
주방에 갖춰야 할 재료 79
줄자 101
중고차량 구입 시 속지 않는 법 105
중고차를 사는 방법? 104
중요한 식사대접 49
중형차 102
즉석 버너 만드는 방법 172
지옥의 묵시록 91
직불 카드와 현금 73
직장 구하기 112
직장에서의 사적인 대화 149
직접 맥주 제조하기 221
진 238
진 39, 41
집을 싸게 사는 방법 76

[ㅊ]
차가운 맥주 즐기기 188
차량 밑 수상한 액체 273
차량 배터리 방전 273
차량 옵션 108
참치 81

301

첫 키스 267
첫인상 14
청소용품 95
체모 관리 29
체온계 88
초단타 매매, 데이트레이딩 72
초보자를 위한 재즈 앨범 255
초콜릿 복근 만들기 210
초크 스트라이프 136
최신 핫한 음악 92
추가 보증 프로그램 92
추적을 피하는 방법 284
출세하기 위해서는 125
치킨 카레 230
친구나 친척한테서 집 사기 77
칠리소스 212
칠면조를 자르는 방법 225
침대에서 오래 버티기 268

[ㅋ]
카드 게임에서의 에티켓 195
카드 사용액 줄이기 71
카드 카운 198
카메라 단단히 고정하는 법 187
카사블랑카 90
카우보이 모자 34
칵테일파티 233
캐주얼 복장 146
캐치 22 147
캠핑에서 요긴한 몇 가지 매듭법 175
커머번드 44
커밍아웃을 하는 방법 64
커프스 버튼 셔츠 31

컬 또는 펌 16
컴퓨터 암호 164
컴퓨터 직접 고치기 163
코털 가위 88
콧수염 27, 28
쿨 가이로 남는 방법 258
크랩스를 즐기는 방법 199
크로스 컨트리 스키 211
크루넥 스웨터와 카키 팬츠 37
클래식 그릴 샌드위치 225
클래식 델리 샌드위치 주문하기 215
클래식 블랙 42
클래식 칵테일 만들기 229

[ㅌ]
탈의실에서 자연스럽게 55
태극권 211
태양은 또다시 떠오른다 147
택시 쉽게 잡는 법 185
턱수염 27
턱시도 41, 42, 44
텍사스 홀덤 191
토미 볼린 59
톱을 사용하는 바른 방법 155
통장 잔고 유지 69
퇴직금 투자 73
투 나이트쇼 위드 자니 카슨 97
트레일러 달고 운전하기 177
팀장이 성적인 관계를 요구할 때 148

[ㅍ]
파스타 80
파워 타이 143

파이트 클럽 91
파티를 위한 개최자의 조건 233
파티용 펀치 만들기 233
팔굽혀펴기 운동법 208
펑크 난 타이어 272
펑크 밴드 16
페도라 34
페인트칠하기 154
편지는 어떻게 57
평판 TV 89
포 인 핸드 노트 방식 145
포드 머스탱 108
포르쉐 356 쿠페 109
포치드 에그 228
포커의 규칙 193
포커페이스 유지하는 방법 192
포켓 행커치프 132
포켓볼 잘 치는 방법 202
포크파이 34
포트노이의 불만 147
포헉 스타일 17
폭스바겐 비틀 109
프라이팬 78
프러포즈 265
프레피 룩 43
프렌치 75 234
프로필 적는 방법 254
플라이어 101
플랫 캡 34
플리머스 바라쿠다 108
플립 턴하기 212
피넛 버터 80
피넛 버터와 베이컨 샌드위치 225

피시하우스 펀치 234
피자 212
핀 스트라이프 136
핑크 드레스셔츠 30

[ㅎ]
하이드로플레이닝을 막는 방법 178
하프 윈저 노트 방식 143
핫소스 80
항생제 연고 88
핸드 패들 끼고 수영하기 211
핸드폰 배터리 93
햇볕 화상을 입었을 때 291
허그 47
헤링본 136
헤어 컨디셔너 18
헤어스타일 14
현실적인 예산 계획 68
호스 192
화장실 청소액 95
회사 면접 복장 131
회사에서 요구하는 약물 검사 120
효과적인 PR 방법 113
훈련 중 적당한 수분 섭취 167
휴대용 생맥주 따르는 방법 188
흰머리가 날 때의 대처법 20

지은이 **폴 오도넬** 「뉴스위크」에서 독자 상담 편지 답변을 하면서 저널리스트로 활동을 시작했다. 2000년에는 각종 매체에서 인터넷 추천 사이트에 선출된 종교 포털 빌리프넷닷컴(Beliefnet.com)의 성공적인 런칭에 기여했고, 지금도 꾸준히 팝 컬처에 대한 블로그 활동에 열심이다. 하우스 앤 가든 매거진의 치프 에디터로 일하고 있으며, 「와이어드」, 「뉴욕 매거진」, 「슬레이트」 등 각종 매체에서 그의 글을 만날 수 있다. 현재 아내와 세 자녀와 함께 롱 아일랜드에 살고 있다.

옮긴이 **이상구** 홍익대학교 영어영문학과를 졸업했고, 인터넷 서점 예스24에서 국내 도서 팀 팀장 및 웹진 북키앙 팀장을 맡았으며, 출판 전문 잡지 「스쿱」 편집장 및 출판사 기획 편집자 시절을 거쳐 현재는 출판 기획 및 전문 번역가로 활동하고 있다. 옮긴 책으로 〈인디아나 존스의 탐험수첩: 고대의 신비와 유물을 수호하라〉가 있다.